国家社科基金
GUOJIA SHEKE JIJIN HOUQI ZIZHU XIANGMU
后期资助项目

# 民事惩罚的正义

## 《民法典》中的惩罚性赔偿

刘志阳　著

创于1897
商务印书馆
The Commercial Press

**图书在版编目（CIP）数据**

民事惩罚的正义：《民法典》中的惩罚性赔偿 / 刘志阳著. -- 北京：商务印书馆，2024. -- ISBN 978-7-100-24074-1

Ⅰ. D923.04

中国国家版本馆 CIP 数据核字第 202429F0G3 号



**民事惩罚的正义**

《民法典》中的惩罚性赔偿

刘志阳 著

商 务 印 书 馆 出 版

（北京王府井大街 36 号 邮政编码 100710）

商 务 印 书 馆 发 行

江苏凤凰数码印务有限公司印刷

ISBN 978-7-100-24074-1

2024 年 8 月第 1 版　　开本 700 × 1000 1/16

2024 年 8 月第 1 次印刷　　印张 14¾

定价：68.00 元

# 国家社科基金后期资助项目
# 出版说明

后期资助项目是国家社科基金设立的一类重要项目，旨在鼓励广大社科研究者潜心治学，支持基础研究多出优秀成果。它是经过严格评审，从接近完成的科研成果中遴选立项的。为扩大后期资助项目的影响，更好地推动学术发展，促进成果转化，全国哲学社会科学工作办公室按照“统一设计、统一标识、统一版式、形成系列”的总体要求，组织出版国家社科基金后期资助项目成果。

全国哲学社会科学工作办公室

# 目　录

# 导　论

## 一、缘起

2020年5月28日,第十三届全国人民代表大会第三次会议通过了《中华人民共和国民法典》(下文简称《民法典》),2021年1月1日《民法典》生效。值得注意的是,《民法典》中规定了惩罚性赔偿制度,具体包括四处条文,分别为第179条第2款、第1185条、第1207条、第1232条。其中第179条第2款位于《民法典》总则部分,确认了惩罚性赔偿作为民事责任的一种形式。第1185条规定了知识产权侵权时的惩罚性赔偿责任:"故意侵害他人知识产权,情节严重的,被侵权人有权请求相应的惩罚性赔偿。"第1207条规定了产品缺陷侵权时的惩罚性赔偿责任:"明知产品存在缺陷仍然生产、销售,或者没有依据前条规定采取有效补救措施,造成他人死亡或者健康严重损害的,被侵权人有权请求相应的惩罚性赔偿。"第1232条规定了环境侵权、破坏生态时的惩罚性赔偿责任:"侵权人违反法律规定故意污染环境、破坏生态造成严重后果的,被侵权人有权请求相应的惩罚性赔偿。"

惩罚性赔偿制度在我国当代民事责任体系中并非新鲜事物,早在1993年《消费者权益保护法》中即已被引入,后来持续进入《食品安全法》《侵权责任法》《商标法》《旅游法》《邮政法》《劳动合同法》等法律之中。与之前法律之中所规定的惩罚性赔偿制度相比,我国《民法典》中规定的惩罚性赔偿制度主要呈现以下特点:

第一,从适用的范围来看,我国《民法典》中规定的惩罚性赔偿制度都是只适用于民事侵权之债中,主要有知识产权侵权、产品缺陷侵权、环境侵权和破坏生态。与之前的法律相比,《民法典》将惩罚性赔偿适用领域新扩展了三处,即知识产权侵权(包括商标侵权)、环境侵权和破坏生态。

第二,从适用惩罚性赔偿的侵权事实构成来看,与一般恢复性损害赔偿相比,《民法典》中设定了更高的标准。比如,从侵权人的主观方面来看,需要具有"故意""明知"之类的要求;从客观方面来看,需要具有"情节严重"

“严重损害”“严重后果”之类的情节。

第三,从惩罚性赔偿数额的确定方式来看,《民法典》并未规定明确的计算方法,比如之前法律之中常用的倍数计算法,而是只规定了“相应的惩罚性赔偿”这一笼统的数额确定方法,这赋予了法官在案件审判中相当大的自由裁量权。

恰如德国学者瓦格纳(Gerhard Wagner)认为,惩罚性赔偿制度在民法理论中犹如“斗牛士手中的红布”,总是能够引起争端。[①] 对于我国法律中惩罚性赔偿的规定,我国理论界的讨论也颇多。这些讨论一般集中于惩罚性赔偿的存废、适用范围、理论基础、研究方法等等。[②] 但是对于我国《民法典》中惩罚性赔偿制度的惩罚正义问题并未进行深入研究。特别是在体系思维下,我国《民法典》中的惩罚性赔偿制度与刑法、行政法中制裁体系的关系如何界定?我国《民法典》并没有为惩罚性赔偿制度规定确定的适用原则,这在实际适用中如何处理?是否与一般赔偿适用同样的原则?我国《民法典》中的惩罚性赔偿制度在司法审判中如何对法官自由裁量权加以规制并保护被惩罚者的合法权益?回答诸如此类的问题在我国《民法典》生效后显得尤为急迫。

从惩罚性赔偿的制度演进史来看,惩罚性赔偿是现代刑罚、行政处罚和赔偿制度的鼻祖。在大陆法系,刑法现代化和民刑分立催生了惩罚性赔偿制度的解体,惩罚性赔偿制度分流到刑法和行政法之中,民法由于其立足于平等主体间法律关系的定位,将具有惩罚功能的责任制度逐出自己的领地。[③] 但是这样的一个发展过程对于当代我国的责任体系有何启示?我国《民法典》中的惩罚性赔偿如何融入当代世界民法的发展之中?这些问题需要从对惩罚性赔偿的历史批判中寻找答案。因此,本书将从历史批判角度来分析惩罚性赔偿制度的发展,并探讨惩罚性赔偿的历史定位和未来发展趋势。

---

① Wagner, Gerhard, *Neue Perspektiven im Schadensersatzrecht: Kommerzialisierung, Strafschadensersatz, Kollektivschaden*, C. H. Beck Verlag, 2006, S. A72 f.

② 朱广新:《惩罚性赔偿制度的演进与适用》,《中国社会科学》2014 年第 3 期,第 104 页;李友根:《惩罚性赔偿制度的中国模式研究》,《法制与社会发展》2015 年第 6 期,第 109 页;税兵:《惩罚性赔偿的规范构造——以最高人民法院第 23 号指导性案例为中心》,《法学》2015 年第 4 期,第 98 页;白江:《我国应扩大惩罚性赔偿在侵权责任法中的适用范围》,《清华法学》2015 年第 3 期,第 111 页;王利明:《美国惩罚性赔偿制度研究》,《比较法研究》2003 年第 5 期,第 1 页;赵红梅:《美、德新型惩罚性赔偿对我国〈消法〉修订的启示》,《法律科学》2011 年第 5 期,第 183 页;张新宝、李倩:《惩罚性赔偿的立法选择》,《清华法学》2009 年第 4 期,第 5 页。

③ Wagner, Gerhard, *Neue Perspektiven im Schadensersatzrecht: Kommerzialisierung, Strafschadensersatz, Kollektivschaden*, C. H. Beck Verlag, 2006, S. A14 f.

从当代法律制裁体系来看,刑法和行政法依托于国家权力,可以在法律授权之下对公民进行处罚。但是在现代法治国家精神的制约下,需要对国家权力进行限制,以保护公民的基本权利免受国家权力的不当侵犯。为此,现代刑法和行政法都相应地发展出了对于惩罚的适用原则和规范,比如刑法中的罪刑法定原则和罪刑相适应原则,行政法中的行政法定原则、行政合比例原则、行政公开原则和信赖保护原则等等。[①] 这些公法之中的原则影响了现代公法中的惩罚制度,对于适用惩罚之中的公民基本权利保护都起到了重要的作用。与公法中规定详尽的适用原则相反,我国民法对于惩罚的适用并未发展出相应的原则和规则,学界对于惩罚性赔偿的相关基础理论研究也相当薄弱,比如刑法中的事实构成理论、量刑理论等。从惩罚性赔偿的惩罚功能来看,该功能与刑罚和行政处罚的惩罚功能具有相同之处。因此,如何避免民事惩罚从当代法治体系的规制体系中逃逸,造成对公民基本权利的侵犯,值得研究。为此,本书将探究公法中惩罚规制相应原则的基本法理,以便寻找出适用于民法中惩罚规制的相应原则。

从民事诉讼法的程序制度来看,我国的民事诉讼法基于平等主体之间的民事法律关系而建构,目的是解决平等民事主体之间的民事纠纷问题。因此,民事诉讼发展出了相应的基本原则,比如同等原则、对等原则、诉讼权利平等原则、自愿和合法原则、辩论原则和处分原则。[②] 为了能够在侵权之诉中保障被侵权人的权利救济,民事诉讼相应地设计了有利于权利救济的制度。比如在证据法中,刑事诉讼和行政诉讼一般都是由国家权力机关调查取证,但在民事诉讼中,基于诉讼主体"谁主张谁举证"原则,由诉讼当事人调查取证。为了使被侵权人的权利能够得到救济,民事程序中认定"非法证据"的标准要比公法中的低,以便具有一定瑕疵的证据能够在审判中被采纳。同时在证明标准上,民事诉讼中的证明标准基于对抗制,一般适用"优势证据"证明标准,这比刑事诉讼中基于被告人权利保障的"排除合理怀疑"标准要低很多。民事诉讼中为了保障诉讼当事人的权利救济,基于民事权利的处分自由原则还设置了缺席判决规则,但是这一规则在刑事诉讼和行政诉讼中则因不利于公民权利的保护而被限制得极为严格。因此,从被惩罚人的权利保护角度来看,民事诉讼中适用于一般赔偿程序的民事诉讼规则是否能够保障民事程序中被惩罚者的权利,值得怀疑。为了能够在民事惩罚程序中充分地保障被惩罚者的利益,我国的民事诉讼法应该如何设

---

① 周佑勇:《行政法基本原则研究》,法律出版社,2019年,第2版,第135页及以下。

② 常怡主编:《民事诉讼法学》,中国政法大学出版社,2016年,第4版,第18页及以下。

计相应的规则？本书将结合刑事诉讼法和行政诉讼法中的相应规则来分析此问题。

随着我国在环境保护、消费者权益保护领域的公益诉讼日渐增多,有关公益诉讼领域中惩罚性赔偿的问题亦不可忽略,比如环境保护、消费者权益保护领域公益诉讼中的诉讼资格、诉讼程序、惩罚性赔偿标准确立和资金管理等方面的问题。这些问题在公益和惩罚这两个术语之下显得更加复杂,因此有必要对之作出分析,以便为存在的各种特殊问题寻找出可行的解决方法。

从制裁的体系来看,存在着惩罚性赔偿与刑罚、行政处罚共同适用的可能。从一事不再罚的角度来看,是否应该禁止惩罚性赔偿与刑罚、行政处罚的重复适用？对这一问题,国内尚无深入研究,亦未形成定论。因此,基于对“二次风险”的防范和对被惩罚者基本权利的保障,有必要从当代法治和权利保障的角度加以分析。

总之,本书将从横向和纵向两个维度对惩罚性赔偿制度进行研究。从纵向角度看,将对惩罚性赔偿、刑罚、行政处罚与现代赔偿法的发展进程进行分析,从根源上寻找法律制裁在历史中制度分化的原因,并探寻惩罚性赔偿发展和变革的法理,以分析我国惩罚性赔偿的发展方向。从横向角度来看,将分析当代刑法和行政法中相应惩罚的适用理论与规制方法,以及刑事诉讼法和行政诉讼法中对于惩罚的程序规制原理与方法,探寻公法中对于法律制裁的规制理论、方法,论述我国《民法典》中惩罚性赔偿制度适用的相应原理和规则。

## 二、研究价值

### （一）实践价值

本书的研究恰逢我国《民法典》适用的起始阶段,《民法典》生效后惩罚性赔偿制度的解释和适用急需相关理论进行指导。本书以《民法典》为背景,以《民法典》的理论分析和实践应用为导向,以《民法典》中惩罚性赔偿制度为重点研究对象,以便为《民法典》中惩罚性赔偿制度的适用提供相应的理论支持。本书的实践价值可分为实体法和程序法两个层面。

首先,从实体法来看,本书基于我国惩罚性赔偿的基础理论研究不足的现状,重点参照刑法中刑罚的适用原理和行政法中行政处罚的适用原理,结合惩罚性赔偿的自身特点来探析惩罚性赔偿的相关基础理论。刑法中的罪刑法定原则意在通过立法对犯罪的构成要件和刑罚的确立标准进行法定化,以保障人们行为的可预期性以及犯罪嫌疑人和被告人的合法权益。对于《民法典》中惩罚性赔偿条款的解释适用而言,在具体司法中重点涉及《民法典》中惩罚性赔偿条文适用中的溯及力问题、能否意定选择问题以及类推问题。刑法的罪刑相适应原则意在指导量刑,并确立相应的量刑标准,以限制法官的自由裁量权,避免司法中量刑的畸轻畸重。对于《民法典》中惩罚性赔偿条文适用的指导意义而言,由于我国《民法典》中对惩罚性赔偿并未规定确定的惩罚数额计算标准,只是规定了"相应的惩罚性赔偿"这一笼统的计算依据,因此本书将重点分析对惩罚数额确定富有指导意义的主客观相统一原则、平等原则,以及惩罚性赔偿数额确定中的法定减轻、加重惩罚情节的法定化问题。[①] 行政处罚中具有处罚法定原则、处罚均衡原则和权利保障原则。处罚法定原则主要包括处罚的依据法定和程序法定,这两个原则对于行政处罚中防止行政权力的滥用、保障行政相对人的合法权益具有重要意义。处罚均衡原则主要包括行政裁量基准制度和比例原则。裁量基准制度可以有效地限制司法中自由裁量权的滥用。比例原则使得法官具有合理的分析工具来衡量惩罚的数额。权利保障原则主要包括处罚程序和救济程序中的程序规则与证据规则。[②] 基于我国《民法典》对惩罚性赔偿制度并未规定详细的事实构成以及惩罚数额确定方式,因此如何在惩罚性赔偿条文适用中保障被惩罚者的基本权利,需要结合行政处罚中对于权力规制的理论来进行分析,并建构相应的惩罚性赔偿原理、规则和方法。

其次,从程序法来看,我国《民法典》生效后惩罚性赔偿制度所适用的范围是民事诉讼程序。我国的民事诉讼程序主要是为了解决平等民事主体之间的权利纠纷。[③] 惩罚性赔偿是一方诉讼当事人对另一方诉讼当事人的惩罚,处理的是不平等主体之间的法律关系,且以一方存在对另一方的惩罚权力为基础。在当代法治理念中,对于公民惩罚的权力具有公共权力资源配置的特征。依据公法上"法无规定即为禁止"这一原则,惩罚权力一般需要由法律专门授予,且对于惩罚权力的行使需要基于特定的程序。在民事诉讼中行使公权力对公民进行惩罚已经超出了民事诉讼所基于的解决平等主体之间权利纠纷的理念。因此,在民事诉讼中保障诉讼当事人的合法权益,使得民事诉讼程序能够有效地适应惩罚性赔偿制度的运行,以免被惩罚者遭受程序权利上的损害,是《民法典》生效后所面对的现实问题。基于此,本书以庭审中的权利保障和证据中的权利保障两个角度为重点,对惩罚性赔

---

① 全国人大常委会法制工作委员会刑法室编:《〈中华人民共和国刑法〉条文说明、立法理由及相关规定》,北京大学出版社,2009 年,第 1 版,第 6 页及以下。

② 应松年主编:《行政处罚法教程》,法律出版社,2012 年,第 1 版,第 41 页及以下。

③ 张卫平:《民事诉讼法》,法律出版社,2016 年,第 4 版,第 39 页及以下。

偿适用程序中的问题进行分析。在庭审制度层面,主要包括作为民事诉讼基本原则之一的处分原则与缺席审判时被惩罚者的权利保护问题,以及陪审团的常识主义、"被害人立场"与惩罚公正问题。① 在证据规则层面,主要包括证明对象的范围。区别于赔偿法中的客观归责原则,惩罚数额涉及主体、客体、主观、客观方面证据的综合。本书将参照美国法中惩罚性赔偿制度诉讼的相关证据规则,结合我国刑事诉讼法和行政诉讼法中的证据规则,以及惩罚性赔偿数额确定中的各种因素,对证据范围进行分析,以寻找证明范围的合理因素。从证据的合法性认定来看,对于惩罚的证据合法性,是否采用与赔偿证据相关的证据合法性标准值得探讨。② 从证据的证明力来看,鉴于赔偿的权利救济性质,赔偿的证据合法性认定标准一般采取"盖然性标准",这一证明标准要低于行政诉讼法中的"优势证据"证明标准和刑事诉讼法中的"排除合理怀疑"证明标准。③ 本书将对如何确定惩罚性赔偿的证明标准进行分析。

总之,本书将紧紧围绕我国《民法典》中的惩罚性赔偿条文,以惩罚性赔偿条文的解释和适用为导向,以探寻惩罚性赔偿制度的基础理论为任务,参照我国刑法、刑事诉讼法、行政法、行政诉讼法中的相关制度和实践来分析,以便为我国《民法典》中惩罚性赔偿制度的适用提供更科学的指导。

**(二)优化价值**

惩罚性赔偿作为一种法律制裁措施,可能导致对公民权利的侵犯。但是实践中,我国缺少详细的理论和规则规制惩罚性赔偿。

首先,传统民事赔偿法上的权利救济理念如果适用在民事惩罚之上,会导致对公民民事权利的侵犯。赔偿法中的权利救济理念不仅仅体现在实体法上,还体现在程序法上。权利救济理念所带来的规则设计上对被侵权人的倾斜保护并非完全不适用于惩罚的理念。在现代法治精神下,若对公民进行惩罚,则需要对国家权力机关进行相应的制约,以保障公民的基本权利不受侵犯。④ 因此,在现代法治国家精神的指导下对惩罚性赔偿制度进行理论上的深化,使得民事惩罚规范在适用中能够体现现代法治发展的需要,具有重要的理论价值和实践价值。

---

① Piers, M., *Punitive Damages in Private International Law: Lessions for the European Union*, Dissertation, University Gent, 2015, p. 20.

② 易延友:《刑事诉讼法:规则 原理 应用》,法律出版社,2019 年,第 5 版,第 215 页及以下。

③ Piers, M., *Punitive Damages in Private International Law: Lessions for the European Union*, Dissertation, University Gent, 2015, p. 22.

④ 〔日〕佐伯仁志:《制裁论》,丁胜明译,北京大学出版社,2018 年,第 1 版,第 212 页及以下。

其次，对于我国《民法典》中惩罚性赔偿数额计算所采用的“相应的”标准，我国司法理论和实践并未确立成熟的标准作为参照。刑罚的适用具有罪刑法定原则和罪刑相适应原则，行政处罚也发展出了行政裁量基准制度和比例原则，这些公法中的相应原则对于避免法律制裁的滥用和保障公民权利具有重要意义。因此，惩罚性赔偿可以参照公法中对于惩罚裁量的相应理论，完善民事惩罚对权力控制和权利保障的理论，并更好地指导民事惩罚的实践，进而更好地保护被惩罚者的权利。

最后，从程序法上来看，我国民事诉讼程序规制完全依照平等主体之间的法律纠纷设计，并未有专门针对公民惩罚的特别程序。[①] 刑事诉讼法和行政处罚法、行政诉讼法都对公民的惩罚设定了严格的程序规则和证据规则。为了实现对公民惩罚的程序控制，需要借鉴公法中的程序控制规则，从审判程序、证据规则等方面进行优化，以实现民事惩罚实践中对当事人权利的保障。鉴于此，本书将对惩罚性赔偿诉讼中司法权力的控制和公民权利的保障加以研究，以探讨如何优化我国目前惩罚性赔偿诉讼的规则。

总之，本书将从实体和程序两方面探讨如何对惩罚性赔偿的适用规则加以优化，使惩罚性赔偿能够融入我国社会主义法治体系，适应我国当代法治精神的发展。

**（三）协调价值**

惩罚是一个横跨宪法、民法、刑法、行政法以及程序法的话题，如何平衡惩罚在各个法律部门中的地位，并使各类惩罚能够在整个法律系统中协调发展、和谐共处、互不冲突，是一个具有法律价值的研究课题。

从民法与宪法的协调来看，我国《宪法》第 5 条第 2 款规定：“国家维护社会主义法制的统一和尊严。”第 33 条第 2 款规定：“中华人民共和国公民在法律面前一律平等。”因此，如何在适用惩罚性赔偿中平等地界定惩罚性赔偿的适用条件，确定惩罚的数额标准，是一个重要问题。我国《宪法》第 5 条第 1 款确立了“依法治国”原则，第 13 条第 1 款规定“公民的合法的私有财产不受侵犯”原则，第 33 条第 3 款规定了“国家尊重和保障人权”原则，这些原则都限制对公民作出任意的惩罚。《宪法》作为我国的根本大法，是其他部门法制定和实施的标准。如何依据宪法原则来保障惩罚性赔偿中公民的基本权利，这需要从实体法和程序法两个层面加以协调。[②]

就民法与刑法的协调而言，则需要从刑法和民法的功能地位来分析。

---

① 张卫平：《民事诉讼法》，法律出版社，2016 年，第 4 版，第 204 页。

② 季卫东：《宪法的理念与中国实践》，上海人民出版社，2017 年，第 1 版，第 225 页。

我国《刑法》第1条规定的刑法目的是“惩罚犯罪,保护人民”。我国《民法典》第1条规定的民法目的是“保护民事主体的合法权益,调整民事关系,维护社会和经济秩序”。刑法和民法的不同地位决定了二者对于侵权行为的规制模式不同。刑法的规制模式在于定罪和量刑,民法则在于权利救济。民法中的惩罚性赔偿的惩罚功能设计则是民法规则的例外。从功能地位来看,惩罚性赔偿与刑罚具有重合之处。从规范构造和运作机制来看,惩罚性赔偿与刑罚具有不同之处。从规范构造来看,惩罚性赔偿是赔偿和惩罚两种规制模式的合一,兼具私法和公法的特征,刑法则纯粹为公法规范。从运作机制来看,惩罚性赔偿请求由公民提起,且惩罚性赔偿金归公民所有;刑法中则一般由检察机关提起公诉,罚金一般归国家所有。从适用理念来看,我国刑法对于刑罚规定了适用原则,比如刑罚中的罪刑法定原则对于犯罪构成要件和刑罚的详细规定、罪刑相适应原则对于刑罚的轻重与犯罪情节之间的关系要求等,但是民法对于惩罚性赔偿规范并未规定相应的适用原则。因此,如何协调民法中的惩罚理念,使之与刑罚的适用理念契合,需要加以研究。此外,在刑罚与惩罚性赔偿重合之处,如何协调二者的关系,比如对于知识产权侵权的惩罚性赔偿和刑罚问题,亦需要在适用中加以解决。

从民法和行政法的协调来看,民法中的惩罚性赔偿与行政法中的行政处罚具有功能上的重叠之处。关于惩罚性赔偿与行政处罚之间在法体系中的协调,需要关注行政法对于国家权力控制和公民权利保护的理念。① 此外,行政法中的行政合法原则、行政均衡原则、信赖保护原则等的适用,基于行政均衡原则发展出的行政裁量基准制度对于行政处罚轻重的控制,行政合比例原则对于行政处罚的手段与行政处罚所实现目的之间的控制等行政法中对行政权的控制理念,对于我国民事司法中的惩罚性赔偿数额的确定具有参考价值。若不能协调好民法和行政法,可能会导致民法中的惩罚性赔偿与公法中的处罚不协调,有悖于法治秩序的统一性。

从实体法与程序法的协调来看,公法对于实体法中的处罚都规定了严格的控制程序,以防止国家权力滥用所带来的对公民权利的侵犯。② 我国的惩罚性赔偿适用民事程序,但是民事程序并未为之设立专门的惩罚程序和规则。基于平等主体之间民事权利救济的赔偿程序,如何保障在惩罚性赔偿适用中国家司法权力不被滥用以及公民权利能够得到保护,以使得惩罚性赔偿程序中对于国家权力的控制和公民权利保护的理念及规范与刑事诉

① 赵鹏:《惩罚性赔偿的行政法反思》,《法学研究》2019年第1期,第41页。
② 陈永生:《刑事诉讼的宪政基础》,北京大学出版社,2010年,第1版,第51页及以下。

讼法、行政处罚法、行政诉讼法中的要求一致,并使得惩罚不至于在民事诉讼中跃出法治秩序之外,对此需要协调民事诉讼程序与公法程序之间的理念和规范。诉讼法上惩罚性赔偿适用规范与《民法典》中惩罚性赔偿适用规范之间的协调能够使得惩罚性赔偿更为合理地运行。

## 三、研究方法

### (一)实证分析与价值分析方法

实证分析所基于的是实在法,即现行法的实现状态究竟如何,“实证主义努力寻找人文现象背后的社会发展规律”①。价值分析则侧重分析现行法的应然状态,即法应该如何。这两种方法是法学分析的基本方法,二者在法学研究中是相辅相成的关系。“价值判断不断为实证判断创造新的经验事实,开辟新的经验领域;而实证判断则为价值判断奠定了正确认识的基础。”②在我国,有关惩罚性赔偿的争论自 1993 年《消费者权益保护法》引入惩罚性赔偿制度以来一直存在。鉴于惩罚性赔偿制度在我国不断进入立法之中,且在实践中有众多司法案例,因此对于惩罚性赔偿的实证分析必不可少。本书将重点从以下两方面进行实证分析:

首先,从宏观角度对我国法律中的所有惩罚性赔偿制度进行规范研究,描绘我国立法的总体谱系,探寻我国立法的内在逻辑,寻找我国立法的制度特征,把握我国立法的发展方向,以便探寻相应的惩罚性赔偿制度在我国的发展规律。

其次,重点对我国《民法典》中的规范进行实证分析。我国《民法典》中有三处条文具体规定了惩罚性赔偿制度。从理论来看,需要对这三处条文的规范构成和立法模式进行深入分析。从实践来看,需要对这三处条文的应用结合现行法进行统合。

惩罚性赔偿制度在我国一直备受争议,特别是惩罚性赔偿制度在我国立存止废的问题一直争议不断。鉴于此,需要从以下两方面进行价值分析:

首先,涉及惩罚性赔偿制度与民法平等理念的冲突问题。公法和私法具有不同的任务分工,私法所调整的是平等主体之间的法律关系。基于此,现代赔偿法构建了以自然恢复思想为基础的填平原则。对于惩罚性赔偿制度则是在恢复性损害赔偿之上又增加了对侵权人的惩罚,这一法律关系已经超出了平等主体之间法律关系的范围。因此,对惩罚性法律关系的价值

---

① 曹茂君:《西方法学方法论》,法律出版社,2012 年,第 1 版,第 27 页。
② 葛洪义:《探索与对话:法理学导论》,法律出版社,1996 年,第 1 版,第 87 页。

评价也是惩罚性赔偿在民事法律中立足的理论基础。

其次,我国《民法典》中对惩罚性赔偿并未规定确定的数额计算标准,而只是规定了“相应的惩罚性赔偿”这一笼统的标准,这一规定给法官适用惩罚性赔偿带来了极大的自由裁量权。如何在私法实践中实现惩罚公平和司法平等,特别是如何确定法官自由裁量的标准以贯彻惩罚公平原则,并在司法实践中统一裁量标准以实现司法平等原则,这些问题都需要运用价值分析加以解决。

**(二)比较法研究方法**

德国比较法学者克茨(Hein Kötz)认为:“人类对其生存及其意义与成果确信不疑。人们努力争取从自己本土这个狭隘的圈子里脱颖而出,并且在对外和对内的结合中和平地赢得世界,这对人类自然是至关重要。法学里也充满着这种如痴如醉的心情,这是不足为奇的。”①美国学者威廉·B.埃瓦尔德(William B. Ewald)认为:“在法律课程中,如果说有什么学科能给人以将印度群岛的财富带回家的希望的话,那只能是比较法。不同文化和不同时代之法律的变异性是个史诗般的话题。”②我国改革开放前的民事立法主要参照了苏联民法,在《民法通则》中并无惩罚性赔偿制度。随着改革开放和我国市场经济的发展,特别是中美关系的改善,在20世纪90年代的经济立法潮流中,我国参照了英美法中的惩罚性赔偿制度,率先在《消费者权益保护法》中引入了惩罚性赔偿制度。但是,从我国民法中的大陆法系理论基础来看,惩罚性赔偿制度的引入并非顺理成章,它与民法体系存在诸多冲突。为了厘清大陆法系和英美法系的各自法律传统与理论体系,需要对大陆法系和英美法系的立法实践与理论分析进行比较,这也是我国的惩罚性赔偿研究无法逾越的一个环节。对于惩罚性赔偿的比较研究需要从以下角度进行:

首先,需要对大陆法系的立法模式和制度理论加以分析。从清末变法以来,我国民事法律中的基本概念、基础理论都参照了大陆法系,这使得我国的民法研究难以摆脱大陆法系民法理论的影响。在大陆法系中,私法和公法分属不同的部分体系,公法主要调整不平等主体之间的法律关系,私法主要调整平等主体之间的法律关系。私法中的民事制度与公法中的刑事制度和行政法构建于不同的基础之上,各个部门法的功能定位与理论基础导

---

① 〔德〕茨威格特、克茨:《比较法总论》(上),潘汉典等译,中国法制出版社,2017年,第1版,第4页。

② 〔美〕威廉·B.埃瓦尔德:《比较法哲学》,于庆生、郭宪功译,魏磊杰校,中国法制出版社,2016年,第1版,第3页。

致部门法之间具有清晰的界限。对于侵权行为而言,大陆法系在各个部门法中运用了不同的规制模式:刑法和行政法作为公法,主要是对侵权人进行惩罚;而民法作为私法,主要是对被侵权人进行权利救济。公法和私法的明确体系划分使得民法对损害赔偿法依据部门法定位进行了现代化改革,具有公法色彩的惩罚性赔偿制度难以在民法中寻得正当的存在理由,并最终被逐出民法的疆域。[①] 虽然我国的民法理论和立法实践受大陆法系影响,但是最终吸纳了惩罚性赔偿制度。

其次,从英美法系来看,作为以判例为法源的法系,英美法系各国一般并无成文的法律,而且法官都是通识法官,并无专门审理民事案件的法官。[②] 在先例拘束原则的制约下,惩罚性赔偿制度一直延续至今,且在通识法官的影响下,惩罚性赔偿制度在民事审判案件中一般并无太大部门法体系上的困扰。但是惩罚性赔偿制度在英美法系也并非没有受到批判,批判主要来自宪法视角和刑法视角。[③] 由于我国引入惩罚性赔偿制度主要受英美法系影响,就我国的惩罚性赔偿实践而言,英美法系的惩罚性赔偿的发展历史、现今的适用领域、适用前景以及批判视角和理由等都具有参照意义。

总之,我国当代民法作为继受的产物,起初受大陆法系的影响巨大,改革开放以来,我国民法在大陆法系和英美法系的双重影响下继续发展。今天我国的《民法典》既受大陆法系影响,也受英美法系影响,同时还结合了我国的本土经验。对于惩罚性赔偿制度,我国有自己的特殊考量,如何在比较法视野下正确认识我国《民法典》中的惩罚性赔偿制度并给予正确评价,是本书的任务所在。

**(三)历史批判分析方法**

德国学者吕克特(Joachaim Rückert)认为,法学对社会问题的回应具有时代意义,过去的法如何适应当代的社会问题,需要进行历史批判分析:一方面去寻找过去规范的合理性,另一方面去寻找这些规范在当今时代的局限性。[④] 惩罚性赔偿制度不管是在大陆法系还是英美法系中,都具有其独特的发展过程。以大陆法系中的德国法为例,传统的日耳曼法中就有惩罚性赔偿制度,在继受罗马法后形成了共同法地区,这些地区的共同法中也存在

---

① 〔美〕乔治·P. 弗莱彻、史蒂夫·谢泼德:《美国法律基础解读》,李燕译,法律出版社,2008年,第1版,第454页。

② 〔美〕罗斯科·庞德:《普通法的精神》,曾相见译,上海三联书店,2016年,第1版,第88页及以下。

③ Schlueter, Linda L., *Punitive Damages*, fifth edition, Matthew Bender & Company, 2005, p. 49.

④ 〔德〕约阿希姆·吕克特、拉尔夫·萨伊内克主编:《民法方法论:从萨维尼到托依布纳》(第三版),刘志阳、王战涛、田文洁译,中国法制出版社,2023年,第1版,边码1及以下。

惩罚性赔偿制度。但是19世纪德国法典化时期,民刑分立使得德国民法理论开始倾向去刑罚化,先后影响了德国的日耳曼法、共同法、《巴伐利亚民法典》、《普鲁士一般邦国法》和《德国民法典》。最终,《德国民法典》在立法时提出了"私法去刑罚化"目标,在法典中尽可能地涤除所有与刑罚相关的因素,而惩罚性赔偿制度就是其首要目标。[①] 就英美法系而言,1275年英国首次在《威斯敏斯特条例》中规定了惩罚性赔偿,即非法侵犯神职人员应当加倍赔偿。1275年至1763年间,英国议会颁布了至少64部涉及惩罚性赔偿的法律。1763年Huckle v. Money一案也是英国首例涉及惩罚性赔偿的案件。美国法中的惩罚性赔偿制度源自英国普通法,但是后来在美国得到了独立的发展。1784年,美国Genay v. Norris一案首先确认了惩罚性赔偿制度。后来惩罚性赔偿制度因案例继承原则在美国得到了长足发展。[②]

我国的惩罚性赔偿制度也有其独特的发展过程。惩罚性赔偿制度在我国古代法中长期存在。比如《唐律疏议·名例》即规定:"'盗者,倍备',谓盗者以其贪财既重,故令倍备,谓盗一尺,征二尺之类。"我国古代法中的"倍赃""倍偿"制度一直延续到清末变法。[③] 清末变法时我国参照德国法重新进行了立法,废除了惩罚性赔偿制度。这一立法后来为中华民国民事立法所继受。及至中华人民共和国时期,我国《民法通则》主要继受了苏联民法,其中亦无惩罚性赔偿制度。改革开放后,20世纪90年代的市场经济立法中,《消费者权益保护法》率先借鉴美国法,引入了惩罚性赔偿制度。惩罚性赔偿制度在我国经历了从有到无又到继受的历史变迁。如何评价这一制度在我国法制发展中的价值和意义?如何看待该制度在我国的未来发展?诸如此类的问题需要从历史批判的视角加以分析。

**(四)体系分析方法**

长期以来,我国民法学者只是以私法为视野来考察惩罚性赔偿的适用问题,且基本上都是在经验层面展开研究,并在私法体系的封闭性问题上纠缠不已。德国社会学家卢曼(Niklas Luhmann)将法律的自治属性放在整个现代社会以及现代性问题中考虑,将法律自治的种种经验现象高度抽象,从而揭示其背后的发生机制。他认为法律系统作为社会子系统的一部分,其

---

① Wagner, Gerhard, *Neue Perspektiven im Schadensersatzrecht: Kommerzialisierung, Strafschadensersatz, Kollektivschaden*, C. H. Beck Verlag, 2006, S. A11 f.

② Piers, M., *Punitive Damages in Private International Law: Lessions for the European Union*, Dissertation, University Gent, 2015, p. 14.

③ 田振洪:《中国传统法律的损害赔偿制度研究》,法律出版社,2014年,第1版,第20页及以下。

内部的基本元素不是结构,而是沟通。[①] 法律体系在理论上可以分为内部体系和外部体系。法律的内部体系和外部体系之分源自黑克(Philipp Heck)的学说,后经拉伦茨(Karl Larenz)和卡纳里斯(Claus-Wilhelm Canaris)引入方法论之中。[②] 法律的外部体系是对法律材料的划分;内部体系则是法的内部构造,是价值判断一致的体系。[③] 而具体的部门法也可以继续划分为内部体系和外部体系,比如德国私法学者比德林斯基(Franz Bydlinski)在其著作《私法的体系与原则》一书则将私法分为内部体系和外部体系。[④]

理论上,法的惩罚体系可以分为法外的惩罚体系和法内的惩罚体系。法外的惩罚体系包括政治、宗教、经济、文化上的惩罚。法内的惩罚体系则又可以依据法域分为刑罚、行政处罚、国际制裁和民事惩罚等。各个部门法内的惩罚具有具体的价值、功能和定位,各个法律部门之间的惩罚又作为法律内在的惩罚具有共同之处。从法内的惩罚体系来看,各个部门法之中的惩罚在功能、理念、规范设计上既相互联系又相互区别。鉴于此,本书将在体系论的基础上从以下两个层面分析惩罚性赔偿制度:

首先,在实体法层面,本书将研究刑法中惩罚的功能、定位、本质、目的、原理、规范设计方法等内容,将这些与惩罚性赔偿制度相比较,探寻刑罚与惩罚性赔偿的共同之处,并结合惩罚性赔偿的私法定位来寻找惩罚性赔偿的相关适用理论。刑法是专门研究定罪量刑的法律,刑法学对于刑罚的适用要件、适用方法进行了深入研究,发展出了较为成熟的刑法理论,比如罪刑法定原则、罪刑相适应原则等等。[⑤] 从体系论角度来看,这些针对刑法中惩罚的相应理论与民法中的惩罚制度有何相似的机理,对后者有何借鉴之处,将是本书的重点内容之一。

同理,行政法对于行政处罚也规定了具体的内容,并且发展出了相应的适用原理和方法,比如处罚法定原则、处罚均衡原则、处罚平等原则等等。[⑥] 这些原则与民法中惩罚性赔偿之间的关系需要在体系论角度下加以分析。

---

① Luhmann, Niklas, *Die soziologische Beachtung des Rechts*, Alfred Metzner, 1986, S. 7 ff.

② Canaris, Claus-Wilhelm, *Systemdenken und Systembegriffe in der Jurisprudenz*, Dunker & Humblot, 1983, S. 11 ff.

③ 〔奥〕恩斯特·A. 克莱默:《法律方法论》,周万里译,法律出版社,2019 年,第 1 版,第 59 页及以下。

④ Bydlinski, Franz, *System und Prinzipien des Privatrechts*, Springer Verlag, 1996, S. 31 ff.

⑤ 全国人大常委会法制工作委员会刑法室编:《〈中华人民共和国刑法〉条文说明、立法理由及相关规定》,北京大学出版社,2009 年,第 1 版,第 3 页及以下。

⑥ 应松年主编:《行政处罚法教程》,法律出版社,2012 年,第 1 版,第 41 页及以下。

其次,在程序法层面,刑事诉讼法依据刑罚的特点发展出了相应的适用原则,比如无罪推定原则、有权获得辩护原则、不得强迫自证其罪原则等等。刑事诉讼法对于刑罚的适用规定了详细的程序规则,比如庭审规则、证据规则等。[①] 这些原则与惩罚性赔偿制度适用程序是否具有共同的适用基础和理论依据,民事诉讼程序中是否有可以借鉴的地方,需要依据体系论方法进行研究。同样,这一方法也适用于行政处罚程序与惩罚性赔偿适用程序之间的关系分析。在体系论方法的指导下,通过程序法上对于惩罚的分析来发现程序法中有关惩罚适用的共同原理与具体部门法中的特殊规则,构建各种惩罚适用程序之间的沟通和比较,以便恰如其分地寻找到惩罚性赔偿在民事程序中的定位和适用方法,并最终形成民事诉讼中适用于惩罚性赔偿的特殊规则。

总之,对惩罚性赔偿的体系论分析既是由惩罚性赔偿制度在法律制度中的地位所决定的,也是由惩罚性赔偿制度自身的惩罚特点所决定的。对惩罚性赔偿制度进行体系论分析,有助于我们更好地了解和应用该制度,既可以避免在私法体系中对惩罚性赔偿进行封闭研究所带来的制度孤立,也可以避免惩罚性赔偿在适用中与其他部门法中的惩罚制度产生价值上的根本冲突,进而导致法律体系中惩罚体系的内在冲突。

**(五)法政策分析方法**

我国《消费者权益保护法》引入惩罚性赔偿制度的时代背景是当时市场经济刚刚建立,许多经营者缺乏诚信意识,假货、劣货充斥市场,导致众多消费者权益被侵犯的事件发生,严重扰乱了我国的市场经济秩序。为了强化对消费者权益的保护,我国在《消费者权益保护法》中引入了惩罚性赔偿制度。可见,惩罚性赔偿制度出现在我国的经济法中一开始就带有政策目的,并作为政策工具被适用。这一立法思路后来被《食品安全法》《商标法》等法律采用。因此,我国惩罚性赔偿制度的引入具有鲜明的政策色彩。评价这一政策工具,需要运用法政策分析方法。鉴于国内的法政策学基础理论研究较为薄弱,下面将主要参考国外的法政策学理论。

日本东京大学名誉教授平井宜雄认为,政策学所面对的问题,“并不是社会中的具体纷争,而是关乎多数人利害的、现在和将来的政策性的、公共性的问题”[②]。德国特里尔大学法学院法政策研究所则认为,法政策学致力于如何塑造未来的法,它为立法者提供论证的依据,此类法可以理解为“注

① 易延友:《刑事诉讼法:规则 原理 应用》,法律出版社,2019 年,第 5 版,第 90 页及以下。
② 解亘:《法政策学——有关制度设计的学问》,《环球法律评论》2005 年第 2 期,第 191 页。

入了政策”的法。该法可能经过复杂的社会过程而出现，但是最终被立法者塑造成法律规范。法政策学的任务还包括分析哪些社会问题需要从法政策上进行规制。①

从法政策学理论来看，首先，需要回答以下问题，即某个制度是否可以上升为法政策学问题。如果只是一个法教义问题，那么就没有必要动用立法资源去设计一个法政策规范。在问题提出后需要对其拟定部门法领域内的解决方案，在民法领域内这体现为民事政策性规范。这一民事政策的方案既具有政策性特征，又具有民法规范的特征。比如德国的议会党团(CDU/CSU、SPD)在《引入遗属抚慰金法草案》中针对上述问题提出了解决方案：

> 在侵权致人死亡情形时法律草案规定，与死者具有特殊个人亲近关系的遗属对造成死亡的责任人享有对所遭受的精神痛苦请求支付适当金钱赔偿的权利，该请求权不仅存在于过错侵权时，也存在于危险责任情形中。②

这是议会党团提出的唯一方案，并无其他替代性方案。而这一方案也被联邦政府的草案直接接受。该法政策方案针对草案中所提出的问题与立法目标，赋予了与死者亲近之人独立的金钱赔偿请求权。这一方案设定与德国赔偿法教义相冲突，因此在此处被作为法政策性方案提出。

其次，需要设计一个法政策规范，运用多种论证方法来论证设计的思路、设计的法政策模型、设计的法政策内容具有合理性，且是最优方案。对此可能会运用到法的经济分析、法的社会分析等法学方法。在法典法系中，社科法学这种具有造法功能的方法工具在司法中较难寻得施展之地，但是可以体现在法政策的制定之中。法政策方法的论证性使得法政策方法工具的选择要比法教义方法工具的选择更具有灵活性，所有对于法政策规范内容论证有利的方法都可以被使用。经济分析在法典法系国家的司法裁判中一般会受到限制，因为这里涉及宪法中规定的司法权限问题，以经济原理而非法律规范为依据来裁判案例，会导致法官造法优先于立法机关立法的问题。但是，在立法过程中经济分析具有一定的适用空间，即所谓基于“规范性的法经济分析”对立法过程的分析，以便使得法律制定中的规范更加具有

① https://www.uni-trier.de/index.php?id=38918，访问日期：2019 年 2 月 9 日。

② Bundestag, Drucksache 18/11615, S. 1.

科学性。[①] 在法政策拟定中,经济分析探讨的对象包括法律的间接影响和长期影响,主要采用经济合理性判断。具体而言,经济分析主要是收集影响所探讨的主要经济参数,分析每个参数之间的关系,例如分析某项法律公布后所引发的各项经济数据的变化。

德国在《引入遗属抚慰金法》中运用经济分析进行了论证。新修订的《德国民法典》第 844 条第 3 款第 1 句并未规定特定的遗属抚慰金确定方式,而是只规定要对"遗属遭受的精神伤害作出合理的金钱赔偿"[②]。数额确定的模式主要有两种,一种是法律直接规定大概的数额,比如 1976 年英国的《致命事故法》(Fatal Accidents Act)。立法者认为,这种法定的模式可以在司法程序中节约成本,但是对于个案正义具有不利影响。[③] 另一种是确定具有约束力或相对作为参照标准的参照表,比如法国法。在德国,立法者在立法过程中原本试图设定一个可以预见的从 30 000 到 60 000 欧元金钱赔偿的幅度空间,但是最终并未被采纳,理由在于这对多数人来说是无法负担的。最终立法者在立法理由中提到了参照既有判决的做法。[④] 立法者在立法模式上最终选择了利于个案正义的模式,即放弃了在立法中确定数额范围,而取用了赋予法官自由裁量权的方式。[⑤] 这里法政策立法中讨论的是经济利益与精神痛苦之间的等价问题,在这一经济分析中立法者主要考虑了精神痛苦的经济等价性,以及经济利益对于精神痛苦的衡量方式,并试图从中寻找经济正义的标准。在该次立法中,立法机关还分析了引入遗属抚慰金所带来的经济负担问题。立法机关对此作了以下分析:每年因交通事故死亡人数约为 3000 人,因医疗手术死亡人数约为 1500 人,因谋杀和伤害死亡的人数约为 500 人,其他原因致死的人数约为 1000 人,如果平均每个死者具有四个遗属,则每年平均具有 24 000 例损害赔偿。目前在德国,死亡情形下亲属因"惊吓损害"所得到的抚慰金平均为 10 000 欧元,据此可预估每年需要支付的遗属抚慰金约为 2.4 亿欧元。这笔费用对公民几乎没有影响,只对机动车保险公司、医疗保险公司以及其他保险公司具有影响,但是

---

① 〔德〕约阿希姆 · 吕克特、拉尔夫 · 萨伊内克主编:《民法方法论:从萨维尼到托依布纳》(第三版),刘志阳、王战涛、田文洁译,中国法制出版社,2023 年,第 1 版,边码 1210 及以下。

② Bamberger/Spindler, 2019, § 844, Rn. 46.

③ Wagner, Gerhard, "Schadensersatz in Todesfällen—Das neue Hinterbliebenengeld", *NJW*, 2017, S. 2641, 2644.

④ Bischoff, Georg, "Das 'neue' Hinterbliebenengeld—Grundlagen der Entschädigung für seelisches Leid von Nahestehenden", *MDR*, 2017, S. 739, 741.

⑤ Wagner, Gerhard, "Schadensersatz in Todesfällen—Das neue Hinterbliebenengeld", *NJW*, 2017, S. 2641, 2644; Frank, Rainer, "Das neue Hinterbliebenengeld", *FamRZ*, 2017, S. 1640, 1642.

仍在可承担的范围之内。同时立法机关还对可能产生的其他费用进行了预估,比如财产支出、行政支出等。[①] 立法机关作出这一分析的目的在于评估是否会因此给社会带来巨大的费用负担,给受该次立法波及的主体造成难以承受的问题,以至于出现次生的经济问题和社会问题等。虽然立法者在该次立法中只作了费用评估之类的简要分析,但是也反映了立法者对该次法政策立法的经济分析思维。

再次,需要验证法政策的合宪性。法政策并非法教义,法政策一般是超出了现有法秩序的政策,该政策进入法之中不可以与宪法相冲突,因此需要合宪性分析。德国学者吕克特在其主编的《民法方法论》中提出一个重要观点:方法问题也是宪法问题。因为方法问题所涉及的往往是法官在一国中的宪法地位问题,首先是法官是否具有立法的权限,其次是法官的司法权限范围。只有在确定这些基本的宪法问题后,才会涉及方法选择问题。[②] 德国方法论学者吕特斯(Bernd Rüthers)也认为,方法问题即宪法问题,这里涉及法治国原则和权力分配原则。比如利益法学者黑克虽然注重利益衡量,但是他也注重立法者的评价权限和立法权限,主张尽可能中立地实现立法者的评价,不考虑独立的法官判断和评价,因为这样有违宪法规定的权力分配原则。[③]

最后,需要对法政策进行合国际法性分析。一个国家参与国际交往,必然会签订众多国际条约,而一国的立法不可与国际法中的强制性规范相冲突,因此需要对该法政策进行合国际法性分析;还需要对该法政策实施的效果进行定期分析,以考察该法政策是否达到了其当初设计的目的,哪些地方需要进行优化。同时,该法政策设计的社会基础是否还存在,也是一个十分重要的问题。如果社会基础已经不复存在,那么该法政策可能已失去其存在的意义,应该被废止;如果社会基础已经发生变化,那么需要依据一国社会的国际发展要求对该法政策的内容进行必要的调整。

国内法需要与本国所签订的国际条约相一致,特别是涉及一国的政策性法规范之时,与国际法冲突的可能性就会增加。这一视角下的论述目的在于讨论本次立法活动中所制定的法律是否违反了国际法的相关规定。比如我国民法典草案审议期间对于草案第 835 条与国际惯例符合性的讨论。

---

① Bundesrat, *Drucksache* 127/17, S. 9 ff.

② 〔德〕约阿希姆·吕克特、拉尔夫·萨伊内克主编:《民法方法论:从萨维尼到托依布纳》(第三版),刘志阳、王战涛、田文洁译,中国法制出版社,2023 年,第 1 版,边码 17 及以下。

③ 〔德〕约阿希姆·吕克特、拉尔夫·萨伊内克主编:《民法方法论:从萨维尼到托依布纳》(第三版),刘志阳、王战涛、田文洁译,中国法制出版社,2023 年,第 1 版,边码 1514 及以下。

对于遗属抚慰金的引入问题,德国的议会党团在草案中从两方面加以论述。第一议会党团还从欧盟法层面进行了论证:考虑到欧洲人权法院的要求,一国的法秩序必须依据《欧洲人权公约》第13条为死者的近亲属赋予民事上的请求权。[①] 鉴于该新条文还适用于与《德国基本法》第34条相关的《德国民法典》第839条中的国家赔偿请求权,因此该条文也满足了此类情形。草案论述了药品责任和产品责任中引入遗属抚慰金请求权所涉及的欧盟法问题,包括1985年7月25日欧共体在指令(85/374/EWG)中所提出的成员国的法律和行政规范中关于缺陷产品责任是否排除遗属抚慰金的问题。在对这一问题的论述中,联邦议会党团认为,如果药品责任没有直接依据第13条被作为特殊的责任条款从《产品责任指令》的规定中解放出来,那么鉴于《产品责任指令》第9条中死亡情形时的赔偿责任以及相应的开放性条款,这一规则不管怎样都不受质疑。[②] 草案还论述了《国家航空法》中引入遗属抚慰金请求权的问题,这涉及《华沙公约》《蒙特利尔公约》和欧共体第2027/97号规章的规定。议会党团在草案中论证道,由于在这些公约和规章中并未规定赔偿义务人和赔偿责任的法律后果,因此引入遗属抚慰金是可以的,对此可以参见《华沙公约》第24条第2款第2句、《蒙特利尔公约》第29条第1句第2半句和欧共体第2027/97号规章第3条第1款的规定。[③]

总之,作为政策工具,惩罚性赔偿在我国法律中的出现和发展有其政策背景与政策目的,因此需要从法政策学角度对惩罚性赔偿的政策背景、政策目的和政策发展进行分析。

---

① EGMR, Urteil vom 17. März 2015, Bubbins ./. Großbritannien, Nr. 50196/99, Rn. 166 ff., EGMR, Urteil vom 3. April 2001, Keenan ./. Großbritannien, Nr. 27229/95, Rn. 125 ff.

② Bundestag, Drucksache 18/11397, S. 10.

③ Bundestag, Drucksache 18/11397, S. 10.

# 第一章　条文要义与典型案例

我国《民法典》中规定了三个具体的惩罚性赔偿条文，分别是《民法典》第 1185 条、第 1207 条和第 1232 条。这些具体的惩罚性赔偿条文的要义是什么？在典型案件中是如何呈现的？这是适用惩罚性赔偿首先需要解决的问题。为此，本书将从《民法典》中具体的惩罚性赔偿规则出发，结合我国的具体案例来探究《民法典》中的惩罚性赔偿制度。

从民事责任方式来看，我国《民法典》第 179 条第 1 款规定的民事责任的承担方式主要有以下几种：停止侵害；排除妨碍；消除危险；返还财产；恢复原状；修理、重作、更换；继续履行；赔偿损失；支付违约金；消除影响、恢复名誉；赔礼道歉。这些民事责任方式是我国民事立法和司法经验的总结与继承。[①] 这些民事责任方式是典型的民事责任，责任设计主要构建在自然恢复思想之上，塑造了民法中平等的民事主体关系。

《民法典》规定了对损失的赔偿责任。赔偿损失是行为人向受害人支付一定数额的金钱以弥补受到损害的责任方式。赔偿的目的在于补偿损害，是对受到损害权益的救济，以便使受害人恢复到未受到损害前的状态。[②]

除此以外，《民法典》第 179 条规定了惩罚性赔偿责任："法律规定惩罚性赔偿的，依照其规定。"该条款的意义在于在《民法典》总则部分确立了惩罚性赔偿责任为我国民事责任方式的一种。惩罚性赔偿是指，行为人实施的行为致使他人权益受到损害，且该行为是以恶意、故意、欺诈等方式作出的，行为人依法承担的超过实际损害之外的额外的赔偿。[③] 与前一条款相比，本条款规定的惩罚性赔偿责任并非基于自然恢复的思想，而是基于制裁

---

① 黄薇主编：《中华人民共和国民法典总则编解读》，中国法制出版社，2020 年，第 1 版，第 580 页。

② 黄薇主编：《中华人民共和国民法典总则编解读》，中国法制出版社，2020 年，第 1 版，第 583 页。

③ 黄薇主编：《中华人民共和国民法典总则编解读》，中国法制出版社，2020 年，第 1 版，第 585 页。

的思想,其目的是对违法者进行惩罚,并实现对潜在侵权行为的预防。

惩罚性赔偿在我国的发展是一个渐进的过程,从无到有,从部门法到民法典。1993 年,我国在《消费者权益保护法》第 49 条中首次引入了惩罚性赔偿制度。此处惩罚性赔偿请求权的主体是消费者,有权主张的惩罚性赔偿请求权金额为消费者购买商品的价款或者接受服务的费用的 1 倍。虽然这一著名的双倍赔偿条款出现在所谓的经济法之中,但是改变了我国民事赔偿责任中以填平原则为基础所构建的赔偿体系。此后,惩罚性赔偿制度逐渐影响到了《产品质量法》《食品安全法》《商标法》等法律,并最终影响到了《侵权责任法》《民法总则》。鉴于我国《民法典》立法采取了分步走的策略,最终的《民法典》继受了《侵权责任法》和《民法总则》之中的相关内容,因此惩罚性赔偿制度也顺理成章地进入了我国的《民法典》之中。

从侵权责任编中所规定的具体惩罚性赔偿制度的适用范围来看,第 1185 条所涉及的知识产权侵权时的惩罚性赔偿责任扩大了《商标法》第 63 条中的惩罚性赔偿制度的适用范围;第 1207 条则扩大了《侵权责任法》第 47 条中规定的产品侵权情形;第 1232 条中的破坏生态和环境污染时的惩罚性赔偿责任为全新的惩罚性赔偿适用领域。从惩罚性赔偿数额的计算方式来看,惩罚性赔偿数额并没有采取之前常用的倍数计算法,而是统一规定为"相应的"惩罚性赔偿这一相对模糊的确定方法。对于我国《民法典》中有关惩罚性赔偿的具体内容,下文将进行专门分析。

## 一、《民法典》第 1185 条

### (一)立法背景

我国的知识产权侵权现象一直比较严重,长期以来存在着"违法成本低,维权成本高"的难题。我国政府也提出了"引入惩罚性赔偿制度,显著提高违法成本"的基本方略。① 从制度发展史来看,2013 年,我国《商标法》率先规定了惩罚性赔偿制度。依据 2013 年《商标法》修订时该法第 63 条第 1 款的规定,请求权人可以请求依据该法确定数额 1 倍以上 3 倍以下的赔偿,但是只适用于恶意侵犯商标专用权情节严重的情形。这开创了我国知识产权法中引入惩罚性赔偿制度的先河。2019 年《商标法》修订时,将惩罚性赔偿的计算标准加以提高,即可以在按照法律规定所确定数额的 1 倍以上 5 倍以下确定赔偿数额。

---

① 最高人民法院民法典贯彻实施工作领导小组主编:《中华人民共和国民法典侵权责任编理解与适用》,人民法院出版社,2020 年,第 1 版,第 196 页。

2018年8月民法典分编草案提请审议时，有人提出引入惩罚性赔偿制度，以进一步加强知识产权保护。2018年12月民法典侵权责任编二审稿增加了一条规定，据此，当被侵权人的知识产权被故意侵犯且情节严重时，其有权请求相应的惩罚性赔偿。2019年8月三审稿修改了此条文，即如果行为人侵害"他人"知识产权情节严重，且主观上为故意的，则该行为人需要承担相应的惩罚性赔偿。三审稿中的规定后来在审议中并未作任何修改，最终规定于《民法典》第1185条之中。

**（二）构成要件**

首先，从事实构成来看，须有侵权人的侵权行为。而在侵权行为所侵犯的客体上，本条所要求的侵权客体限定在知识产权。至于知识产权的范围，从我国当前的知识产权法律规定来看，知识产权主要包括商标权、著作权、专利权。我国对于此三类知识产权的保护主要规定在《著作权法》《专利法》和《商标法》之中。除了法律之外，还有国务院颁布的行政法规，比如《商标法实施条例》《集成电路布图设计保护条例》和《植物新品种保护条例》，该三部行政法规对地理标志、集成电路布图和植物新品种加以规定和保护。《民法典》第1185条中的知识产权既包括法律中规定的客体，又包括行政法规中规定的客体。比如对于侵权行为的客观方面，本条规定为"情节严重"。以此观之，本条在客观方面加以限制。从客观方面的严重程度来看，本条排除了并非严重情形下的惩罚性赔偿适用，以防止惩罚性赔偿的滥用。但是从对于"情节严重"的解释来看，这里的"情节"可以包括侵权行为本身、侵权所造成的损害以及侵权所造成的影响等。至于何为"严重"，本条并未规定具体的标准，对此法官具有较大的自由裁量权。"情节严重"侧重从行为手段、侵权后果、社会影响等方面加以判断。[①] 在惠氏有限责任公司诉原广州惠氏宝贝母婴用品有限公司等侵害商标权和不正当竞争纠纷案中，审理法院从"侵权持续时间长""侵权获利极大""一审判决后……仍未完全停止侵权行为""被侵权商品未关乎母婴身体健康的商品""对使用在婴幼儿食品上的涉案商标专用权造成了较大的损害"等具体因素来判定"情节严重"。[②] 从司法解释来看，《最高人民法院关于审理侵害知识产权民事案件适用惩罚性赔偿的解释》（下文简称《知识产权惩罚性赔偿解释》）第4条分别从判断情节严重的参考因素和情节严重的情形两个角度作出了规

---

① 最高人民法院民法典贯彻实施工作领导小组主编：《中华人民共和国民法典侵权责任编理解与适用》，人民法院出版社，2020年，第1版，第199页。

② 惠氏有限责任公司诉原广州惠氏宝贝母婴用品有限公司等侵害商标权和不正当竞争纠纷案，浙江省高级人民法院民事判决书（2021）浙民终294号。

定。从判断情节严重的参考因素来看,该解释第 4 条第 1 款规定的因素主要有“侵权手段、次数,侵权行为的持续时间、地域范围、规模、后果,侵权人在诉讼中的行为等”诸多因素。此外,该解释第 4 条第 2 款还规定了认定为情节严重的具体情形。① 比如在北京爱创科技股份有限公司与辉瑞制药有限公司等侵害计算机软件著作权纠纷一案中,北京知识产权法院认为“张勇、奥龙信公司自 2015 年至 2019 年间持续以爱创公司授权代理商的身份销售涉案软件,并让爱创公司员工参与涉案软件的销售及售后过程,利用爱创公司的相关软件资源为自身谋取不当利益,且涉案软件销售金额较大”,故张勇、奥龙信公司的被诉侵权行为属于《知识产权惩罚性赔偿解释》第 4 条第 2 款第 5 项所规定的“侵权获利或者权利人受损巨大”的情形,达到了情节严重的标准。② 在江苏亲耕田农业产业发展有限公司与江苏省金地种业科技有限公司侵害植物新品种权纠纷案中,最高人民法院认为侵权人“具有侵权恶意”,“侵权范围广、规模大”,应当认定为情节严重。③ 当然上述司法解释中的六种情形并非穷尽列举,法官还可以在这六种情形之外依据具体的案件情形作出相应的具体判断。

其次,从过错来看,主观方面可以分为过失和故意。从本条内容来看,规定的是“故意”,即侵权人故意实施了侵害他人知识产权的行为。因此,本条对于主观方面进行了程度上的区分,并将惩罚性赔偿的适用限制在故意层面,从而排除了过失以及重大过失侵犯知识产权适用惩罚性赔偿的可能。④ 至于此处的“故意”是否应作区分这一问题,有的观点认为,依据立法过程中的学者建议,此处的“故意”并不包括间接故意,仅仅为直接故意。这样,此处的“故意”就与“恶意”的含义更相近,也抛弃了判断标准较为模糊的“恶意”这一用词,以避免给法律适用造成困难。⑤ 但是只认定直接故意的解释并无相应的立法资料作为支撑,这种解释实际上限缩了故意的范围。从故意的学理区分来看,对于故意可以分为直接故意和间接故意,本条并未

① 六种情形具体为:“因侵权被行政处罚或者法院裁判承担责任后,再次实施相同或者类似侵权行为;以侵害知识产权为业;伪造、毁坏或者隐匿侵权证据;拒不履行保全裁定;侵权获利或者权利人受损巨大;侵权行为可能危害国家安全、公共利益或者人身健康。”

② 北京爱创科技股份有限公司与辉瑞制药有限公司等侵害计算机软件著作权纠纷案,北京知识产权法院民事判决书(2020)京 73 民初 876 号。

③ 江苏亲耕田农业产业发展有限公司与江苏省金地种业科技有限公司侵害植物新品种权纠纷案,最高人民法院民事判决书(2021)最高法知民终 816 号。

④ 最高人民法院民法典贯彻实施工作领导小组主编:《中华人民共和国民法典侵权责任编理解与适用》,人民法院出版社,2020 年,第 1 版,第 198 页。

⑤ 王利明:《论我国民法典中侵害知识产权惩罚性赔偿的规则》,《政治与法律》2019 年第 8 期,第 98 页及以下。

对于二者作出区分。至于此处是否要对故意作出限缩解释,值得商榷。在没有明确立法资料对此进行佐证的情形下不应作出限缩解释,以免对法律条文的权威性造成影响。

对于故意在具体案件中的判断,依据《知识产权惩罚性赔偿解释》第3条的规定,人民法院应当综合考虑的因素,主要涉及被告与原告或者利害关系人之间的关系、权利的状态和相关产品所具有的知名度、被侵害的知识产权的客体类型等因素。同时,该司法解释还列举了相应的判断参考依据,主要涉及以下几个方面:第一,从行为方面来看,在被侵权人或者利害关系人在警告、通知后,侵权人仍继续实施侵权行为的;侵权人实施盗版、假冒注册商标行为的。在江苏亲耕田农业产业发展有限公司与江苏省金地种业科技有限公司侵害植物新品种权纠纷案中,最高人民法院依据"其试图掩盖侵权行为和逃避责任追究的意图明显"来认定侵权人具有侵权恶意。[①] 在惠氏有限责任公司诉原广州惠氏宝贝母婴用品有限公司等侵害商标权和不正当竞争纠纷案中,法院认为侵权人作为"同业竞争者"对被侵权人涉案商标的知名度应当知晓,但是"持续多年在母婴商品上使用,这些行为足以证明其攀附惠氏公司涉案商标知名度的主观故意十分明显"[②]。第二,从侵权人的身份关系来看,被侵权人或者利害关系人的管理人、实际控制人或者法定代表人是侵权人或其管理人、法定代表人的;侵权人接触过被侵害的知识产权,且与被侵权人或者利害关系人之间存在代理、许可、经销、劳动、代表、劳务、合作等关系的;侵权人为达成合同等进行过磋商,或者与被侵权人或利害关系人之间有业务往来,在此过程中接触过被侵害的知识产权。依据该条文,如果侵权人具有以上列举的事实,那么法院就可以初步认定侵权人存有侵害知识产权的故意。比如在北京爱创科技股份有限公司与辉瑞制药有限公司等侵害计算机软件著作权纠纷一案中,审理法院认为:

> 张勇利用自身工作便利,在明知爱创公司享有涉案软件的著作权而未向奥龙信公司授权的情况下,协助奥龙信公司向辉瑞公司销售涉案软件,并且以爱创公司的名义进行涉案软件的销售及售后的沟通联系,综合考虑上述情节,张勇及奥龙信公司的主观故意明显,属于《惩罚性赔偿司法解释》第3条第2款第3项所规定的情形,符合惩罚性赔偿

---

① 江苏亲耕田农业产业发展有限公司与江苏省金地种业科技有限公司侵害植物新品种权纠纷案,最高人民法院民事判决书(2021)最高法知民终816号。

② 惠氏有限责任公司诉原广州惠氏宝贝母婴用品有限公司等侵害商标权和不正当竞争纠纷案,浙江省高级人民法院民事判决书(2021)浙民终294号。

适用的故意要件。①

### (三)惩罚性赔偿数额的确定

对于惩罚性赔偿数额,本条并未确立明确的标准,只规定了"相应的"惩罚性赔偿这一模糊的计算方法,在实践中赋予了法官在确定惩罚性赔偿数额时极大的自由裁量权,如何确定惩罚性赔偿的数额,理论界对此有众多视角。一种视角从实际参考因素出发,认为对于侵犯知识产权时惩罚性赔偿数额的确定,需要综合评判侵权人的主观恶性、损害后果的严重程度等因素,这些需要由法官在具体案件中进行综合判断。② 另一种视角则是从理论分析角度出发,认为"相当的"惩罚性赔偿数额确定应当体现以下几个方面:第一,与主观恶性相应,要"罚当其恶";第二,在经济上能够实现惩罚的预防功能;第三,能够弥补被侵权人的经济损失;第四,与补偿性赔偿之间具有合理的比例关系;第五,综合考虑行政处罚、刑罚等公法上的制裁措施,以避免给侵权人造成过分的负担。③

以上观点反映了"相应的"惩罚性赔偿数额确定的复杂性,对此既需要在实践中综合考虑各种现实因素,也需要在理论上对具体数额进行分析,以便符合双重标准。

对于数额的计算,《知识产权惩罚性赔偿解释》第 5 条规定采用了惩罚性赔偿的倍数计算法,此计算方法的两个重要因素是计算基数和计算倍数。从计算基数来看,该条规定主要参照以下三方面的客观因素,即在计算数额时参照被告因违法所获得的数额、原告所遭受的实际损失的数额、因侵权行为所获得的利益。比如在江苏亲耕田农业产业发展有限公司与江苏省金地种业科技有限公司侵害植物新品种权纠纷案中,最高人民法院认为权利人的实际损失无法查明,最终以侵权人的获利 100 万元作为惩罚性赔偿的计算基数。④ 上述司法解释还继续规定,如果违法所得数额、实际损失数额、因侵权所获得的利益全部无法确定,法院依法可以参照该权利许可使用费的倍数合理确定,并以此作为惩罚性赔偿数额的计算基数。对于倍数的确定

---

① 北京爱创科技股份有限公司与辉瑞制药有限公司等侵害计算机软件著作权纠纷案,北京知识产权法院民事判决书(2020)京 73 民初 876 号。

② 王利明主编,程啸执行主编:《中国民法典评注 · 侵权责任编》,人民法院出版社,2021 年,第 1 版,第 144 页。

③ 邹海林、朱广新主编:《民法典评注 · 侵权责任编》,中国法制出版社,2021 年,第 1 版,第 250 页。

④ 江苏亲耕田农业产业发展有限公司与江苏省金地种业科技有限公司侵害植物新品种权纠纷案,最高人民法院民事判决书(2021)最高法知民终 816 号。

方法,该解释第6条并未明确规定固定的倍数,而是规定了确立倍数的判断因素,即应当综合考虑被告侵权行为的情节严重程度、主观过错程度等因素。在惠氏有限责任公司诉原广州惠氏宝贝母婴用品有限公司等侵害商标权和不正当竞争纠纷案中,法院以"主观恶性明显""侵权时间较长""侵权规模较大"等为判断因素,"确定以3倍作为惩罚性赔偿计算的倍数"。[①] 在北京爱创科技股份有限公司与辉瑞制药有限公司等侵害计算机软件著作权纠纷案中,北京知识产权法院则认为"综合奥龙信公司及张勇的主观过错程度、侵权行为持续时间、侵权获利及给爱创造成的损害等因素,本院确认以1倍作为惩罚性赔偿计算的倍数"[②]。在广州天赐公司等与华某等侵害技术秘密纠纷案中,广州知识产权法院适用了2.5倍的惩罚性赔偿,对此倍数的确定主要参照了侵权情节、侵权故意等因素。二审中,最高人民法院知识产权法庭以5倍计算适用惩罚性赔偿,并认为被诉侵权行为构成了对涉案技术秘密的侵害,但一审判决在确定侵权赔偿数额时遗漏了涉案技术秘密的贡献程度,确定惩罚性赔偿时未充分考虑侵权行为人的举证妨碍行为、主观恶意程度等,对于惩罚性赔偿数额的确定并不准确。[③] 从上述案件来看,法官对于倍数确定具有较大的自由裁量权。

《知识产权惩罚性赔偿解释》第6条第2款不仅仅规定了与侵权行为相关的影响因素,还规定了基于不同部门法间的重复惩罚所带来的影响:如果同一侵权行为已经被处以刑事罚金或者行政罚款且执行完毕,被告以此来主张减免自己的惩罚性赔偿责任的,人民法院不应当予以支持,但是在倍数计算时可以作为适当参考因素。由司法解释的确立方法和确立依据来看,该司法解释仍然赋予了法官较大的自由裁量权。

**(四)与其他法律之间的关系**

《民法典》第1185条并非知识产权领域首次引入惩罚性赔偿制度的条文,在《反不正当竞争法》和《商标法》中都有惩罚性赔偿的规定,但是本条具有一般性,适用于所有的知识产权侵权领域,实际上是一项兜底条款。[④] 依据特别法优先于一般法的适用原理,当特别法中有特殊规定时,应

---

① 惠氏有限责任公司诉原广州惠氏宝贝母婴用品有限公司等侵害商标权和不正当竞争纠纷案,浙江省高级人民法院民事判决书(2021)浙民终294号。

② 北京爱创科技股份有限公司与辉瑞制药有限公司等侵害计算机软件著作权纠纷案,北京知识产权法院民事判决书(2020)京73民初876号。

③ 广州天赐公司等与华某等侵害技术秘密纠纷案,最高人民法院民事判决书(2019)最高法知民终562号。

④ 王利明主编,程啸执行主编:《中国民法典评注·侵权责任编》,人民法院出版社,2021年,第1版,第143页。

该优先适用特别法规定。

在《民法典》颁布之前,具体的特别法规定主要有:

2015 年修订后的《种子法》第 73 条规定了侵犯植物新品种时的惩罚性赔偿责任,据此,请求权人在情节严重时可以对侵权人请求惩罚性赔偿,此时的计算基准为 1 倍以上 3 倍以下,具体的计算基准一般要按照实际损失、获利所得、许可使用费倍数等方式来确定。

2018 年制定的《电子商务法》第 42 条第 3 款规定了电子商务领域的惩罚性赔偿责任。据此,如果平台经营者的损失是由行为人恶意地发出的错误通知所造成的,那么该行为人需要承担加倍的赔偿责任。

2019 年修正后的《反不正当竞争法》第 17 条第 3 款规定了侵犯商业秘密时的惩罚性赔偿。据此,经营者恶意侵犯了他人的商业秘密,情节严重的,该经营者需要承担惩罚性赔偿责任。此时惩罚性赔偿的数额的计算区间为侵权人所受实际损失的 1 倍以上 5 倍以下。如果实际损失难以确定,那么可以按照侵权人因侵权行为所获得的利益来确定。

2019 年修正后的《商标法》第 63 条第 1 款规定了侵犯商标专用权时的惩罚性赔偿。据此,需要承担惩罚性赔偿的条件是,恶意侵犯商标专用权且情节严重。具体惩罚性赔偿的数额为以下方式确定数额的 1 倍以上 5 倍以下:惩罚性赔偿数额计算的基准具有一定的先后次序,首先需要参照的因素是侵权行为给被侵权人造成的实际损失。如果该实际损失难以计算,那么可以依据侵权人因此获得的利益来计算。如果穷尽上述两种方法仍然难以确定,那么可以以该商标许可使用费的相应倍数来确定。

知识产权侵权中的惩罚性赔偿问题需要适用本条规定,但是特别法有特殊规定的除外。一方面,对于侵犯著作权和专利权的惩罚性赔偿问题,在《著作权法》《专利法》修订之前仍适用本条之规定。修订后,如果有特殊规定的,则特殊规定优先。另一方面,对于侵犯地理标志、集成电路布图和植物新品种等行为,由于这些规范内容规定在国务院行政法规之中,而行政法规不宜规定惩罚性赔偿,所以只能适用本条的规定。①

此处需要注意的是,《反不正当竞争法》第 17 条第 3 款和《商标法》第 63 条第 1 款都使用了"恶意"这一语词,"恶意"与"故意"有何区别?一种观点认为,此处的恶意与故意没有区别,不应作不同的理解;②另一种观点认

① 黄薇主编:《中华人民共和国民法典总则编解读》,中国法制出版社,2020 年,第 1 版,第 87 页。

② 王利明主编,程啸执行主编:《中国民法典评注·侵权责任编》,人民法院出版社,2021 年,第 1 版,第 144 页。

为，恶意是故意中较为严重的一种，或者说是最为严重的故意，需要对此作出区分。[①] 对此，张新宝教授总结出了恶意的三个特殊条件：第一，需要是直接故意；第二，行为人漠视法律的禁止性规定以及他人的合法权益；第三，行使正当权利时以损害他人为目标或主要目标。[②] 虽然立法中在用词上对“故意”和“恶意”作了区分，并且在理论上二者也具有不同的含义，但是从实践来看，二者区分意义并不明显，因为二者都是在描述“明知行为严重而故意为之的情形，都属于明知故犯的范畴”[③]，在适用中区分意义不大。

## 二、《民法典》第1207条

### （一）立法背景

产品责任中的惩罚性赔偿制度在《民法典》制定之前已经存在，本条继承了《侵权责任法》第47条之规定，只是添加了“或者没有依照前条规定采取有效补救措施”这一内容。从《侵权责任法》第47条的立法理由来看，支持立法的基础主要在于以下两个方面：第一，我国当时的法律制度中已经存在惩罚性赔偿制度，比如《消费者权益保护法》第49条、《食品安全法》第96条第2款，这些制度涉及产品责任中的惩罚性赔偿问题，这为《侵权责任法》引入惩罚性赔偿提供了制度基础。第二，我国恶性侵权行为仍然频发，比如销售假药导致患者死亡、出售毒奶粉导致婴儿死亡等。立法者认为这些由产品质量引发的恶意侵权行为需要运用惩罚性赔偿制度来进行制裁和遏制。[④]

### （二）构成要件

第一，从事实构成来看，对于侵权人的行为，本条规定两种行为：一种是作为，一种是不作为。对于作为，即生产者明知存在缺陷仍然生产、销售某产品。此处排除了服务，比如在许某某、青岛海风滑翔基地管理有限公司生命权、健康权、身体权纠纷一案中，审理法院认为被告所提供的滑翔伞带飞服务并非《民法典》第1207条中规定的产品，因此驳回原告惩罚性赔偿的诉讼请求。[⑤] 缺陷的定义规定于《产品质量法》第46条。据此，缺陷主要从两

---

① 邹海林、朱广新主编：《民法典评注 · 侵权责任编》，中国法制出版社，2021年，第1版，第244页。

② 张新宝：《侵权责任构成要件研究》，法律出版社，2007年，第1版，第443页。

③ 最高人民法院民法典贯彻实施工作领导小组主编：《中华人民共和国民法典侵权责任编理解与适用》，人民法院出版社，2020年，第1版，第201页。

④ 全国人大常委会法制工作委员会民法室编：《〈中华人民共和国侵权责任法〉条文说明、立法理由及相关规定》，北京大学出版社，2010年，第1版，第196条及以下。

⑤ 许某某、青岛海风滑翔基地管理有限公司生命权、健康权、身体权纠纷案，山东省青岛市中级人民法院民事判决书(2021)鲁02民终3176号。

方面界定:第一个认定标准是,产品存在危及他人人身、财产安全的不合理危险;第二个认定标准是,如果产品有保障人体健康和人身、财产安全的国家标准、行业标准,则是指不符合该标准。在张君、磐石市鹏远农机销售有限公司产品责任纠纷一案中,法院对惩罚性赔偿请求权进行分析时分析了产品是否存有缺陷。法院认为虽然原告在使用玉米收获机时受到了损害,但是被告出售的玉米收获机没有设计缺陷和警示缺陷,并不符合《民法典》第 1207 条的构成要件。[①] 对于不作为,即生产者没有依据《民法典》第 1206 条的规定采取补救措施。《民法典》第 1206 条的规定主要涉及停止销售、警示、召回等几个方面。据此,如果产品投入流通后发现有缺陷情形,那么生产者、销售者应当及时地采取补救措施,此处法定的补救措施包括停止销售、警示和召回。

对于侵权行为所造成的后果,本条规定了死亡或者健康严重损害两种情形。从这两种情形来看,立法者将损害的后果限定在了人身损害方面,这就排除了侵害财产所造成的损害适用惩罚性赔偿的可能。比如在胡明利、青岛吉兆酒店管理有限公司产品销售者责任纠纷一案中,审理法院认为本案只是造成了消费者的财产损失,并未造成人身损害,因此不符合本条中的惩罚性赔偿请求权。[②] 从损害的程度来看,要求损害达到"严重"的程度,即达到死亡或健康严重损害的程度。从因果关系来看,要求他人死亡或者健康严重损害与产品缺陷之间具有因果关系。[③]

从侵权人的过错来看,要求侵权人在主观上具有故意,也有的观点认为此处应具有恶意。[④] 从条文规定来看,只要求行为人对产品存在缺陷具有"明知"的状态。此处的明知针对的是"产品存在缺陷",并非针对该缺陷可能造成的后果。此处并未明确规定"故意",一种观点认为被侵权人"应证明生产者、销售者存在故意"。因为此处规定了"明知",如果生产者、销售者明知该产品存在缺陷仍继续生产,并且无视受害人的人身或财产损害的发生,则为直接故意;如果侵权人放任损害后果的发展,则为间接故意。[⑤] 但

① 张君、磐石市鹏远农机销售有限公司产品责任纠纷案,吉林省吉林市中级人民法院民事判决书(2023)吉 02 民终 276 号。

② 胡明利、青岛吉兆酒店管理有限公司产品销售者责任纠纷,山东省青岛市中级人民法院民事判决书(2022)鲁 02 民终 13461 号。

③ 邹海林、朱广新主编:《民法典评注 · 侵权责任编》,中国法制出版社,2021 年,第 1 版,第 450 页。

④ 黄薇主编:《中华人民共和国民法典总则编解读》,中国法制出版社,2020 年,第 1 版,第 167 页。

⑤ 最高人民法院民法典贯彻实施工作领导小组主编:《中华人民共和国民法典侵权责任编理解与适用》,人民法院出版社,2020 年,第 1 版,第 349 页。

是这一观点在理论上值得商榷。其一，对于"明知"的内容，法条只规定了产品的缺陷，并未规定产品缺陷所可能引起的后果；其二，明知产品有缺陷，但是轻信能够避免引起侵害后果的，为过于自信的过失，而非故意。所以从本条内容来看，本条的过错方面应该包括故意和过于自信的过失两个方面，而非仅仅是故意。在案件实践中进行判断的依据应该是对产品缺陷的"明知"，而非对缺陷可能造成的后果的明知。

第二，从违法性来看，本条存在两个行为违法性判断：第一个违法性是明知产品存在缺陷仍然生产、销售；第二个违法性是违反了《民法典》第1206条，没有采取有效补救措施。二者居其一，即可认定行为人的行为具有违法性。

### （三）惩罚性赔偿数额的确定

本条规定被侵权人有权请求相应的惩罚性赔偿，这授予了法官巨大的裁量空间。如何认定"相应的"？一种观点认为，此处的"相应"主要是被侵权人要求的惩罚性赔偿数额与侵权人的主观恶意、损害后果相当，具体赔偿数额需要法院在个案中进行评判。① 另一种观点认为，确定相应的惩罚性赔偿数额应当综合考察行为人的过错程度、行为方式、损害后果、获利情况和行为人的财产等因素。②

从以上分析可以看出，对于惩罚性赔偿数额的判断因素、判断基数和判断倍数等内容，立法并未作出明确、具体的规定，虽然学界和司法解释对此作了参照性列举，但是法官在确定惩罚性赔偿数额时仍具有较大裁量权。对于惩罚性赔偿数额的确定，一般采取综合各种因素加以判断的方式。需要综合考虑的因素一般包括主观方面和客观方面的相关因素，其与补偿性损害赔偿所考察的客观损失具有差异，体现了惩罚数额确定因素的复杂性，但是也给法官裁判带来了挑战，由于并无具体的标准加以约束，容易造成同案不同判的弊端。

### （四）与其他法律之间的关系

#### 1.《消费者权益保护法》第55条

《消费者权益保护法》第55条规定了两个请求权基础。第一个请求权基础涉及经营者在提供商品或者服务中存在欺诈行为，此时消费者有权向经营者请求增加赔偿其受到的损失，增加赔偿的金额为消费者接受服务的

---

① 黄薇主编：《中华人民共和国民法典总则编解读》，中国法制出版社，2020年，第1版，第167页。

② 王利明：《侵权责任法研究》（下卷），中国人民大学出版社，2016年，第2版，第283页及以下。

费用或者购买商品的价款的 3 倍。但是面对小额消费问题,此处作了专门规定,即如果增加赔偿的金额不足 500 元,那么直接以 500 元计算。第二个请求权基础为经营者明知销售的商品或提供的服务存在缺陷,仍然向消费者提供,造成消费者或者其他受害人死亡或者健康严重损害的情形,此时受害人可以主张惩罚性赔偿,惩罚性赔偿的计算方法为所受损失的 2 倍以下。这一请求权基础条文与《民法典》第 1207 条的差异有:首先,此处的请求权主体为消费者,而《民法典》第 1207 条中请求权的主体为被侵权人,后一请求权的主体范围更大。其次,此处规定的商品与产品存在差异。最后,此处的惩罚性赔偿数额计算方法分别为价款或服务费用的 3 倍和所受损失的 2 倍以下,而《民法典》第 1207 条规定的是"相应的"惩罚性赔偿。当存在法条竞合时,从适用的顺序来看,《消费者权益保护法》属于特别法,依据特别法优先于一般法的规则,应该优先适用特别法。因此,当满足《消费者权益保护法》第 55 条中的惩罚性赔偿适用条件时,应当适用《消费者权益保护法》第 55 条中的规定。比如在辽宁酵益宝生物科技有限公司与王洪娟财产损害赔偿纠纷一案中,审理法院认为《民法典》第 1207 条规定的惩罚性赔偿仅针对造成他人死亡或者健康严重损害的后果而言,是对人的,并不适用于本案中关于动物的情形。审理法院依据《消费者权益保护法》第 55 条第 1 款判决"酵益宝公司应当按照王洪娟购买商品的价款的 3 倍进行赔偿"①。

**2.《食品安全法》第 148 条**

《食品安全法》第 148 条第 2 款规定了惩罚性赔偿。从事实构成来看,该条规定行为人生产不符合食品安全标准的食品或者经营明知是不符合食品安全标准的食品,符合上述事实构成时,消费者除了可以要求赔偿损失外,还可以向生产者或者经营者主张惩罚性赔偿金。对于惩罚性赔偿的计算方法则为支付价款 10 倍或者损失 3 倍;此外还对惩罚性赔偿金作了最低限额规定,即如果增加赔偿的金额不足 1000 元,则为 1000 元。该条与《民法典》第 1207 条之规定在适用中需要注意的问题有:第一,此处适用的客体仅限于食品。第二,请求权的主体为消费者。第三,惩罚性赔偿确定的数额标准固定,即价款的 10 倍,或损失的 3 倍;当增加赔偿的金额不足 1000 元时,可以提高到 1000 元。鉴于《食品安全法》相较于《民法典》为特别法,当该条与《民法典》第 1207 条产生法条竞合时,具有优先适用性。比如在临沂蕊其辛食品经营店和金蔚然产品责任纠纷一案中,审理法院认为"《中华人

① 辽宁酵益宝生物科技有限公司与王洪娟财产损害赔偿纠纷案,辽宁省沈阳市中级人民法院民事判决书(2022)辽 01 民终 7026 号。

民共和国食品安全法》是普通法、特别法。当《中华人民共和国食品安全法》的规定有别于一般法时，适用特别法，其余的要服从、适用《中华人民共和国民法典》”[①]。

## 三、《民法典》第1232条

### （一）立法背景

现代工业的发展也带来了严重的环境污染和生态破坏问题。2015年，最高人民法院在《关于充分发挥审判职能作用切实维护公共安全的若干意见》第11条中提出要“探索建立环境修复、惩罚性赔偿等制度”。2018年，最高人民法院在《关于为实施乡村振兴战略提供司法服务和保障的意见》第19条中提出，要“探索惩罚性赔偿制度在环境污染和生态破坏纠纷案件中的适用”。2019年，《中共中央关于坚持和完善中国特色社会主义制度推进国家治理体系和治理能力现代化若干重大问题的决定》中明确提出，要“加大对严重违法行为处罚力度，实行惩罚性赔偿制度”。《民法典》立法回应了社会、司法和政治上的呼求，最终在第1232条中规定了环境侵权领域的惩罚性赔偿责任。

### （二）构成要件

第一，从事实构成来看，要求行为人作出了污染环境、破坏生态的行为，并且导致了环境被污染、生态被破坏。但是《民法典》并未将侵害的客体限定于私人权益，在实践中还需要关注针对生态环境公共利益的保护和救济问题。[②]

从事实构成中的损害后果要件来看，需要达到“严重”的程度。这体现了惩罚性赔偿适用上的谦抑性要求，以免对侵权人“动辄得咎”。[③] 至于严重后果是否只限于环境污染、破坏生态本身，一种观点认为，此处的严重后果是污染环境和破坏生态给被侵权人的人身、财产等造成了严重损害，比如给被侵权人造成了死亡、残疾，或者财产遭受重大损害的后果。[④]《最高人民法院关于审理生态环境侵权纠纷案件适用惩罚性赔偿的解释》（下文简称

---

① 临沂蕊其辛食品经营店和金蔚然产品责任纠纷案，山东省青岛市中级人民法院判决书（2022）鲁02民终6853号。

② 最高人民法院民法典贯彻实施工作领导小组主编：《中华人民共和国民法典侵权责任编理解与适用》，人民法院出版社，2020年，第1版，第539页。

③ 最高人民法院环境资源审判庭编著：《最高人民法院生态环境侵权禁止令保全措施、惩罚性赔偿司法解释的理解与适用》，法律出版社，2023年，第1版，第171页。

④ 王利明主编，程啸执行主编：《中国民法典评注·侵权责任编》，人民法院出版社，2021年，第1版，第337页。

《生态环境侵权惩罚性赔偿解释》)第8条第1款规定,在判断认定侵权人污染环境、破坏生态行为是否造成严重后果时,审理法院应当综合考虑多种因素,此处列举的因素主要有造成环境污染、生态破坏的范围和程度,污染环境、破坏生态行为的持续时间、地域范围,以及造成的社会影响等。该条第2款则进一步规定了认定造成严重后果的标准,即如果侵权人污染环境、破坏生态行为引起他人健康严重损害、死亡,重大财产损失,或者重大不良社会影响,审理法院就应当认定造成了严重后果。但是对于认定是否严重的标准应当与刑事责任相区别,实践中存在“西北一棵树相当于东北一片林”,法院在审理中应当依据具体情形进行判断。[①] 在江西省浮梁县人民检察院诉浙江海蓝化工集团有限公司公益诉讼一案中,审理法院从受到污染的范围(8.08亩)、受到影响的环境(6.6平方千米)、受影响的居民(1000余名居民)、环境修复费用(数百万元)等角度认定造成了严重后果。[②] 在青岛市人民检察院诉崂山区意象空间艺术鉴赏中心生态破坏民事公益诉讼一案中,审理法院认为侵权人收购、出卖野生动物的行为直接导致了珍贵、濒危野生动物的减少,加深了其濒危程度,破坏了生态平衡,因此认定造成了严重后果。[③]

此外,事实构成要求侵权行为与损害后果之间具有因果关系,此处事实构成要求侵权人的行为与环境被污染、生态被破坏之间具有因果关系。在江西省浮梁县人民检察院诉浙江海蓝化工集团有限公司公益诉讼一案中,经江西求实司法鉴定中心鉴定,被倾倒的水体中含有超标的叠氮化钠,对周边环境造成了污染。[④] 在青岛市人民检察院诉崂山区意象空间艺术鉴赏中心生态破坏民事公益诉讼一案中,审理法院认为被告虽然没有直接猎杀野生动物,但是其所实施的“收购、出售穿山甲、棕熊、孟加拉眼镜蛇的行为,为猎杀珍贵、濒危野生动物提供了动机和市场”,并认定该违法行为与生态环境破坏之间具有“直接因果关系”。[⑤]

第二,从过错来看,虽然环境侵权责任并不以侵权人的过错为前提,但

---

① 最高人民法院环境资源审判庭编著:《最高人民法院生态环境侵权禁止令保全措施、惩罚性赔偿司法解释的理解与适用》,法律出版社,2023年,第1版,第210、211页。

② 江西省浮梁县人民检察院诉浙江海蓝化工集团有限公司公益诉讼案,江西省浮梁县人民法院民事判决书(2020)赣0222民初796号。

③ 青岛市人民检察院诉青岛市崂山区意象空间艺术鉴赏中心生态破坏民事公益诉讼案,山东省青岛市中级人民法院民事判决书(2021)鲁02民初69号。

④ 江西省浮梁县人民检察院诉浙江海蓝化工集团有限公司公益诉讼案,江西省浮梁县人民法院民事判决书(2020)赣0222民初796号。

⑤ 青岛市人民检察院诉青岛市崂山区意象空间艺术鉴赏中心生态破坏民事公益诉讼案,山东省青岛市中级人民法院民事判决书(2021)鲁02民初69号。

是环境侵权责任中的惩罚性赔偿责任要求侵权人在主观上具有“故意”。[①] 在立法中，对于侵权人的主观状态存有争议，一种观点认为应该将主观状态设定为故意和重大过失，以防止过分地缩小惩罚性赔偿的适用范围。另一种观点则认为，环境侵权引入惩罚性赔偿时不宜将范围扩展过大。[②] 因此，立法者最终将主观状态限定在“故意”上，排除了行为人因过失作出的环境污染和生态破坏的行为。

“故意”属于主观状态，在实践中难以直接证明。那么，在实践中如何确定“故意”？一种观点认为，这需要依据侵权人的行为来确定，比如侵权人多次非法排污、侵权人关闭或干扰监测系统等。[③]《生态环境侵权惩罚性赔偿解释》第6条列举了人民法院在认定侵权人是否具有污染环境、破坏生态的故意时所参考的因素。具体而言，应当根据侵权人的专业背景、职业经历或者经营范围，污染环境、破坏生态行为的方式，污染物的种类，以及因同一或者同类行为受到行政处罚或者刑事追究的情况等因素进行综合判断。这是该司法解释中的一般性列举。此外，该解释第7条还具体列举了可以认定为故意的具体类型。具有该条列举的情形时，人民法院应当认定侵权人具有污染环境、破坏生态的故意。该司法解释对于故意的认定情形列举采取了一般条款和具体列举的方式，其中具体列举的方式较为详尽地列明了判断故意的情形。比如在江西省浮梁县人民检察院诉浙江海蓝化工集团有限公司公益诉讼案中，审理法院依据被告放任污染环境结果的发生，认定其主观上存在故意。[④]

第三，从民事责任来看，惩罚性赔偿具有惩罚功能，应当区别于普通环境侵权的适用条件，因此立法者认为此处应明确规定违反法律规定这一要件。[⑤] 鉴于我国侵权责任构成要件不要求违法性，如何理解这一违法性值得予以分析。

依据《生态环境侵权惩罚性赔偿解释》第4条，如果被侵权人起诉侵权

---

① 最高人民法院环境资源审判庭编著：《最高人民法院生态环境侵权禁止令保全措施、惩罚性赔偿司法解释的理解与适用》，法律出版社，2023年，第1版，第204页。

② 黄薇主编：《中华人民共和国民法典总则编解读》，中国法制出版社，2020年，第1版，第252页。

③ 黄薇主编：《中华人民共和国民法典总则编解读》，中国法制出版社，2020年，第1版，第252页。

④ 江西省浮梁县人民检察院诉浙江海蓝化工集团有限公司公益诉讼案，江西省浮梁县人民法院民事判决书(2020)赣0222民初796号。

⑤ 黄薇主编：《中华人民共和国民法典总则编解读》，中国法制出版社，2020年，第1版，第252页。

人承担惩罚性赔偿责任,应当提供证据证明侵权人污染环境、破坏生态的行为违反了法律规定。这一明确规定具有特殊性,其主要是基于环境侵权行为的复杂性而专门设定的。在实践中,企业一般都具有排污行为,如果该企业的排污行为符合国家环境行政法律规定,那么该行为在行政法上就是合法的。至于法律规定的范围,最高人民法院在《生态环境侵权惩罚性赔偿解释》第5条规定,司法机关应当以法律、法规为依据,但是也可以参照规章的规定去判断侵权人污染环境、破坏生态的行为是否违反法律规定。需要注意的是,此处的违法性判断并非侵权责任构成要件中的违法性判断,虽然"与侵权责任一般构成要件的民事违法性具有交叉性,但并非一个概念",此处所强调的违法性更类似于行政违法性。侵权责任中的违法性判断应区别于上述对侵权行为本身的违法性判断,如果加害人的行为没有违反法律规定,但是其行为造成他人民事权益损害,则加害人的行为就具有了"客观意义上的违法性",因为被侵权人的这些民事权益是受法律保护的,这应为此处环境污染和生态破坏行为在侵权责任法上是否具有违法性的一般判断标准。[①] 比如在英德市华东镇双寨村委会朱屋村民小组与朱某通环境污染责任纠纷一案中,一审法院认为"污染环境的行为造成了损害,污染者就应当承担赔偿责任,不必以违反国家规定的排污标准为前提"[②]。

**(三)惩罚性赔偿数额的确定**

在《民法典》立法过程中对于惩罚性赔偿的数额如何确定具有较大争议。主要争议在于是否应当为司法实践提供明确的参考,比如确立具体的倍数,以便限制法官的自由裁量权。但是鉴于我国现在的立法中对于惩罚性赔偿的计算方式、计算标准都不尽相同,并无统一的标准,因此立法者认为此处不宜确立具体的标准,将数额确定问题留给了司法去解决。[③] 因此对于惩罚性赔偿数额的确定,本条依旧规定了"相应的"这一笼统的确定方法。对此,有的观点认为,这里应考虑侵权人的行为方式、主观动机、侵权人的赔偿能力等因素。具体而言,行为方式方面涉及污染、破坏的方式和次数;主观动机方面涉及作出行为动机的恶劣程度等。[④] 有的观点则认为,司法机关确立惩罚性赔偿的数额应当与侵权人的主观恶性、损害后果、对侵权人的威

---

① 最高人民法院环境资源审判庭编著:《最高人民法院生态环境侵权禁止令保全措施、惩罚性赔偿司法解释的理解与适用》,法律出版社,2023年,第1版,第206、207、217页。

② 广东省英德市人民法院判决书(2019)粤1881民初第1089号。

③ 最高人民法院民法典贯彻实施工作领导小组主编:《中华人民共和国民法典侵权责任编理解与适用》,人民法院出版社,2020年,第1版,第537页。

④ 邹海林、朱广新主编:《民法典评注·侵权责任编》,中国法制出版社,2021年,第1版,第624页。

慑等之间具有相当性。[①] 由是观之，我国学界一般认同综合考虑主观因素和客观因素来确定污染环境、破坏生态时的惩罚性赔偿数额。具体而言，需要参考的因素主要涉及：(1)侵权人的主观状态，即过错因素；(2)排放污染物的方式、次数、物理量、化学成分等；(3)侵权行为对他人人身、财产所造成的损害后果；(4)侵权人基于该侵权行为所获得的利益；(5)侵权人的经济状况；(6)侵权人受到的刑法、行政法上的法律制裁等相关因素。[②] 在江西省浮梁县人民检察院诉浙江海蓝化工集团有限公司公益诉讼一案中，审理法院"综合被告海蓝公司的过失程度、赔偿态度、损害后果、承担责任的经济能力、受到行政处罚等因素"，认定被告按照"环境功能性损失费用的3倍承担环境污染惩罚性赔偿"。[③]

《生态环境侵权惩罚性赔偿解释》中对于惩罚性赔偿数额的确定规定了计算基数和总量控制的确定方式。该解释第9条规定了具体基数的确立方式，即人民法院应当以环境污染、生态破坏造成的财产损失数额、人身损害赔偿金作为计算基数。而这里的财产损失数额、人身损害赔偿金，需要依照《民法典》第1179条、第1184条的规定予以确定。法律另有规定的，依照其规定。对于惩罚性赔偿的总数，应当综合考虑侵权后果的严重程度，侵权人因污染环境、破坏生态行为所获得的利益，侵权人的恶意程度或者侵权人所采取的修复措施及其效果等因素，但惩罚性赔偿数额的总数一般不得超过人身损害赔偿金、财产损失数额的2倍。比如在青岛市人民检察院诉青岛市崂山区意象空间艺术鉴赏中心生态破坏民事公益诉讼一案中，法院"综合其主观故意、危害后果以及在本案中悔改态度较好，愿意提供生态环境公益劳动，以自己实际行动保护生态环境等情节"，最终判令被告承担惩罚性赔偿99 050元，这一数额远远小于本案中被告的行为所造成的"生态环境服务功能损失人民币90.75万元"。[④] 此外，该解释第9条第2款还规定了计算惩罚性赔偿时特殊的参考因素，据此人民法院可以将惩罚性赔偿与刑事罚金和行政罚款同时适用，但在确定惩罚性赔偿金数额时应考虑已经作出的刑事罚金和行政罚款。

---

① 最高人民法院民法典贯彻实施工作领导小组主编：《中华人民共和国民法典侵权责任编理解与适用》，人民法院出版社，2020年，第1版，第537页。

② 最高人民法院民法典贯彻实施工作领导小组主编：《中华人民共和国民法典侵权责任编理解与适用》，人民法院出版社，2020年，第1版，第538页。

③ 江西省浮梁县人民检察院诉浙江海蓝化工集团有限公司公益诉讼案，江西省浮梁县人民法院民事判决书(2020)赣0222民初796号。

④ 青岛市人民检察院诉青岛市崂山区意象空间艺术鉴赏中心生态破坏民事公益诉讼案，山东省青岛市中级人民法院民事判决书(2021)鲁02民初69号。

# 第二章　法教义学视野下的惩罚性赔偿制度

“民事责任是平等主体之间发生的一方依法向另一方承担的责任，目的在于弥补权利人因他人的民事违法行为而给其造成的经济损失，补偿性是民事责任的显著特征。”[①]从民法的历史演进来看，现代民法中的平等性主要体现在以下三个方面，首先是平等的主体地位，其次是平等的民事关系，最后是平等的民事责任。民事责任可以分为意定的责任和法定的责任。意定的责任体现了私主体之间的意思自治，以私主体的平等为基础，并反映了私主体所塑造的自治秩序。法定的责任则由法律强制规定，在民法中主要涉及赔偿法上的责任，目的在于弥补被侵权人的损失。从民事责任法的发展史来看，责任法早期公私不分，民事责任具有诸法合体特征，特别是赔偿法中以带有惩罚色彩的赔偿制度为主，这些民事责任制度构建了人类早期不平等的秩序，而平等秩序下的民事责任制度只是后来人类制度发展的产物。我国今天的《民法典》之中的民事责任制度对这一发展趋势反应如何？这一发展对惩罚性赔偿适用有何影响？我国学界对这些问题仍未有深入研究。要想全面理解和正确对待我国《民法典》中的惩罚性赔偿制度，需要从制度文明发展史角度加以揭示。

## 一、罗马法：塑造不平等秩序的赔偿法

早期罗马侵权法的基础是《十二表法》，该法规定了一系列侵权行为，如杀人、放火、破坏农田等，被侵权人对这些侵犯私人利益的行为可以提起诉讼。[②] 当时的诉讼形式有三种：纯粹的刑事诉讼，这可导致支付罚金；涉及民事赔偿的民事诉讼；混合诉讼，既涉及对侵权人的刑事处罚，又涉及对被侵

① 最高人民法院环境资源审判庭编著：《最高人民法院生态环境侵权禁止令保全措施、惩罚性赔偿司法解释的理解与适用》，法律出版社，2023 年，第 1 版，第 280 页。

② Manthe, Ulrich, *Geschichte des Römischen Rechts*, Verlag C. H. Beck, 4. Auflage, 2011, S. 54 f.

权人的损害赔偿。[①] 但是该法本质上还是基于私人复仇的思想，私人与集体可以行使强制执行权，罚金由法律确定或由法官确定，但是数额一般都会超出物的实际价值，且罚金会依据被侵害利益的数倍价值来确定，特别是在财产侵权中。[②] 罚金作为侵权后果的优先地位是该法的特征。而罚金的后果在于对责任人的惩罚与对受害人的抚慰。不同于当代的罚金，其并非支付给国家，而是支付给被侵权人，该罚金本质上是一种私刑。[③] 该私刑后来逐渐地发展为自愿或强制以金钱来消除复仇的形式。[④] 而该金钱债务独立于引起赔偿的损害并超过该损害。这后来逐渐地发展为损害赔偿。[⑤]《阿奎利亚法》出现于公元前 286 年左右，其仅仅具有三条内容，但是它取代了《十二表法》中对损害赔偿确定具体罚金的规则。[⑥] 依据第 1 条，若某人杀害了他人的奴隶或一头四脚的牲畜，则侵权人有义务支付该奴隶和该牲畜在过去一年中的最高价值。第 3 条规定，若某人的违法行为对他人之物造成了损害，则需要对该物的所有权人支付该物过去 30 天中的最高价值。[⑦] 盖尤斯认为阿奎利亚之诉具有双重作用，一方面具有刑事诉讼的色彩，另一方面则具有民事赔偿的色彩。[⑧] 虽然该法中还具有罚金的思想，但是《阿奎利亚法》中的罚金思想已经在人类历史中首次退居于赔偿思想之后。[⑨] 在《民法大全》中虽然实际执行（Realvollstreckung）并未规定在履行请求权中，却规定在了物的返还请求权中[⑩]，而并未规定在损害赔偿请求权中[⑪]。

---

① Kaser, Max/Knütel, Rolf, *Römisches Privatrecht*, C. H. Beck Verlag, 20., überarbeitete und erweiterte Auflage, 2014, S. 205 f.

② Kaser, Max/Knütel, Rolf, *Römisches Privatrecht*, C. H. Beck Verlag, 20., überarbeitete und erweiterte Auflage, 2014, S. 206.

③ Honsell, Heinrich, *Römisches Recht*, Springer Verlag, 8. Auflage, 2015, S. 88 f.

④ Hausmaninger, Herbert/Selb, Walter, *Römisches Privatrecht*, Böhlau Verlag, 9., völlig neu bearbeite Auflage, 2001, S. 276 f.

⑤ Gaius, Institutionen 4, 7. Übersetzung siehe: Hausmaninger, Mansche, *Das Schadensersatzrecht der lex Aquilia*, Mansche Verlags- und Universitätsbuchhandlung, 5. Auflage, 1996, S. 131. Vgl. Hausmaninger, Herbert/Selb, Walter, *Römisches Privatrecht*, Böhlau Verlag, 9., völlig neu bearbeite Auflage, 2001, S. 276 f.

⑥ Digesten 9. 2. 1. Übersetzung siehe: Behrends/Knütei/Kupisch/Seiler, Coupus Iuris Civilis—Text und Übersetzung, S. 733. Vgl. Hausmaninger, Herbert/Selb, Walter, *Römisches Privatrecht*, Böhlau Verlag, 9., völlig neu bearbeite Auflage, 2001, S. 8 f.

⑦ Hausmaninger, Herbert/Selb, Walter, *Römisches Privatrecht*, Böhlau Verlag, 9., völlig neu bearbeite Auflage, 2001, S. 7 f.

⑧ Gaius, Institution 3, 214.

⑨ Hausmaninger, Herbert/Selb, Walter, *Römisches Privatrecht*, Böhlau Verlag, 9., völlig neu bearbeite Auflage, 2001, S. 283.

⑩ Ulpian, Dig. 6. 1. 68.

⑪ H. Dilcher, in *ZRG*, Band. 78, 1961, S. 277 ff.

对于人身伤害(Iniuria),《十二表法》中规定:若残害他人的肢体,则需要被残害同样的肢体。若致人骨折,当被侵权人为自由人时,侵权人需要支付300阿斯钱币,当被侵权人为奴隶时,侵权人需要支付150阿斯钱币。依据对身体损害的不同程度,该法规定了不同的罚金。起初罗马法中人身侵权的法律后果为私刑,当时的刑罚目的与赔偿目的并未严格区分。后来,《艾斯提曼德法令》确定了新的罚金计算方式,其将《十二表法》中的固定罚金变为不固定罚金。基于此产生了身体侵权的诉讼形式,即由裁判官来确定身体侵权的赔偿数额,并废除了同态复仇制度,这在后《十二表法》时代实现了通过司法裁判来确定罚金。① 至公元前二、三世纪之交,在人身侵权之诉中"Iniuria"既可被理解为侵犯身体,又可被理解为侵犯人格。② 因侵犯身体和侵犯人格所提起的诉讼仍涉及罚金,并由法官根据具体案件情形来确定。而该罚金只支付给被侵权人,并实现对被侵权人的抚慰,以便其放弃对被侵权人的报复,因此数额往往都会较高。③ 经典罗马法时期虽然对上述制度进行了发展,但是并未摆脱上述桎梏。

## 二、思想重塑:经院哲学与自然恢复原则

### (一)赎罪论下的自然恢复思想

欧洲中世纪,经院学者以《圣经》为研究对象来探究人类行为的准则。经院哲学对自然恢复原则研究的推动基础是奥古斯丁(Augustinus)的名言,即真正的忏悔和赦免只有在返还从他处拿走的物后才可以实现。④ 返还义务与摩西十诫中的第七条律法,即"不可偷盗"相关。经院哲学家安瑟尔谟(Anselm of Laon)认为,盗窃(furtum)应从广义上理解,任一擅自拿去他人之物的行为都是强占他人之欲望的后果。⑤ 该观点得到了经院哲学家斯特拉伯(Walafried Strabo)的认可,因此,就如盗窃一样,占用他人之物也是被禁止的。据此,第七条律法中的偷盗只是一部分,第七条律法原则上并非仅仅禁止盗窃,即狭义上的秘密拿去他人之物,而且禁止任一不当拿取他人之物

---

① Lübtow, "zum römischen Injurienrecht", in *Schriften zur römischen Geschichte*, Band 5, S. 115; Kaser, Max/Knütel, Rolf, *Römisches Privatrecht*, C. H. Beck Verlag, 20., überarbeitete und erweiterte Auflage, 2014, S. 305.

② Kaser, Max/Knütel, Rolf, *Römisches Privatrecht*, C. H. Beck Verlag, 20., überarbeitete und erweiterte Auflage, 2014, S. 305.

③ Hausmaninger, Herbert/Selb, Walter, *Römisches Privatrecht*, Böhlau Verlag, 9., völlig neu bearbeite Auflage, 2001, S. 286.

④ Ebert, Ina, *Pönale Elemente im deutschen Privatrecht*, Mohr Siebeck, 2004, S. 52.

⑤ Weinzierl, Karl, *Die Restitutionslehre der Frühscholastik*, Maxhuber Verlag, 1936, S. 11.

的行为。[①] 在《旧约》中针对人身侵权、财产侵权以及保管、借贷等规定了自然恢复思想，但是早期经院学者对此的解释仅仅限于字面意义，且在没有明确列明自然恢复思想时并未借助比喻性解释，而是探索其他可能的转化意思。[②]

《新约》中对自然恢复原则的直接规定并不多，被引用最多的是《路加福音》第 19 章第 8 句，该句描述了撒该对耶稣所说的话："我把所有的一半给穷人；我若讹诈了谁，就还他四倍。"但是经院学者对此并未解释所返还的四倍是义务性的还是自愿性的。另一一般性的原则是《马太福音》第 22 章第 21 句中耶稣所说的话："凯撒的物当归给凯撒；神的物当归给神。"《罗马书》第 13 章第 7 句同样具有一般性的原则："凡人所当得的，就给他；当得粮的，给他纳粮；当得税的，给他上税。"《新约》中对于利息禁止的规定的依据在《路加福音》第 6 章第 35 句："善待他们，并要借给人不指望偿还。"经院学者对此详细解释为，在借贷中不可期待超过所借之物的数量。依据经院学者的观点，虽然要求对物的返还是可以的，但是最好不要要求返还。[③]

以上《圣经》中的内容为中世纪经院哲学研究的对象，主要运用"赎罪"的思想来构建自然恢复思想，物的返还是由人类不当的行为所引起的，而不当的行为是因为人内心深处的"罪恶"，所以为了克服内在的"罪恶"，需要自己作出纠正因此而生的行为来"赎罪"。从此可以看出，早期经院学者对自然恢复思想的探索仍停留在宗教学领域。对法学推动有积极意义的是，这些研究成果并非仅仅停留在思想内容中，而且在天主教法实践中被应用，在 1140 年左右博洛尼亚（Bologna）大学中的经院哲学家编纂的著作教会法汇编 *Dekret Gratinas* 中对这些内容都加以吸纳，虽然该教会法汇编起初只是个人的著作，但是它后来成了《天主教法大全》（*Corpus Iuris Canonic*）的第一部分。当时的教会法是欧洲共同法的重要组成部分，且不受国家疆域的限制，适用于所有天主教地区的教会法院，这使得自然恢复理论进入教会法审判实践之中。该法律汇编认为，对于自然恢复而言，单倍赔偿即足矣。[④] 1234 年，教皇格利高里九世（Gregorius IX）颁布的教会法汇编 *Liber Extra* 中对自然恢复思想又进行了规定。由于中世纪天主教法令不受疆域限制，适用于所有教区，且为中世纪欧洲共同法的重要组成部分，所以这些天主教法适用于整个欧洲天主教地区。该思想对欧洲市民具有教化的作用，且适用

---

① Weinzierl, Karl, *Die Restitutionslehre der Frühscholastik*, Maxhuber Verlag, 1936, S. 11 f.

② Weinzierl, Karl, *Die Restitutionslehre der Frühscholastik*, Maxhuber Verlag, 1936, S. 20 f.

③ Weinzierl, Karl, *Die Restitutionslehre der Frühscholastik*, Maxhuber Verlag, 1936, S. 22.

④ Weinzierl, Karl, *Die Restitutionslehre der Frühscholastik*, Maxhuber Verlag, 1936, S. 31.

于宗教法院,作为宗教法院判决的依据。基于此,自然恢复思想从纯粹的神学现象逐渐转为法学研究的现象。

**(二)矫正正义下的自然恢复思想**

中世纪经院哲学家托马斯·阿奎那(Thomas von Aquin)实现了对自然恢复理论的完善。在其所著的《神学大全》(*Summa Theologica*)一书中,他用一章论述了自然恢复思想。其自然恢复原则构成了今天道德神学的基础,同样也为法学奠定了坚实的基础。因为阿奎那成功地运用亚里士多德的哲学分析了罗马法和天主教法,并为自然恢复义务找到了内在的理由,因此分清了自然恢复的本质。此外,他还将大量自然恢复义务的情形纳入了可应用的制度体系中。① 阿奎那对自然恢复原则的处理方式另辟蹊径,其将不法取得之物的自然恢复问题放在了天主教赎罪问题之外来讨论,并将对自然恢复的讨论放在了法和正义问题之后。其利用亚里士多德的分配正义、交换正义与矫正正义理论来分析赔偿制度,并将自然恢复归在矫正正义之中。因此,自然恢复理论就完全区别于赎罪制度的内容。这就使得自然恢复成为一个纯粹的法学问题。正如阿奎那所指出,自然恢复与将物重新置于某人占有或所有之下并无区别。因此,这是一个关于矫正正义的行为。当某人占有一个他人之物时必须返还,不管是经过他人同意的借来之物,还是未经他人同意的抢来之物。恢复(restitutio)这一概念本来以同一物为条件。但是这超出了侵权实体物的范围,并适用于所有侵权行为之中,不管是作为还是不作为,比如对他人身体或名誉的侵犯。②

阿奎那继承了早期经院哲学家对"不可偷盗"的广义理解。阿奎那认为,"一切不当的取得都是不合理的"。③ 在自然恢复的范围上,阿奎那将《圣经》中有关四倍赔偿的内容区分为惩罚和补偿。《圣经》中的律法具有惩罚性的规则,但是依据交换正义,只能是单倍的赔偿。④ 赔偿首先意味着返还被侵占的原物,在不能归还原物的情况下才需要偿还应当归还的物。比如某人伤害了他人的肢体,则必须以金钱为赔偿或恢复名誉。⑤ 但是需要赔偿的损失并不限于事实上被侵占的部分,相反,被侵权人可以得到其受到的利润损失。但是阿奎那在这里拒绝全部赔偿,因为被侵权人绝非可以确

---

① Udo, Wolter, *Das Prinzip der Naturrestitution in §249 BGB*, Buncker & Humblot, 1985, S. 26.

② Udo, Wolter, *Das Prinzip der Naturrestitution in §249 BGB*, Buncker & Humblot, 1985, S. 27.

③ Ebert, Ina, *Pönale Elemente im deutschen Privatrecht*, Mohr Siebeck, 2004, S. 52.

④ Thomas von Aquin, *Summa Theologica*, II/II q. 62 a. 3.

⑤ Thomas von Aquin, *Summa Theologica*, II/II q. 62 a. 2.

定地获得该利润。[①]

不同于早期经院哲学家仅仅对自然恢复个案的具体分析,阿奎那作出了系统的总结。[②] 对占有被拿走之物——如善意取得物——的归还与对强占他人之物的返还的区别在于,在第一种情形中债务人只具有返还所受领之物的义务,而在第二种情形中则因强占而始终负有返还的义务。第一种情形具有不当得利的特征;相反盗窃则属于第二种情形,具有侵权上的特征。但是阿奎那在此处还纳入了一些合同上的责任,即借款人和保管人的责任。[③] 在接下来的几个世纪,这一观点一直受到争议,即是否将合同视为自然恢复义务的理由来讨论。特别是 16 世纪后,文献中存在的趋势是,将合同上的赔偿义务从自然恢复理论中区别出来,并在具体的合同类型中具体分析。[④]

1298 年,教皇卜尼法斯八世(Bonifatius VIII)颁布了天主教法汇编 *Liber Sextus*,对 1234 年以来的教皇法令和天主教法进行了汇编,其中对奥古斯丁的名言、阿奎那的学说与道德神学一起进行了继受。[⑤] 毫无疑问,卜尼法斯八世对自然恢复原则作出了进一步的法律化,而宗教学家,特别是阿奎那对此内容作出了重要贡献。通过该法令,编纂者对法律规则的条理化使得自然恢复学说完全在法律上得到了确认。因此,该法令的意义还在于,在宗教学者长期对该问题展开讨论后,自然恢复原则可以转归为法律学者的任务,因为自然恢复思想已经进入了法律体系之中。[⑥]

**(三)萨拉曼卡学派下的自然恢复思想**

晚期经院哲学思想兴盛于西班牙的萨拉曼卡(Salamanca)大学,虽然该大学以阿奎那的著作为教科书,并同意天主教传统中的所有权理论,但是认为私人所有权并不违反自然法,这导致阿奎那构建的所有权理论在晚期经院学者中并不被广泛认同。晚期经院学者认为人类对物的控制权根源于基于自由决定与理性的人类天性,这构成了自然法中绝对的、不可侵犯的所有权的基础。因此,不管所占有的物是否为自己不法获取,都有义务向合法的所有权人返还。[⑦] 但是这些经院学者必须解释,是返还原物就足矣,还是需

---

① Thomas von Aquin, *Summa Theologica*, II/II q. 62 a. 4.

② Udo, Wolter, *Das Prinzip der Naturrestitution in § 249 BGB*, Buncker & Humblot, 1985, S. 29.

③ Udo, Wolter, *Das Prinzip der Naturrestitution in § 249 BGB*, Buncker & Humblot, 1985, S. 29.

④ Hohenlohe, P. C., *Gründe der Schadensersatzpflicht in Recht und Moral*, Regensburg/Rom, 1914, S. 170 ff.

⑤ Ebert, Ina, *Pönale Elemente im deutschen Privatrecht*, Mohr Siebeck, 2004, S. 53.

⑥ Udo, Wolter, *Das Prinzip der Naturrestitution in § 249 BGB*, Buncker & Humblot, 1985, S. 42 f.

⑦ Nufer, Günther, *Über die Restitutionslehre der spnischen Spätscholastiker und ihre Ausstralung auf die Folgezeit*, Dissertationsdruck Schön, S. 16 ff.

要多倍赔偿。因为《圣经》中有多处多倍赔偿的规定,如《出埃及记》第22章第1句说:“人若偷牛或羊,无论是宰了,是卖了,他就要以五牛赔一牛,四羊赔一羊。”晚期经院学者对此问题的解决途径是,他们在非法侵占他人之物时区分占有物的原因和不法行为的过错。如果实在法要求赔偿超出损害的价值,则此为对不法行为过错的惩罚,这区别于真正的自然恢复义务。[①]

对于侵占他人之物时自然赔偿义务的范围,晚期经院哲学家亦有自己的见解。对于自己侵占的物,他们并不认为恢复只限于物的返还。他们根据“restitutere”一词的本意——恢复原有的状态,认为应包括所有的利益,即从之前一直到判决作出时所应获得的利益,包括对孳息的赔偿。他们将孳息分为物的孳息(fructus rei)和劳动孳息(fructus industriae)。对于返还孳息的条件与范围,晚期经院学者之间存在争议。依据科瓦汝维亚斯(Covarruvias)的观点,恶意占有人必须返还物的孳息,然而莫利纳(Molina)认为,所有权人不可取但是占有人已经使用或毁坏的孳息也具有自然恢复义务。[②] 对于所获利润,晚期经院学者认为需要返还,并认为利润的机会并不等于实际上已经获得的利润,因此被排除。[③] 在对物的使用利益上,晚期经院学者将恢复的权利建构于不当得利之上。通过补偿恢复侵害行为产生之前的状态,不得有人因此获利或受损。[④] 对于恶意占有之物毁损灭失后的对物的价值和丧失利润的自然恢复义务,晚期经院学者对此并无争议,但是对于如何确定该赔偿额则存在争议:是依据罗马法中乌尔比安(Ulpian)和巴托鲁斯(Bartolus)所认为的所有人占有该物时的最高额,还是要考虑物毁损后的具体情形?科瓦汝维亚斯认为,应当赔偿恶意占有人占有期间的物的最高价值,如果所有权人没有该侵权行为即可以最高价值出售的话。莫利纳则认为赔偿的数额应依据该物毁损时的价值来确定。[⑤] 对于善意占有人,则只负有返还所剩之物与所获利益的义务。如果该物本身或孳息已经被消耗,则其仅需返还因此所节省的费用。但是莫利纳认为此种情形中的

---

① Nufer, Günther, *Über die Restitutionslehre der spnischen Spätscholastiker und ihre Ausstralung auf die Folgezeit*, Dissertationsdruck Schön, S. 18.

② Nufer, Günther, *Über die Restitutionslehre der spnischen Spätscholastiker und ihre Ausstralung auf die Folgezeit*, Dissertationsdruck Schön, S. 20.

③ Nufer, Günther, *Über die Restitutionslehre der spnischen Spätscholastiker und ihre Ausstralung auf die Folgezeit*, Dissertationsdruck Schön, S. 21.

④ Nufer, Günther, *Über die Restitutionslehre der spnischen Spätscholastiker und ihre Ausstralung auf die Folgezeit*, Dissertationsdruck Schön, S. 22.

⑤ Nufer, Günther, *Über die Restitutionslehre der spnischen Spätscholastiker und ihre Ausstralung auf die Folgezeit*, Dissertationsdruck Schön, S. 22 f.

自然恢复义务并不合理。[①]

对于身体伤害，晚期经院学者认为要赔偿因身体伤害所带来的物质损失，如医疗费用、护理费用和劳动损失及其他利润。同时也认可阿奎那的“可恢复的身体伤害”不属于自然恢复义务的范围。依据阿奎那的观点，在缺少同样的赔偿手段时须以金钱或名誉的方式来赔偿损失。但是晚期经院学者争论的问题是，是否可以绝对以金钱方式来赔偿。莫利纳认为金钱赔偿是唯一的自然恢复手段，除非被侵权人放弃此种抚慰方式，或已经获得了相应的刑事之诉。对于针对非物质损害的痛苦抚慰金，莫利纳将其归入罗马法中具有形式色彩的不法侵害(iniuria)，这不同于可被判决承担具有自然恢复义务的损害(damnum)。但是对于严重侵权则可以依据可计算的损害来界定自然恢复义务。“打耳光、棍打、脚踹”等行为虽然未造成严重伤害，但是造成他人荣誉损失，同样需要承担损害赔偿责任。[②]

## 三、世俗立法：自然法与自然恢复思想

### （一）自然法思想对自然恢复思想的发展

近代的自然法超越了经院哲学以《圣经》为研究对象的研究传统，受人文主义与启蒙运动影响，认为上帝给予了人类理性来理解上帝创造的世界，并认为在实在法之外存在着一个从人类理性中推导出的并与人类理性相应的自然法。这一思想在法的发展史中多次出现过。与之相关的观点是，存在一个真实的、永恒的法原则或法规则。广义的自然法包括西塞罗、柏拉图和亚里士多德的相关哲学思想与经院学派的神学观点。近代的自然法从本质上看是世俗化的理性法。其思想脱离了上帝的自然法，认为法原则和法规则仅仅源于人类的“天性”，源于其“天生的行为”，即源自人类的理性。[③] 世俗化的自然法创立者为荷兰的格老秀斯(Hugo Grotius)，代表人物还有德国的普芬道夫(Samuel Pufendorf)、莱布尼茨(Gottfried Wilhelm Leibniz)、托马斯乌斯(Christian Thomasius)和沃夫(Christian Wolff)。[④]

格老秀斯在其著作《战争与和平法》第二部分第17章写到，由侵权行为而产生的损害和债务由该侵权行为决定，除了契约与协定外，侵权行为亦应

---

① Nufer, Günther, *Über die Restitutionslehre der spnischen Spätscholastiker und ihre Ausstralung auf die Folgezeit*, Dissertationsdruck Schön, S. 43.

② Nufer, Günther, *Über die Restitutionslehre der spnischen Spätscholastiker und ihre Ausstralung auf die Folgezeit*, Dissertationsdruck Schön, S. 34.

③ Brauneder, Wilhelm, *Eruopäische Privatrechtsgeschichte*, Böhlau Vertrag, 2014, S. 103 f.

④ Brauneder, Wilhelm, *Eruopäische Privatrechtsgeschichte*, Böhlau Vertrag, 2014, S. 105.

为债产生的原因,该侵权行为的后果是,要对它所造成的损害进行自然恢复。他还从神学,特别是晚期经院学派的视角出发,对杀害、盗窃、抢夺与侵犯名誉等侵权行为作了分析,基本上都继承了自然恢复思想的观点。① 普芬道夫的观点相较于格老秀斯的观点而言并无多少创新。特别之处在于,其致力于义务理论的研究,这对后来自然法学者具有重要影响。据此,损害义务的决定性理由并非在于违反了绝对义务并造成了对他人的损害,其后果是要如其所造成损害之前那样地对其作出修复(reparo)。对此其论证理由为:"如果有自然恢复的义务,则人类就不能自己在罪恶中互相伤害,且对于被侵权人而言,若其不能实现对损害的重新恢复,则不能产生与他人和平相处的愿景。"②将该观点与奥古斯丁所讲的和 *Liber Sexus* 中所述的"避免罪性的产生"相比,则可得知自然恢复义务的根本理由在于法的安宁(Rechtsfrieden)和威慑(Abschreckung)。③

对于损害赔偿的方式,早期自然法学者认为金钱赔偿是主要的方式,④该原则基本上为格老秀斯和普芬道夫所继承。如普芬道夫在对"损害"问题讨论时所引述的例子中提到,若房屋被烧毁,则不仅要重建,而且要赔偿所烧毁的财产损失。⑤ 他们的观点基本上为后来的自然法学者所继承。如施拉德(Johann Georg Schrader)认为,实际损失或通过对侵占之物的返还,或通过自然地、等值地实现,如果不可能,则通过对所造成的损害进行赔偿的方式实现。⑥ 而托马斯乌斯亦继受了普芬道夫的观点,且与经院学派的观点相应,其认为,被侵权人所遭受的损害通过物的返还方式实现,若不可实现则通过支付金钱的方式来赔偿。

### (二)以自然法思想为基础的主观赔偿时代

#### 1.《马克西米利安巴伐利亚民法典》(CMBC)

不同于《阿奎利亚法》中损害赔偿的私刑性质,1756 年的《马克西米利安巴伐利亚民法典》(下文简称《巴伐利亚民法典》)已经实现了刑罚与损害赔偿的区分,并基于自然恢复思想来构建赔偿法体系。该法第 4 编第 16 章第 2 条规定,违法行为不仅侵害了国家的利益,同时也侵害了私人利益,因此其不仅要依据《巴伐利亚刑法典》承担刑罚,还要返还所获利益,如果所获

---

① Udo, Wolter, *Das Prinzip der Naturrestitution in §249 BGB*, Buncker & Humblot, 1985, S. 60 f.

② Udo, Wolter, *Das Prinzip der Naturrestitution in §249 BGB*, Buncker & Humblot, 1985, S. 60 f.

③ Udo, Wolter, *Das Prinzip der Naturrestitution in §249 BGB*, Buncker & Humblot, 1985, S. 61 f.

④ Wieling, Hans Josef, *Interesse und Privatstrafe*, Böhlau Vertrag, 1970, S. 150 f.

⑤ Jus naturae, Lib. III, S. 300.

⑥ Schrader, J. G., *De reparatione damni dati*, typis G. W. Hammii, S. 45.

利益不足以弥补损失，则要赔偿因此给他人造成的损害（Schäden）和费用（Kosten）。紧接着第4条规定，谁因他人违法的、有过错的行为产生了财产的损失，则其有权依据该法主张损害赔偿。《巴伐利亚民法典》反映了早期对自然法法典化的探索，其损害赔偿规则已经对自然法中损害赔偿的一般条款作了强化。[①] 除该法第4编第16章第2条中对未成熟的果实侵害时的赔偿例外，该法对损害赔偿数额的计算一般仅仅依据侵害时被损害物的价值，这体现了在对物的价值赔偿时对自然恢复原则的优先适用性。在多人侵权时对损害赔偿的计算是共同计算，而非按侵权人数来累计。[②] 对于罗马法中的侵辱（Iniure），该法典用了一章节来规定，且内容几乎与当时的共同法判决一致。除了国家刑罚外，被侵权人可以选择民事诉讼，请求金钱赔偿，或者请求撤回侮辱、道歉或作出名誉声明来消除影响。在破坏婚姻情形下，对侵权人的责任亦由罗马法中以2倍或3倍的惩罚性赔偿改为单倍赔偿。这些构成要件都体现了去刑罚化的趋势，使得具有刑事色彩的处罚变为损害赔偿。[③] 这里都借鉴了天主教法和自然法的思想，并使之成为纯粹的损害赔偿请求权，但是该法并未彻底地贯彻自然恢复思想，在涉及人身伤害时的精神损害赔偿方面依然保留了罗马法的制度残余。[④] 虽然该法并未直接规定首先只能请求自然恢复，但是从该法第四部分第16章第5条可以推导出该规则。[⑤]

**2.《普鲁士国家一般邦法》（ALR）**

1794年的《普鲁士国家一般邦法》是当代意义上的第一部法典，在侵权法上与传统的共同法相比亦有进步，自然法和当时的专制国家体系对此都有很大的影响。该法典对于违法造成的损害后果保持了民事责任与刑事责任的严格区分。[⑥] 该法规定："谁通过一个自由的行为违法地造成了损害，谁就作出了侵害行为，其不仅要对被侵害人承担责任，还要对国家承担责任。"[⑦]该条并未采用一般条款来列举的模式，而是将共同法的实践与自然法思想相融合，依据自然法的归责模式设计了一般条款性的损害赔偿规则，

---

① Ebert, Ina, *Pönale Elemente im deutschen Privatrecht*, Mohr Siebeck, 2004, S. 105.

② Danzer, Max, *Das Bayerrische Landrecht vom Jahre 1756*, J. Schweitzer Verlag, 1894, S. 303 f.

③ Friedl, Hans, *Codex Maximilianeus Bavaricus Civilis von X. W. A. Freiherrn v. Kreittmayr*, Dissertation der Friedrich-Alexander-Universität zu Erlangen, 1934, S. 130.

④ Friedl, Hans, *Codex Maximilianeus Bavaricus Civilis von X. W. A. Freiherrn v. Kreittmayr*, Dissertation der Friedrich-Alexander-Universität zu Erlangen, 1934, S. 132.

⑤ *CBMC* IV Teil, Kap. 16, § 5.

⑥ Ebert, Ina, *Pönale Elemente im deutschen Privatrecht*, Mohr Siebeck, 2004, S. 111.

⑦ *ALR* § 7 II 20.

该规则覆盖了一切违法、有过错的侵害行为。而自然恢复在损害赔偿中具有优先地位。[①] 但是,《普鲁士国家一般邦法》在关于财产损害赔偿的规制中具有一些与共同法不同的地方,首先是放弃了共同法中全有全无的原则,采用了依据侵权人的过错来确定责任的规则;[②]其次是在故意或重大过失毁坏财物时可向侵权人主张自然恢复意义上的赔偿。[③] 在人身损害赔偿上,《普鲁士国家一般邦法》既规定了物质损害赔偿,又规定了痛苦抚慰金。其中在物质损害赔偿上体现了自然恢复原则,即所遭受的损失。[④]

**3.《奥地利普通民法典》(ABGB)**

受自然法立法影响的1811年《奥地利普通民法典》同样采纳了自然恢复的思想,并沿用至今。该法第1323条规定,对损害的赔偿必须恢复之前的状态,若不可行,则需要补偿相应价值。其立法模式与《巴伐利亚民法典》相一致,并未采取1804年生效的《法国民法典》中的规制模式。《法国民法典》的规制模式与罗马法的立法模式一致,并未采用自然恢复思想。依据《法国民法典》中的规定,一切损害赔偿请求权都指向了金钱赔偿。[⑤] 该原则与英美法系一致,而英美法系衡平法中发展出来的规则也规定一切损害赔偿都要以金钱来赔偿的形式。[⑥]《奥地利普通民法典》第1323条中的自然恢复请求权可由被侵权人主张,相反,《法国民法典》将此置于法官的自由裁量权中。《奥地利普通民法典》中对侵权人的自然给付义务可以通过两种途径实现:其一是对被侵害的物进行修复;其二是给付同样的物。虽然这两种请求权经常被损害赔偿中的金钱给付所取代,但是此处强调了对被侵权人完整利益的修复具有优先性。[⑦]

**(三)以自然恢复思想为基础的客观赔偿时代**

1900年生效的《德国民法典》在第249条至第251条中规定了两种不同的损害赔偿形式。一个是依据第249条第1款,负有损害赔偿义务的人必须恢复没有引起损害赔偿义务的情形时的状态(自然恢复);另一个则是金钱赔偿。其中该法将自然恢复定为一般情形。[⑧] 据此,损害赔偿请求权人

---

① *ALR* § 79 ff. I 6.

② *ALR* § 10 I 6.

③ *ALR* § 85 I 6.

④ *ALR* § 132 ff. I 6.

⑤ Wieling, Hans-Josef, *Interesse und Privatstrafe vom Mittelalter bis zum BGB*, Dissertation, Köln, 1970, S. 150 f.

⑥ McBride, Nicholas/Bagshaw, Roderick, *Tort Law*, Pearson Longmann, 2. edtion, S. 600.

⑦ Harrer, § 1323, in Schwinmann, *ABGB Praxiskommentar*, LexisNexis Verlag, 3. Auflage, Band 6, S. 376 ff.

⑧ BGH *NJW* 1997, 520(521).

的法律地位被强化，即当以不成比例的投入才可能实现自然恢复时，债务人亦应当优先作出自然恢复。[①] 同样，如果没有例外（比如第 251 条第 2 款），则被侵权人始终可以请求自然恢复，需要补偿的是财产损害还是非财产损害则并不重要。在非财产损害的情况下，第 253 条第 1 款排除了仅仅适用金钱赔偿请求权，相反，如果自然恢复是可能的，则被侵权人可以不受限制地选择作出自然恢复请求权。[②] 如果在非物质损害的情况下，被侵权人自己作出了自然恢复，则其可以向侵权人请求支付对此支出的必要费用，该请求权的基础不仅仅是第 812 条第 1 款第 1 句第 2 种情形（不当得利请求权），还有第 249 条第 2 款第 1 句。虽然第 249 条第 2 款第 1 句规定，在侵害他人人身或损害他人之物时被侵权人可以请求金钱赔偿替代自然恢复，但是该规定的目的首先在于，被侵权人必须不能够将被侵害的法益给予侵权人来恢复。[③] 因此，第 249 条并非利于被侵权人的“选择权”（Wahlrecht），而是一个“代偿权”（Ersetzungsbefugnis），其逻辑前提是被侵权人可以依据第 249 条第 1 款来请求自然恢复。[④] 因此，依据第 249 条第 2 款第 1 句作出金钱赔偿请求权的前提是自然恢复是可能的。这不同于第 251 条第 1 款，当自然恢复不可能时的损害赔偿请求权并非针对自然恢复利益的满足，而是针对价值利益的满足。[⑤]

《德国民法典》对该制度的确立使得大陆法系的赔偿制度体系得以基本成型，并在制度发展史中成为区别于英美赔偿制度体系的重要内容。而德国法所确立的客观赔偿体系对今天的《日本民法典》产生了一定的影响，《日本民法典》第 3 编第 5 章侵权责任中规定了赔偿原则，主要是一些自然恢复的规定，如对第 193 条规定的盗赃物的返还请求权。

## 四、私法刑罚化的现代命运分析

### （一）法典革命与私法刑罚化

早期产生于我国古代法、罗马法、古希腊法、古希伯来法中的赔偿法都具有私力复仇的特征。[⑥] 与私法去私刑化相伴的是刑法现代化的过程。中

---

① Oetker, § 249, in *Müncher Kommentar für BGB*, C. H. Beck Verlag, S. 407.

② Soergel/Ekkenga/Kuntz, *Bürgerliches Gesetzbuch mit Einführungsgesetz und Nebengesetzen: BGB*, Kohlhammer Verlag, Rn. 1, 56 f.

③ *BGHZ* 63, 182(184).

④ *BGHZ* 5, 105(109 f.).

⑤ BGH *NJW* 1997, 520(521 f.)

⑥ 〔日〕穗积陈重：《复仇与法律》，曾玉婷、魏磊杰译，中国法制出版社，2013 年，第 1 版，第 122 页。

世纪兴起于法国并影响到欧洲各国的“和平运动”亦为造法运动,其间产生的大量立法,主要是向传统的、古老的制裁体系进行宣战,直接剑指当时盛行的私力复仇制度,并逐步瓦解了旧的制裁体系。继承“上帝和平”运动的“国家和平”运动更是通过大量的立法塑造了国家在刑罚制裁中的主导角色,并取代了既有的以私人“复仇”和“赎罪金”为主的制裁体制。基于刑法独立而新造的惩罚制度体系、刑罚国家化、惩罚对象特定化与定罪主观化等特征也昭示了现代意义上“刑罚的诞生”。①

刑法现代化的发展使得民刑开始分立,纯粹的刑事处罚制度导致金钱不再支付给受害人,而是支付给法院。② 同时现代意义上的依据公法向当局交纳的罚金(Geldstrafe)取代了中世纪早期的赎罪金(Buße)。③ 因此,这也产生了由被害人通过民法途径向受害人主张损害赔偿的必要。这样的必要性也导致了大陆法系中填平性损害赔偿和去刑罚化的侵权之债的形成。④ 该罗马法上的法律制度从 14 至 15 世纪开始逐渐影响到欧洲各国的法律实践,其中损害补偿及私刑逐渐地被接受为《阿奎利亚法典》中的物的损害赔偿规则和侵辱之诉(actio iniuriarum)制度。⑤ 16 世纪开始欧洲各国世俗国家力量加强,国家开始视犯罪行为不仅仅侵犯个人权益,还侵犯了国家利益,并开始追究侵犯个人权益的侵权者的责任,民刑分立的趋势进一步加强。国家权力的逐渐确立让私人间的不法行为责任追究失去意义。⑥ 绝大多数罗马法上的纯粹刑事上的私人诉讼在欧洲各国法中不再被接受。这集中体现在潘德克顿学派影响下于 1532 年颁布的《卡洛琳娜法典》中,虽然该法典中还有对轻微的盗窃行为仍可处以私刑的规定,但是此处私刑的意义已经可以忽略。⑦

在自然法(理性法)思想影响下,18 世纪各国法典都延续了以上刑民分立和私法去刑法化的立法趋势,如开明君主专制时期,巴伐利亚于 1756 年颁布的《马克西米利安巴伐利亚民法典》第四部分第 16 章规定了损害赔偿制度。当时处于君主专制时代,犯罪行为首先被视为是针对国家,违反了国

---

① Ebert, Ina, *Pönale Elemente im deutschen Privatrecht*, Mohr Siebeck, 2004, S. 25 ff.

② Gudian, G., *Geldstrafrecht und peinliches Strafrecht im späten Mittelalter*, in Becker, H. J./Dilcher, G./Gudian, G. (Hg.), *Rechtsgeschichte als Kulturgeschichte—Festschrift für Adaldert Eler*, Scientia-Verlag, 1975, S. 278.

③ Schumann, Eva, “Geldstrafe”, in *HRG*, Band II, Erich Schmidt Verlag, 2012, S. 18 ff.

④ Kaufmann, E., “Schadensersatzrecht”, in *HRG*, Band II, Erich Schmidt Verlag, 1978, S. 136.

⑤ Ebert, Ina, *Pönale Elemente im deutschen Privatrecht*, Mohr Siebeck, 2004, S. 34 ff.

⑥ Ebert, Ina, *Pönale Elemente im deutschen Privatrecht*, Mohr Siebeck, 2004, S. 50.

⑦ Holzbauer, H., “Privatstrafe”, in *HRG*, Band III, Erich Schmidt Verlag, 1984, S. 1996.

家法律，此外也是针对直接受害者。在损害赔偿上，与《巴伐利亚民法典》中的请求权相比更强调自然法的基本原则在侵权赔偿中的地位，即首先是自然恢复性赔偿（Naturalrestitution）。[①] 1806年《法国民法典》中的侵权法并未规定惩罚性赔偿制度。该法典中具有惩罚性的因素在于罚金制度。据此，如果债务人并不执行法院裁定，债权人可以在赔偿之外请求支付惩罚金。该措施的刑法特征体现在罚金的额度确定上，即依据侵权人的过错程度和财产能力来计算。该规则为卢森堡和比利时所继承。另一具有惩罚性的制度是在事故保险中，如果保险人迟延支付损害赔偿，则需要支付2倍的迟延利息。[②]

1812年1月1日，自然法影响下的《奥地利普通民法典》生效。在损害赔偿制度上，该法典选择了一条介于《普鲁士一般邦国法》和《法国民法典》中间的道路。《奥地利普通民法典》中的损害赔偿体系具有一般预防的功能，因此也具有刑罚性目的设定，但这也是立法者明知的。[③] 而这样的规定后来也招来了学者的批判，比如温格（Joseph Unger）认为，这违反了一般的原则，应站在民法的角度设置损害赔偿制度，而不是刑法的角度。[④] 在后来对于损害赔偿法改革的讨论中，兰达（Anton von Randa）认为这种等级性的赔偿制度应被改革，该点上混入了刑罚性的因素，这里只应该涉及对引起损害的民事赔偿责任。[⑤] 这种对"将刑罚与损害赔偿"混同的批判一直不断。虽然奥地利侵权法中在填平原则之外另加了预防和赎罪的思想，但是对侵权人的刑事制裁并非该法的首要或主要目的。[⑥]

《德国民法典》制定者将创制去刑罚化的自由的私法作为其公开的目标，立法者始终"尽可能地阻止私刑（Privatstrafe）进入"法典之中。[⑦] 因此，在该法制定时放弃了可能带有刑法性质的规则，比如《普鲁士法典》中依据过错程度来确定赔偿范围的规则，因为"规定民事责任时不应该采用道德上

---

① Ebert, Ina, *Pönale Elemente im deutschen Privatrecht*, Mohr Siebeck, 2004, S. 103 ff.

② Wurmnest, Wolfgang, *Grundzügen des europäischen Haftungsrechts*, Mohr Siebeck, S. 102.

③ Ebert, Ina, *Pönale Elemente im deutschen Privatrecht*, Mohr Siebeck, 2004, S. 141.

④ Unger, Joseph, *System des österreichischen allgemeinen Privatrechts*, Band 2, 3. Aufl., Leipzig, 1868, S. 237, Fn. 1.

⑤ von Randa, Anton Ritter, "Gutachten über die Reformierung des Schadensersatzrechtes", in (öst.) *JB*l VII (1878), Nr. 34, S. 422 f.

⑥ Koziol, Helmut, *Österreichisches Haftpflichtrecht*, Band I, Allgemeiner Teil, 2. Aufl., Wien, 1980, S. 5.

⑦ Mugdan, B./Magunna, P., *Die gesammten Materialien zum bürgerlichen Gesetzbuch für das deutsche Reich*, Band V, R. V. Decker, 1899, S. 332, 817.

或刑法上的立场"[1]。除了在共同过错情况下实行限制性的全有或全无原则外,在故意侵害情况下需要金钱赔偿时,自然性复原优先规则及摒弃额外利益规则被视为《德国民法典》侵权规则的基本原则。"拟定自然性复原义务首先是物的性质内在的恢复原则决定,这符合正义逻辑。对该一般性规则的拒绝是不正义的。"[2]

当代德国学者对刑罚化赔偿的讨论重点涉及痛苦抚慰金,这一方面涉及德国法的制度传统,即古代的复仇、决斗等制度的文化影响;另一方面是由"痛苦"(Schmerzen)的非物质性带来的非可界定性决定的。因此,在补偿原则下很难作出等量的补偿,因而抚慰金是否超出了损失的范围而具有刑罚性颇具争议。德国学者往往会对痛苦抚慰金是否带有惩罚性争论不休,从而对德国法中是否存在惩罚性赔偿制度产生争议。[3] 1955 年,联邦法院判决中认为精神抚慰金不仅应考虑到损害的客观情况,还应考虑到侵权人与被侵权人之间的关系及侵权人的过错程度,并认为精神抚慰金具有双重作用:一方面,其具有补偿受害人所受的非物质损失的作用;另一方面,还具有实现侵害人对受害人所遭受损害的抚慰(Genugtuung)作用。[4]

**(二)"遵循先例"与私法刑罚化**

英美法系最早关于惩罚性赔偿的规定是 1275 年的条例规定:侵害神职人员要处以 2 倍的赔偿。[5] 但是该惩罚性赔偿制度直到 1763 年在 Wilkes v. Wood 一案中才被英国法院判决适用。该案中维克斯(John Wilkes)发行了一本据称诽谤国王的小册子。国王以一般的搜查令搜查了维克斯的房子并没收了小册子。维克斯提起了侵犯住宅之诉。维克斯认为小额赔偿并不能救济对其民事权利的侵犯,陪审团对被告人作出了惩罚性赔偿并阻止将来的入侵的判决。[6] 在另一个相关的案件中,法官对报纸印刷人和发行人的 20 英镑损失处以了 300 英镑的惩罚性赔偿,以便阻止侵权行为的再次发生。对于该案件,卡姆登(Camden)勋爵引用了该法院的判决,其确认也使得惩罚性赔偿制度在英国法传统中稳稳地站住了脚。[7] 但是在 1963 年 Rookes

---

① Mugdan, B./Magunna, P., *Die gesammten Materialien zum bürgerlichen Gesetzbuch für das deutsche Reich*, Band II, R. V. Decker, 1899, S. 10.

② Mugdan, B./Magunna, P., *Die gesammten Materialien zum bürgerlichen Gesetzbuch für das deutsche Reich*, Band II, R. V. Decker, 1899, S. 11.

③ Schärfer, *Carsten*, "Strafe und Prävention im Bürgerlichen Recht", *AcP*, 202, S. 397 ff.

④ *BGHZ* 18, 149 ff.

⑤ Schlueter, Linda, *Punitive Damages*, fifth edition, Matthew Bender & Company, 2005, p. 5.

⑥ *Huckle v. Money*, 2. Wils. 205, 95, Eng. Rep. 768 (K. B. 1763).

⑦ Schlueter, Linda, *Punitive Damages*, fifth edition, Matthew Bender & Company, 2005, p. 11.

v. Barnard案判决之前,英国的制度并无确切的标准。温菲尔德(Winfield)在其首版侵权法著作中认为,法院示范性赔偿中可以因不当行为来惩罚被告。这体现了陪审团对针对原告安全的特别恶意侵权的愤怒,也体现了对被告不当行为的警告。[①] 之前法官的惩罚性判决集中在非法入侵、暴力攻击等侵权行为中,但是也涉及一些关于妨害行为、非法拘禁、诽谤和恶意诉讼的判决。[②] 对英国惩罚性赔偿发展具有决定性影响的是1963年的Rookes v. Barnard案,上议院德弗林(Devlin)勋爵在该案中确立了两个重要的原则。第一,惩罚性赔偿是非常规的,它不仅仅在民法中注入了反常的刑罚因素,而且在没有正当刑事程序指引下就为被告施加了刑罚。第二,惩罚性赔偿制度只应限于以下两种案件:(1)故意滥用公权力的案件;(2)明知从侵权行为中获得的利益要大于所造成的损害,意图从侵权行为中获益的案件。此案之后,英国的法院和议会一直在限制惩罚性赔偿判决。该案件有效地限制了惩罚性赔偿的判决,使得英国法偏离既有的普通法传统,与美国法、爱尔兰法步伐不再一致。[③]

1997年,英国的法律委员会在一个报告中呼吁废除Rookes v. Barnard案件中所确立的限制规则,并呼吁通过立法来建立针对所有错误行为(除了违约)的惩罚性赔偿,只要该行为显示是恶意、粗暴侵犯了原告的权益。[④] 2002年,在Kuddus v. Chief Constable of Leicestershire Constabulary一案中,一位警官在面对一位盗贼的投诉时伪造了一份文件,如果证明这一行为没有出现在Rookes v. Barnard案之前,那么惩罚性赔偿就会被拒绝。下级法院判决即依据Rookes v. Barnard案中所确立的原则作出了不予支持惩罚性赔偿的判决。但是上议院支持了惩罚性赔偿。该案带来的影响是破坏了Rookes v. Barnard案件中所确立的限制标准,并为英国的惩罚性赔偿重新带来了开放式发展的道路。[⑤] 美国学者施吕特(Linda Schlueter)认为,虽然在英国直到1964年的Rookes v. Barnard案件中才建立警示性赔偿的指导原则,但是过去构建的惩罚性赔偿制度并没有"赔偿"的特征。[⑥] 过去普通法中支持惩罚性

① Winfield, P. H., *A Textbook of the Law of Tort*, first edition, 1937, p. 153.

② Tettenborn, Andrew, "Punitive-Damages—A View from England", *San Diego Law Review*, Vol. 41, 2004, p. 1553.

③ Tettenborn, Andrew, "Punitive-Damages—A View from England", *San Diego Law Review*, Vol. 41, 2004, p. 1554.

④ Tettenborn, Andrew, "Punitive-Damages—A View from England", *San Diego Law Review*, Vol. 41, 2004, p. 1555.

⑤ Tettenborn, Andrew, "Punitive-Damages—A View from England", *San Diego Law Review*, Vol. 41, 2004, p. 1556.

⑥ Schlueter, Linda, *Punitive Damages*, fifth edition, Matthew Bender & Company, 2005, p. 16.

赔偿的一个重要政策即为通过鼓励自助来守护安宁。[①] 比尔曼(Jack M. Beermann)认为,当初英国建立惩罚性赔偿主要是为了补充刑法体系的不足。[②] 今天英国法中惩罚性赔偿制度的功能主要涉及对精神痛苦的赔偿、对非物质损害的赔偿、对侵权人的威慑、对不公正刑罚的矫正和复仇。[③] 从这些功能可以看出英国法中的惩罚性赔偿制度继承了古代法惩罚性赔偿制度的特征。

在美国,绝大多数私法是州法,而非联邦法;且侵权法、合同法之类的私法主要是普通法,而非制定法。各州的普通法几乎都允许惩罚性赔偿。美国的惩罚性赔偿制度源自英国普通法。[④] 美国案例中引入惩罚性赔偿教义的案例为1791年的Coryell v. Colbough一案,该案中法院并未依据具体的证据来计算实际损失,而是为了作出警示,以防止该类行为在将来的发生。[⑤] 但是该预防功能直到后来的案件中才建立起来。至19世纪50年代,惩罚性赔偿制度已经在美国站稳脚跟。美国联邦最高法院宣称:"普通法已经得到很好建立的原则是,在侵犯住宅和所有其他侵权案件中,陪审团可以作出警示性(examplary)、惩罚性(punitive),甚至更直接的——报复性(vindictive)赔偿。"[⑥]从美国法体系来看,美国惩罚性赔偿存在的必要性在于弥补刑法的不足。比如美国法官波斯纳(Richard Posner)认为,惩罚性赔偿可以减轻刑事裁决体系对轻微刑事犯罪追究的压力,特别是原告希望针对自己的侵权行为应被惩罚,但是刑法制裁体系认为犯罪行为太轻微而不予制裁时。[⑦]

美国惩罚性赔偿旨在惩罚特别可耻的行为,虽然美国法院对于惩罚性赔偿金的适用标准并未达成一致,但是从既有案例来看主要有以下标准:"故意漠视后果""邪恶心态""恶意动机""残暴行为"等所引起的严重伤害的实质风险;"肆意的漠视安全"。[⑧] 惩罚性赔偿在美国几乎适用于所有

---

① Levit, Victor, "Punitive Damages: Yesterday, Today and Tomorrow", *The Insurance Law Journal*, 1980 May, Nr. 688, p. 258.

② Beermann, Jack M., "Punitive Damages in the United States", *DAJV Newsletter*, 2007, p. 141.

③ Schlueter, Linda, *Punitive Damages*, fifth edition, Matthew Bender & Company, 2005, p. 7.

④ Beermann, Jack M., "Punitive Damages in the United States", *DAJV Newsletter*, 2007, p. 140. 但是诸如马萨诸塞州等州法律规定惩罚性赔偿只可以基于制定法的规定。

⑤ Schlueter, Linda, *Punitive Damages*, fifth edition, Matthew Bender & Company, 2005, p. 15。其他观点,如认为继受惩罚性赔偿制度的首案为1784年的Genay v. Norris一案,见Koziol, Helmut/Wilcox, Vanessa, *Common Law and Civil Law Perspectives*, Springer, 2009。

⑥ Schlueter, Linda, *Punitive Damages*, fifth edition, Matthew Bender & Company, 2005, p. 16.

⑦ Beermann, Jack M., "Punitive Damages in the United States", *DAJV Newsletter*, 2007, p. 141.

⑧ 〔美〕小詹姆斯·A. 亨德森等:《美国侵权法——实体与程序》(第七版),王竹等译,北京大学出版社,2014年,第1版,第591页。

州，且扩展到合同法、财产法、侵权法、海商法、雇佣法、家庭法等各个领域。而惩罚性赔偿的功能主要是惩罚和威慑，只有三个州赋予其赔偿功能。[①] 当陪审团作出惩罚性赔偿裁决时，陪审团会依据法律的惩罚和威慑目的作出裁决，在陪审团的自由裁量中会运用到必要的道德审判。同时，为了使判决体现惩罚和威慑，惩罚性赔偿的数额对于被告而言需要足够地大。因而原告会向陪审团提供被告财产数额的证据。特别是当被告是企业或富人时，原告会积极提供有关被告财富的证据，这可以让陪审团作出上百万甚至上亿美元的惩罚性赔偿判决。比如在戈尔（Gore）针对宝马公司的诉讼中，陪审团曾作出 400 万美元的惩罚性赔偿判决。在著名的丽贝克（Liebeck）因热咖啡烫伤诉麦当劳的案件中，陪审团曾作出 270 万美元的赔偿判决。[②]

从美国惩罚性赔偿的新近发展趋势来看，美国在惩罚性赔偿适用的方式上显得更加理性。首先，体现在对陪审团适用惩罚性赔偿的指引限制上，比如马里兰州的法官曾经向陪审团发出有关惩罚性赔偿适用的指示，要求原告必须证明默示恶意，只有这样才能获得惩罚性赔偿金。其次，体现在对惩罚性赔偿金的数额控制上，一方面抑制惩罚性赔偿的数额，降低惩罚性赔偿的计算标准；另一方面则通过立法来控制惩罚性赔偿。美国一些州对惩罚性赔偿予以限制，使得绝对数量有所减少，同时与补偿性赔偿相比在数量上也在减少。再次，体现在对惩罚性赔偿的违宪性讨论上。在确定惩罚性赔偿金时，不受限制的陪审团裁量权或不受限制的法院裁量权可能会带来极端的结果，这会触及人们敏感的宪法神经。美国最高法院在对案件进行审查时会对惩罚性赔偿与补偿性赔偿之间过高的倍数作出调整，在犹他州的 State Farm Mutual Automobile Ins. Co. v. Cambell 案件中，陪审团作出的判决是惩罚性赔偿数额为 1 亿 4500 万美元，而补偿性赔偿为 100 万美元，惩罚性赔偿为补偿性赔偿的 145 倍。最高法院认为倍数过高，惩罚性赔偿数额与补偿性赔偿数额之间的倍数超过 9 倍就可能违宪。最后，美国一些州已经对惩罚性赔偿制度加以改革，将惩罚性赔偿中的一部分支付给州政府，一部分支付给其他被侵权人。[③]

---

① Schlueter, Linda, *Punitive Damages*, fifth edition, Matthew Bender & Company, 2005, p. 17.

② Beermann, Jack M., "Punitive Damages in the United States", *DAJV Newsletter*, 2007, pp. 141, 142.

③ 以上总结内容参见：Beermann, Jack M., "Punitive Damages in the United States", *DAJV Newsletter*, 2007, p. 143;〔美〕小詹姆斯·A. 亨德森等：《美国侵权法——实体与程序》（第七版），王竹等译，北京大学出版社，2014 年，第 1 版，第 591 页及以下。

### (三)两大法制文明下发展道路差异原因分析

从以上分析可以看出,英美法系对惩罚性赔偿制度的“私刑”特征有所继承,但是大陆法系却对该“私刑”作出了克服与祛除。惩罚性赔偿制度在两大法系的发展轨迹体现了两大法系法制发展史的不同内在机理,而该内在机理也决定了惩罚性赔偿制度在两大法系的不同命运。

第一,体现在审理中的常识主义和理性思维。虽然英国早期有关于侵犯传教士的惩罚性赔偿的教会法,但是后来的判例都是由陪审团作出的①,由于陪审团多为未受法学教育或专业训练的民众组成,因此在判决中会受朴素的惩罚观点影响,这符合古代法早期发展的特征。② 美国学者乔纳凯特(Randolph Jonakait)在其著作《美国陪审团制度》中引用了众多批判陪审团的观点,认为陪审团的人员基本上都是法盲、文盲,是没有主见、“愚昧无知、顽固偏见”、“易贿赂”的普通市民。③ 美国学者小詹姆斯·A. 亨德森等所著的《美国侵权法》一书认为,陪审团的指令会使得陪审团在选择金额时拥有很大的裁量权,并且被告资产净值的证据出示,使得陪审团有可能在裁判时产生对大企业的偏见。而美国大量州旨在控制惩罚性赔偿金数额的立法显示,法院在控制陪审团裁量权的能力和意愿方面并不受到信任。④ 美国批判惩罚性赔偿制度的学者认为,陪审团作出的惩罚性赔偿往往超出社会所需要的威慑。⑤ 而奥地利学者威尔科克斯(Vanessa Wilcox)认为,由于英国早期侵权法中缺乏确定的补偿原则,陪审团可以任意决定赔偿数额,但是除非陪审团的决定是错误的或不正当的,否则法院一般并不干预。⑥ 普通法系规范的塑造形式与大陆法系以学术体系为导向的法发现的理想状态有较大不同。比如德国在罗马法继受的法学术体系的建构。但是普通法一开始就较少追求学术体系的诉求,而是以实践定位的技能来实施,这一技能的重要

---

① 可参照阳庚德:《普通法国家惩罚性赔偿制度研究——以英、美、澳、加四国为对象》,《环球法律评论》2013 年第 4 期:陪审团对是否适应惩罚性赔偿作出决定然后确定数额,只有在确定数额时法官才可作出适当指引。美国《联邦宪法第七修正案》规定:“在普通法诉讼中,如争议金额超过 20 美元,应维持陪审审理,并且陪审团裁决的事实,依据普通法规则,不应受到其他任何美国法院的审查。”

② 参照张新宝、李倩:《惩罚性赔偿的立法选择》,《清华法学》2009 年第 4 期。

③ 〔美〕伦道夫·乔纳凯特:《美国陪审团制度》,屈文生等译,法律出版社,2014 年,第 1 版,第 2 页及以下。

④ 〔美〕小詹姆斯·A. 亨德森等:《美国侵权法——实体与程序》(第七版),王竹等译,北京大学出版社,2014 年,第 1 版,第 592 页及以下。

⑤ Beermann, Jack M., “Punitive Damages in the United States”, *DAJV Newsletter*, 2007, p. 141.

⑥ 〔奥〕瓦妮莎·威尔科克斯:《早期英国法中的惩罚性赔偿》,宋红松译,载金福海主编:《侵权法的比较与发展》,北京大学出版社,2013 年,第 1 版,第 22—46 页。

操作者曾经和现在都是律师和法官职业阶层。①

第二，体现在生活思维与专业思维的差异之中。与英美法中司法主导的案例法相应，英国法律人的职业教育直到19世纪仍主要在律师公会的庇护下在所谓的律师学院中进行，这是在场所和精神上都处于受普通法法院影响的职业阶层的机构。后来普通法才进入大学课堂。在此背景下，法务实践者的视角对英国的法方法论具有决定性影响。这也揭示了普通法的发展严重受诉讼影响的特征。② 普通法系的方法带有强烈的决疑色彩。这一从案件到案件的方式更关注如何确立一套行之有效的规则，但是对于建立一种富有逻辑体系的东西不感兴趣，甚至会忽视将来可能产生的逻辑上的矛盾。③ 因此国内认为英美法系惩罚性赔偿制度是先进的制度这一说法很难令人信服。与之相反，大陆法系的立法多为专家立法，其受过专门的法学训练，具有专业的法律知识，因此在立法时会作出不同于民众朴素法感知的决定，特别是在自然法、罗马法现代化影响下会作出符合先进思想与现代社会的决定。比如早期的《巴伐利亚民法典》《普鲁士一般邦国法》《法国民法典》等都受到了当时文艺复兴、宗教改革、自然法思想、人文主义思想的影响，不断地削弱带有古代私力复仇与私刑等原罪的惩罚性赔偿制度在民法中的地位和影响，并利用刑法现代化这一法资源分配过程将其转移到民法之中，塑造了现代民法规则。因此，从法律生成的参与者来看，大陆法系具有专业性的特征，其专业的训练以及对时代中先进法思想和法理念的吸纳对制度革新具有关键影响。但是英美法系国家法律生产的参与者却是非专业的陪审员，由陪审员确立规则虽然在一定程度上保障了公民的参与权，却导致司法裁判的专业性不足，陪审员并未能够认识到私法与刑法的区别，而是基于受害人的立场来强化“惩罚权”这一法资源在民法中的地位。

第三，判例法国家具有“遵循先例原则”，这使得该国家的法律必须对既有的制度进行承继，在判例体系中只有遵守先例才能够保障必要的法的安宁和法的融贯性。④ 但是这一因循守旧的惯例也导致古代文明中的旧制度

① 〔德〕约阿希姆·吕克特、拉尔夫·萨伊内克主编：《民法方法论：从萨维尼到托依布纳》（第三版），刘志阳、王战涛、田文洁译，中国法制出版社，2023年，第1版，边码1320。

② 〔德〕约阿希姆·吕克特、拉尔夫·萨伊内克主编：《民法方法论：从萨维尼到托依布纳》（第三版），刘志阳、王战涛、田文洁译，中国法制出版社，2023年，第1版，边码1320。

③ 转引自〔德〕茨威格特、克茨：《比较法总论》（上），潘汉典等译，中国法制出版社，2017年，第1版，第346页。

④ 〔德〕约阿希姆·吕克特、拉尔夫·萨伊内克主编：《民法方法论：从萨维尼到托依布纳》（第三版），刘志阳、王战涛、田文洁译，中国法制出版社，2023年，第1版，边码1330。

因遵循先例而进入当代的法治文明机体之中。大陆法系国家的立法具有革新性,可以通过立法来适应时代的发展,并不断革新旧的制度。通过不断的立法革新,带有“私力复仇”色彩的惩罚性赔偿制度在民法中的影响逐渐被削弱。[1] 仅从该点看,国内法学家认为大陆法系抛弃惩罚性赔偿制度为因循守旧的观点就不攻自破。大陆法系通过不断的立法变革使得具有刑罚特征的私法赔偿规则在制度发展史中命运多舛,社会中不断革新的立法思想持续地影响着该制度的发展,而这些理论主要体现在刑法现代化所带来的民刑分立与自然法思潮、潘德克顿学派等对立法的影响,从古至今的一部法典成为古代惩罚性赔偿制度革新的阶梯与明证。而受到遵循先例的桎梏,既有的制度“原罪”只能为后来的判例所继承并延续至今。与大陆法系相比,英美法系中的惩罚性赔偿原则已经错过了人类制度文明中多个世纪的思想文明的洗礼。

第四,从司法审判中的法官角色来看,英美法系的法官具有立法者的功能,但是大陆法系的法官只能依法审判,法官造法受到宪法的严格限制。从法官的素质来看,普通法系的裁判风格构建于通识的法官形象之上,这些法官较少具有具体法域的专业技能,而是基于一般性的法律论证功能,以及基于与待判案件具有特殊关联的既有的裁判状态来作出裁判。在英美法系,只能期待最高审级的法官们如同审理税法案件一样地去审理侵权案件。但是在大陆法系国家,审判会被划分成不同的专业法官管辖范围,具体的法院内部又存在不同的专业审判庭和专业审委会来进行专业的审理。但是在具体案件审理中,英国法官所具备的专业知识难以与法治国家定位的独立司法相融合,而是与非司法性的、行政意义上的积极规制思想相契合。[2] 也鉴于英美法系中的通识法官形象与司法中具有行政法意义的积极规制思想,兼具公法和私法特征的惩罚性赔偿制度为法官所青睐,在侵权案件中可以常常被适用。如德国学者马克斯·韦伯(Max Weber)认为,英国法律思维在于试图创造出各类实践中有用的契约和诉讼,这符合法律实务者在英国法中强大的影响力,而这也形成了大陆法系所称的“预防法学”。依据预防法学自身的特征,不可能产生合理的法律体系,甚至也不能使得法律获得合理化的体系。且这一确保经验式的法发现方式会阻止通过立法和法学途径

---

① 〔意〕那塔利诺·伊尔蒂:《民法典的理念》,李飞译,《北航法律评论》2012 年第 1 辑,第 82 页及以下。

② 〔德〕约阿希姆·吕克特、拉尔夫·萨伊内克主编:《民法方法论:从萨维尼到托依布纳》(第三版),刘志阳、王战涛、田文洁译,中国法制出版社,2023 年,第 1 版,边码 1328。

的法律合理化。①

第五,法律方法论上的差异。大陆法系的法律方法是围绕立法和司法展开的。对于立法则主要在构造符合现有法教义学的体系,对于司法则是基于对现有法典的解释和适用。比如大陆法系的概念法学、利益法学、衡量法学等等。但是英美法系的法发现侧重于法官对于法的塑造,多基于立法论的角度,强调社会科学视角的观察,比如社会法学派、经济分析法学派等等。比如波斯纳运用经济分析的方法去论证惩罚性赔偿的必要性,其理由在于:一般赔偿无法弥补诉讼费用,无法实现威慑功能,无法阻止潜在的侵权行为,无法弥补脱离刑罚体系的微小侵权行为。② 英美法系的法学派多主张法官追求个案的正义,并不刻意强调法体系的统一与协调,相反,强调个案的社会正义与经济正义,只要体系的协调统一不符合社会原理和经济原理,那么个案中就可以基于社会正义和经济正义来突破既有的法规则,从而创造出更新的法律。但是在大陆法系,灵活的社会原理和经济原理要臣服于法的体系,法官在个案中不得运用法社会学原理和法经济学原理去突破现行法的体系,否则就是违背法律的法官造法,这也就违背了宪法规定的法官权力界限。一国惩罚性赔偿制度的传统是否可以传至今日,关键在于一国的法律运行机理。这里涉及一国的法发现的方法、司法的地位、法官的地位、法律教育的方法等等。当大陆法系运用立法的方式对过去的法进行革新的时候,英美法系恰恰是基于遵循先例原则加以继承,而通识法官和陪审团都塑造了英美法的特色。这一特色也可以从我国部分少数民族地区的习惯法中发现。当我国的制定法已经现代化时,我国部分少数民族地区的习惯法仍适用着古代法,而这些古代法中就存在大量带有复仇色彩的惩罚性赔偿制度。但是从英美法系当代惩罚性赔偿的发展来看,英美法更为审慎地看待惩罚性赔偿,对惩罚性赔偿作了一些限制。从以上对制度文明的分析可以发现,当中国引入惩罚性赔偿制度之时,并不可以认为惩罚性赔偿就是先进的制度,直接加以引入,而是应吸纳人类法治文明的成果来作出更符合当代中国社会的选择。

## 五、法教义发展与我国《民法典》中的责任设计

1987 年生效的我国《民法通则》中继受了以自然恢复思想为基础的民

---

① 〔德〕茨维克特、克茨:《比较法总论》(上),潘汉典等译,中国法制出版社,2017 年,第 1 版,第 356、357 页。

② Beermann, Jack M., "Punitive Damages in the United States", *DAJV Newsletter*, 2007, p. 141.

事责任规则,比如该法第117条规定了侵犯财产权时的恢复原状请求权和以此自然恢复思想为基础的赔偿请求权:“侵占国家的、集体的财产或者他人财产的,应当返还财产,不能返还财产的,应当折价赔偿。损坏国家的、集体的财产或者他人财产的,应当恢复原状或者折价赔偿。”第120条还规定了侵犯人格权时的恢复名誉请求权。第134条中的民事责任承担方式列举了“恢复原状”和“恢复名誉”两种基于自然恢复原则的责任方式。这两种自然恢复责任后来为《侵权责任法》所继受,该法第15条规定了与之相同的“恢复原状”与“恢复名誉”两种责任方式。但是该法第47条中对产品责任规定了惩罚性赔偿,使得该法的损害赔偿制度又有了非基于自然恢复原则的赔偿制度存在。同样,在涉及消费者保护的特别法中,如《消费者权益保护法》和《食品安全法》中,惩罚性赔偿制度亦存在。我国《民法典》之前的民事责任体系是以自然恢复思想为基础的平等秩序体系和以惩罚思想为基础的不平等秩序体系的综合。

从立法来看,我国民法已经依据自然恢复思想设计了民事责任体系,不管是《民法通则》《侵权责任法》《民法总则》还是《民法典》,不仅仅以自然恢复原则为基础塑造了返还财产、恢复原状、修理、重作、更换等承担民事责任的方式,还以该思想为基础塑造了一个私人主体之间的平等秩序。

**(一)基于“自然恢复”思想的“恢复原状”**

从自然恢复思想的恢复原状规则在当代责任体系中的发展来看,德国民法立法者对恢复原状规则的想象仍然停留在传统的原物返还和受损物的恢复原状层面。[①] 但是随着法律的发展,从体系上来看,恢复原状主要适用于以下几个领域:(1)原物的返还义务;(2)物质损害的自然恢复义务;(3)非物质损害的自然恢复义务。非物质损害的自然恢复义务主要体现在精神损害的自然恢复义务,比如在名誉侵权时撤走宣传画、作出确认声明等。对于精神损害时精神疾病的治疗,这里主要涉及精神损害赔偿的问题。就痛苦抚慰金而言,则基于精神利益价格化,是在非物质损害不能恢复时的补偿。比如,对于非物质损害,恢复原状从自然属性上来说一般是不可能实现的,但是为了满足非物质损害的赔偿要求,需要在自然恢复不可能时从物质利益衡量上来作出一个补偿,而该补偿只可能从金钱上加以衡量。但这样的金钱补偿是以自然恢复原则为基础来作出的衡量,所谓的矫正正义下

---

① Soergel/Ekkenga/Kuntz (2014), § 249, Rn. 3.

的填平原则亦源于此。①

面对环境法中之“恢复原状”的具体问题，诸如声环境污染、大气环境污染、水环境污染、土地污染之生态修复等，从民事责任中自然恢复制度的本意来看，皆为可以归入自然恢复之对象，且在法律实践中可从物质损害与非物质损害两个角度加以区分。我国《民法典》中规定了生态环境修复责任：违反国家规定造成生态环境损害，生态环境能够修复的，国家规定的机关或者法律规定的组织有权请求侵权人在合理期限内承担修复责任。这也体现了自然恢复思想。此时不可以将自然恢复思想下的自然恢复义务和与之相对应的当自然恢复不可能时的损害赔偿制度相混淆。对于非自然环境，比如声环境，则可以依据自然恢复思想从解释论角度加以解释。

我国《民法总则》第 179 条规定了民事责任体系，其中以自然恢复思想为基础的民事责任方式有停止侵害、排除妨碍、消除危险、返还财产、恢复原状、修理、重作、更换、消除影响、恢复名誉等。《民法总则》第 179 条的规定后来被《民法典》第 179 条继受。我国《民法典》中的这些规则体现了民事责任制度中“自然恢复”的价值趋势，构建了《民法典》中以自然恢复思想为基础的平等秩序。

**（二）基于“自然恢复”思想的“赔偿”**

基于自然法的“自然恢复”思想对私法中平等秩序的塑造并未止步于“恢复原状”这一制度的多样规则形态上，还体现在对赔偿法的影响上。该思想对于早期诸法合体的责任制度进行了重新解构，并向人类制度文明早期不平等秩序中具有民刑合一色彩的惩罚性赔偿制度宣战，改造出基于自然恢复思想的、以“填平原则”为基础的具有矫正正义色彩的赔偿制度，而这一以“填平原则”为基础的赔偿制度塑造了当代赔偿法的框架，也塑造了平等秩序下的赔偿法。

我国《民法典》第 179 条规定了“赔偿损失”是承担民事责任的一种方式，这是损害赔偿法的一般规制，即对损失的填平。该条第 2 款还规定了惩罚性赔偿，但仅在法律例外规定的情形下适用。

从我国《民法典》的规则体系来看，《民法典》中以恢复思想为基础的“赔偿”规则分布于各编。其中“总则编”有财产代管人、宣告死亡的利害关系人、营利法人的控股出资人、实际控制人、董事、监事、高级管理人员等各种主体的损害赔偿责任。“物权编”除了规定侵害物权造成权利人损害的，

① *BGHZ* 7, 223, 226.

权利人可以依法请求损害赔偿,还规定了其他预告登记人、业主、共有人、担保物权人等主体的损害赔偿责任。“合同编”则规定了合同成立前的缔约过失责任,以及合同成立后合同当事人违约时的损害赔偿责任,还包括不当得利规定得利人知道或者应当知道获得的利益没有法律根据的,受损失的人可以请求得利人返还其获得的利益并依法赔偿损失。“人格权编”规定了侵犯人格权时的损害赔偿责任。“婚姻家庭编”规定了婚姻无效、被撤销和离婚时的损害赔偿责任。“侵权责任编”则规定了各种侵权情形下的损害赔偿责任。《民法典》中的这些赔偿规则虽然各异,但都是以“自然恢复”思想为基础的损害赔偿规则。除此以外,《民法典》中对于惩罚性赔偿以专门法条列举的形式单独列出,比如侵犯知识产权、环境侵权时的惩罚性赔偿。《民法典》中一般性的赔偿规则摒弃了以惩罚为目的的赔偿模式,这种“填平”式的赔偿制度构建了《民法典》中赔偿制度的基本原则。

**(三)非基于“自然恢复”思想的“赔偿”**

毫无疑问,民事责任在自然法之前即已存在。虽然“自然恢复”思想的出现改造了既有的责任体系和责任制度,但是仍有“自然恢复”思想无法彻底影响的制度,比如惩罚性赔偿制度。我国《民法典》中即规定了这些非基于“自然恢复”思想的惩罚性赔偿制度。对于这些制度亦需要进行分析,这样才能够全面地了解“自然恢复”思想对我国《民法典》民事责任制度影响的全貌。

《民法典》第 179 条第 2 款规定,法律规定惩罚性赔偿的,依照其规定。《民法典》总论中的规定确立了惩罚性赔偿制度在《民法典》责任体系中的独立地位。《民法典》分则还规定了故意侵犯他人知识产权时的惩罚性赔偿责任、产品责任中的惩罚性赔偿责任、环境侵权和生态侵权中的惩罚性赔偿责任。

我国《民法典》中的赔偿法以“填平”原则为计算方法的赔偿塑造了私法的平等秩序,这区别于古老的以“制裁”为基础的计算方法的赔偿。惩罚性赔偿塑造的是私法中的不平等秩序,这体现在享有惩罚性赔偿请求权的主体对相对方所享有的“制裁”这一带有公法色彩的权力。惩罚性赔偿是来自人类法制文明早期诸法合体时代的一种产物,当时公法规则与私法规则、公权力与私权利、公共秩序与私人秩序相混淆,惩罚性赔偿构建了私人之间不平等的秩序规则(具体见图 2-1)。在我国《民法典》的适用中,需要协调塑造平等秩序的民事责任与塑造不平等秩序的民事责任之间的关系,否则会存在价值上的冲突。

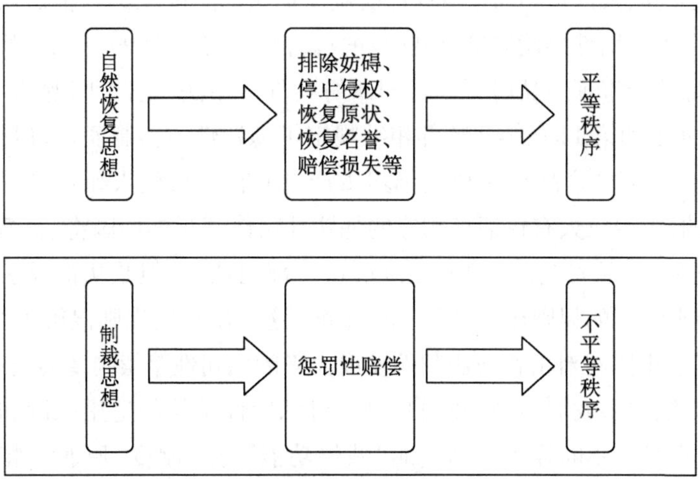


**图 2-1　秩序区分图**

## 六、对我国私法刑罚化的思考

### （一）我国赔偿法的立法趋势

从世界法制史的整体来看，中国的惩罚性赔偿制度形态具有特殊性。现行民法一方面继受了大陆法系立法在新思想影响下变革的成果，另一方面又继受了普通法系对过去传统规则的继承，但是在规则继承中又继受了大陆法系的理性主义因素，在数额和范围上作了限制。但是从制度本身来看，难以否认制度本身所具有的“惩罚”“制裁”“遏制”“预防”功能，甚至“奖励”功能。①

首先，从民法法系的立法传统来看，惩罚性赔偿制度经历了罗马法现代化与自然法思想的洗礼，鉴于惩罚性赔偿的“私刑特征”这一原罪，已经在私法中对惩罚性赔偿制度作了限制或剔除，以便构建一个纯粹的无刑罚因素的私法。我国在民事立法中基本继承了这一趋势。虽然我国《侵权责任法》第 1 条确立了“预防并制裁侵权行为”这一具有刑法意义的功能，但是从第 15 条的返还财产、恢复原状、赔偿损失等责任承担方式来看，还是确立了以自然法思想影响下的自然恢复性赔偿责任为主的赔偿体系。

其次，在英美法影响下，中国在涉及消费者权益保护的规则中加入了惩

① 黄薇主编：《中华人民共和国民法典侵权责任编解读》，中国法制出版社，2020 年，第 1 版，第 83 页及以下，第 168 页，第 250 页及以下；李友根：《惩罚性赔偿制度的中国模式研究》，《法制与社会发展》2015 年第 6 期，第 109 页。

罚性赔偿的因素。1993年《消费者权益保护法》第49条的双倍赔偿条款第一次规定了惩罚性赔偿制度,而随后的《食品安全法》第96条第2款,《最高人民法院关于审理商品房买卖合同纠纷案件适用法律若干问题的解释》第8条、第9条和第14条第2款都相继规定了惩罚性赔偿制度。《侵权法》第47条规定:"明知产品存在缺陷仍然生产、销售,造成他人死亡或者健康严重损害的,被侵权人有权请求相应的惩罚性赔偿。"虽然中国将《消费者权益保护法》和《食品安全法》纳入经济法这一部门法中,但是从世界法学发展来看,损害赔偿的规则还是属于私法范畴,这又使私法规则侵染了"刑法上的异味"。中国在对由普通法判例发展而来的惩罚性赔偿制度继受的同时,又运用大陆法系发展而来的限制趋势,对惩罚性赔偿的适用范围和数额作了限制,但是仍不断强化该制度的"威慑功能"这一制度"原罪",特别是由于食品安全问题的泛滥而加入了10倍赔偿的规则。这样的立法从一开始就有利用该制度"惩罚"和"威慑"功能的目的,进一步强化了私法赔偿的"刑罚"功能。

从近期的立法来看,我国在立法中强化了该制度,从新修订的《食品安全法》与《消费者权益保护法》中即可看出该立法趋势,《民法典》则在知识产权侵权和环境侵权领域增加了惩罚性赔偿制度。学界还呼吁在内幕交易领域引入惩罚性赔偿制度。① 面对国内各种各样的侵权现象,法学界越来越依赖于使用该制度工具,具有不可阻挡之势。② 但是权力配置的意义并不在于该权力是否被行使,而在于该权力被行使后是否达到了立法的预期目的,否则被行使的权力即为立法资源与司法资源的双重浪费。虽然不可否认在某些个案中惩罚性赔偿制度具有威慑功用,但是当今社会仍然存在食品、产品安全问题,《消费者权益保护法》与《食品安全法》中引入的惩罚性赔偿制度并未实现预期的"威慑"与"抑制"功效,以至于需要再进一步引入巨额赔偿机制。③

**(二)对我国赔偿法刑罚化的思考**

意大利学者伊尔蒂(Natalino Irti)认为,立法具有革新的作用,时代的反思有助于祛除过去制度中的弊病,④这一机制有异于英美法中的遵循先例原

---

① 马新彦:《内幕交易惩罚性赔偿制度的构建》,《法学研究》2011年第6期,第112页。

② 白江:《我国应扩大惩罚性赔偿在侵权责任法中的适用范围》,《清华法学》2015年第3期,第111页。

③ 2016年5月11日国务院召开常务会议,在讨论面对当前产品质量问题的对策时提到要引入巨额赔偿机制,见中国政府网:http://www.gov.cn/xinwen/2016-05/11/content_5072324.htm。

④ 〔意〕那塔利诺·伊尔蒂:《民法典的理念》,李飞译,《北航法律评论》2012年第1辑,第76页及以下。

则，因此中国立法需要借鉴符合社会发展的制度反思与制度革新，而非判例继承下来的制度弊病。在对人类两大法文明中惩罚性赔偿制度的发展命运以及中国法发展现状进行分析后，下面利用上述结论对中国惩罚性赔偿机制的引进加以分析。

第一，惩罚性赔偿制度与赔偿法的公平性特征有差距。我国宪法学者林来梵认为，民法上的平等是 A 和 B 处于一个平面之上，而宪法意义上的平等则是整体像一个等腰三角形，顶点是国家，A 和 B 处于顶点所面对的两点。国家平等地保护 A 和 B。[①] 带有公法性质的惩罚性赔偿制度在私法中塑造了不平等的等级秩序，而不平等的秩序之下夹杂着公民互相制裁的思维。当私人被赋予本应由公权力主体所享有的权力时，也就破坏了私法主体中的平等原则和私权自治原则，这使得私法的根基被撼动，若以此为缺口，则可能会有更多的公法规则涌入私法，因为私法已经无法对其他公法规则的入侵的正当性进行抗辩，但是这样的私人权力并非用来对抗国家公权力，而是针对私人。该观点直接为德国联邦法院认可。德国私法中并没有直接的惩罚性赔偿的请求权基础存在，在现实中存在的是对外国判决的承认和执行。对此德国联邦法院和联邦宪法法院都有案例涉及惩罚性赔偿判决在德国承认与执行问题。德国司法会保障外国当事人的惩罚性诉讼的相关程序权利，但是在实体审理中会驳回相应的诉讼请求。1991 年，一位美国公民请求德国杜塞尔多夫州法院执行一美国判决，杜塞尔多夫州法院裁定全部执行。后上诉至该州高等法院时，该州高等法院判决执行美国判决的一部分，其中惩罚性赔偿部分不予执行。最终该案上诉到联邦高等法院，高等法院以违反公共秩序为由驳回执行惩罚性赔偿部分的请求。联邦高等法院在判决中写道：

> 现代德国民事规则在侵权行为后果上只承认损害填平规则（《德国民法典》第 249 条及以下诸条），没有规定被害人的不当得利（《德意志帝国民法典草案说明》，第 2 版，第 17 页及以下诸页）。早先私法上的惩罚性请求，特别是涉及基于不当得利时应当被否定（《帝国议会委员会关于〈德国民法典〉草案及其相关法的报告》，第 98 页）。不管该赔偿请求是否在民事程序或刑事附带民事程序中被提起（《刑法典》第 403 条及以下诸条）。惩罚及依据过错程度的威慑是刑法的目标（《刑

---

① 林来梵：《宪法学讲义》，清华大学出版社，2018 年，第 3 版，第 378—379 页。

法典》第 46 条及以下诸条)而不是民法的目标,且惩罚性罚金当归国家。[①]

美国学者施吕特亦认为惩罚思想迎合了古代法典的思想,现代法中惩罚思想已由刑法所规定。相反,民法被设置为恢复原告损害。基于该思想,惩罚性赔偿已经超出了赔偿的界限。[②] 赋予私主体刑罚性措施,由私主体来实现刑罚的威慑与预防功能,对私人社会的公平机制是一种破坏。这样的权力分配会使私权力侵犯私权利,会引起"所有人对所有人的战争",形成私人社会主体之间的等级关系[③],因而将不平等的权力收归公权力机关是当代法治思想的要求。公权力主体独立于私主体的设置是为了实现维护社会秩序的功能,该功能保护对他人的惩罚权,通过该惩罚权的形式来实现刑法上的威慑与预防功能。因此,从制度发展史与法治的内在逻辑看,制止社会侵权行为发生并对其进行惩罚应是公权力机关的任务,而非私主体的任务。如果社会需要通过立法来配置该权力资源以实现对违法行为的威慑作用,应该将该资源分配给公权力机关,而非个人。[④] 而我国学者李友根亦认为:"只要改革与完善行政执法制度,特别是用足、用好我国的罚款制度与多倍赔偿制度,则美国法意义上的惩罚性赔偿制度并不为我国所必需。"[⑤]

第二,惩罚性赔偿制度与赔偿法的谦抑性特征有差距。私法制裁手段应体现谦抑性,而非侵略性。体现赔偿法的谦抑性特征的例子有《德国民法典》第 253 条,该条文规定了非物质损害赔偿问题。《德国民法典》制定时采取了可赔偿性规则,但是将非物质损害的金钱赔偿限制在特定的情形下,比如当时的《德国民法典》第 847 条、第 1300 条。这意味着《德国民法典》一方面原则上承认了精神损害的可赔偿性,另一方面也承认了刑法在保护非物质损害上的不足,但是很少去避免与之俱来的"刑罚异味"。虽然刑法中对身体侵害及名誉损害案件有罚金制度,立法者也有意创制一部完全去刑罚化的法典,但他们在人格权保护领域还是有意作了妥协。当今德国司法界及法学界的绝对主流观点认为,德国民法中不存在惩罚性赔偿制度。

---

① *BGHZ* 118, 312(338).

② Schlueter, Linda, *Punitive Damages*, fifth edition, Matthew Bender & Company, 2005, p. 30.

③ 这是霍布斯的著作《利维坦》中国家哲学的核心前提。霍布斯认为,人在自然状态中都想得到一切东西,也有拿去世界上一切东西的权力。但是世界上的东西是不足的,所以不能够与其同类和平共处,因此就有了持续的、基于权力的"所有人对所有人的战争"。

④ Schlueter, Linda, *Punitive Damages*, fifth edition, Matthew Bender & Company, 2005, p. 32.

⑤ 李友根:《惩罚性赔偿制度的中国模式研究》,《法制与社会发展》2015 年第 6 期,第 125 页。

在2006年德国第66次法学家大会上的一次案例讨论中，绝大部分与会者都否定了惩罚性赔偿制度，只有极少数支持。正如德国学者洪塞尔(Heinrich Honsell)所言，德国私法界今日将私法中惩罚性规则的去除化视为进步而倍加珍惜。类似的例子还有《奥地利普通民法典》的规定：在故意或重大过失时除了要赔偿所遭受的物质损害、所损失的利润外，还需要"清除所引起的侮辱"。这一规定具有"完全的安抚功能"，但是后来引起了是否可以用金钱来赔偿的争议。后来的法院判决与主流观点都确认了以金钱来赔偿的形式[①]，即以金钱来实现安抚，这与瑞士法类似，即将此认定为在刑罚与损害赔偿之外的独立的民事赎罪方式。该理论克服了当代损害赔偿责任与古罗马私刑之间的冲突，也反映了奥地利民法对去除私刑趋势的认可。[②] 在司法实践中，虽然涉及所遭受的非物质损害与所支付的损害赔偿之间的等价性问题，但是从目前法院的判决看都是以补偿为导向性的金钱赔偿。[③] 同样，对于侵犯人身时的痛苦抚慰金请求权，奥地利法院亦认为设立该制度的目的还是实现补偿功能，虽然有刑罚性的副作用，但只是涉及赔偿的数额与所遭受的损害时间的计算问题，这是精神损害赔偿不可避免的影响。[④]

第三，惩罚性赔偿制度与赔偿法的私法定位有差距。中国对惩罚性赔偿制度的立法与引入强调该制度的功能，并试图以额外的利益为砝码来实现其抑制侵权、鼓励维权的目的。[⑤] 但是在强调功能的同时忽视了该功能在立法体系中的真正定位，该功能在法律体系中的定位与分配模糊不清，这一功能配置错误也带来了影响。从制度文明史看，中国对惩罚性赔偿制度的引入，受到了英美法系在判例中一直继承"先例"的影响，忽视了大陆法系现代私法理论对该制度的反思，并未采取私法"去刑罚化"的立法趋势——在私法主体之间构建平等的补偿性赔偿的矫正正义规则，并未将该具有公法色彩的惩罚制度纳入公法之中，未将"惩罚性"的金钱缴纳给国家这一社会公权力享有者，而是将该部分利益支付给私人，将惩罚权赋予了私人，以利益"奖励"来引导私人作出公法上的"惩罚"功能，并以此实现该制度的"威慑"作用。

第四，惩罚性赔偿制度与正当程序保护原则有差距。美国学者小詹姆

---

① OGH, Urteil vom 18. 6. 1975 (1 Ob 226/74), öst. JBl 1975, S. 645 ff.

② Ebert, Ina, *Pönale Elemente im deutschen Privatrecht*, Mohr Siebeck, 2004, S. 146 ff.

③ Ebert, Ina, *Pönale Elemente im deutschen Privatrecht*, Mohr Siebeck, 2004, S. 150.

④ Schwimann/Harrer, *AGBG*, § 1325, Rn. 69.

⑤ 李昌麒、许明月：《消费者保护法》，法律出版社，2005年，第2版，第283页。

斯·A. 亨德森等所著的《美国侵权法》一书认为,虽然惩罚性赔偿服务于与刑事处罚相同的目的,但是在民事案件中支付惩罚性赔偿的被告并未获得刑事程序中的保护,这导致了以不准确的方式作出惩罚性赔偿制度的风险。[①] 对此著名的案件是美国球星辛普森(O. J. Simpson)被指控杀妻案。辛普森在刑事审判中并未被判刑,但是在民事案件中却被判决承担 1250 万美元补偿性损害赔偿和 2500 万美元惩罚性损害赔偿。[②] 美国学者比尔曼对此提出了质疑:在辛普森被刑事法庭宣告无罪后,民事陪审团是否可以依据刑事体系中并未认定的犯罪行为对其作出处罚?虽然这取决于不同体系中的证明规则,即刑事定罪需要排除合理怀疑,但是民事裁判只需要优胜证据,即被告更像没有作出所指称的行为。[③] 这里所反映的问题是,以较宽松的民事程序规则作出本应较严格的刑事程序才能作出的惩罚,是否导致刑罚可以因程序规则向民事逃逸。这一问题在我国的赔偿法刑法化法政策之中也存在。我国赔偿法刑法化趋势逐渐增强,使得本应经过严格程序的惩罚措施可以通过更为容易的民事程序进入法体系之中,不管是多倍赔偿,还是巨额赔偿,惩罚性赔偿本身所具有的制裁本质并未改变,这些名义上的"多倍赔偿"或"巨额赔偿",实质上都是罚金。当这些民事程序中作出的罚金可能远超出刑事程序中作出的罚金之时,在正当程序上的要求应该更严格。

第五,惩罚性赔偿制度容易造成公民对私权行使的非理性。我国刑法学者何荣功认为,不适当地将刑法作为"社会管理法"来看待会导致调整对象的过度化。[④] 对于私法而言,将私法过度地作为"社会管理法"来看待,使得私法积极介入社会治理,会扭曲私法的运作机理。美国学界反对惩罚性赔偿的观点亦认为,陪审团作出的惩罚性赔偿往往不可预测,这一般取决于陪审团的情绪,而非任何法之理性。[⑤] 在带有偏见的情形下作出的裁判很难具有客观公正性,这也带来了裁判的非理性。另外,从经济理性来看,惩罚性赔偿或巨额损害赔偿并非会如波斯纳所言带来经济上的效率,反而会带来被告在经济上的非理性。正如比尔曼所述,当每台机器平均造成的损失为 500 美元,加装安全设备的成本为 1000 美元,那么加装安全设备就是社会无效率。但是如果被侵权人能够在惩罚性赔偿中额外主张 1000 美元,那

---

① 小詹姆斯·A. 亨德森等:《美国侵权法——实体与程序》(第七版),王竹等译,北京大学出版社 2014 年,第 1 版,第 592 页及以下。

② Rufo v. Simpson, 86 Cal. App. 4th 573, 103 Cal. Rptr. 2d 492(2001).

③ Beermann, Jack M., "Punitive Damages in the United States", *DAJV Newsletter*, 2007, p. 143.

④ 何荣功:《社会治理"过度刑法化"的法哲学批判》,《中外法学》2015 年第 2 期,第 531 页。

⑤ Beermann, Jack M., "Punitive Damages in the United States", *DAJV Newsletter*, 2007, p. 141.

么机器制造商就会被诱惑多投入500美元来加装安全设备以减少可能造成的损失，但这并不符合经济效率原则。惩罚性赔偿带来的诉讼费用的增加抬高了美国的商业成本，而且美国的医生会因医疗过错可能导致潜在的惩罚性赔偿而缴纳额外保险费用，也因此导致增加病人相应的医疗费用。①

使用“惩罚权”来实现权利救济的同时，惩罚性赔偿制度还承担着“惩罚”并“抑制”类似侵权行为再发生的社会任务，但是所带来的另一个问题是：当公民通过奖励手段来获得额外的民事救济，并习惯由此带来的正义观点时，其将来如何面对民事侵权中的“填补性赔偿”所塑造的正义模式？当人们试图追求更多的赔偿时，这又何尝不会对民法中其他救济权利的私主体造成正义观点的扭曲②——同样的人身损害或财产损害却获得不同的赔偿，这很难说是私法所追求的正义。比尔曼认为，惩罚性赔偿带来了过度诉讼的社会，而高额的补偿性赔偿和惩罚性赔偿也带来了大量的社会难题。美国政府就曾抱怨，因为惧怕会带来潜在的惩罚性赔偿责任，导致一些民间活动难以开展。③ 但是在中国，被侵权人正义观点的扭曲反映到了法学界，已经有越来越多的法学界人士呼吁在各自的法学领域引入惩罚性赔偿制度，④这也引起基于常识主义来更改私法中的正义规则，并试图进入私力复仇合法化时代的争议。私主体已经不再满足仅仅通过填平原则来弥补自身的损害，而是寄希望于诉讼来获得更多的赔偿。一种寄希望于通过合法的“私力复仇”手段来更多地实现自身权利救济的思想在社会中悄然形成，并开始不再重视填平原则下的赔偿制度。若不对该危险思想趋势进行理性抑制，必将扭曲民众的私法赔偿正义观，动摇私法填平原则在民众中的正当性思想根基，对私法中的正义规则与理念造成冲击，甚至对整个法体系造成损害。

## 七、法教义学对惩罚性赔偿适用的影响

从赔偿法的教义学来看，人类法典化进程中对平等秩序的塑造经历了

---

① Beermann, Jack M., “Punitive Damages in the United States”, *DAJV Newsletter*, 2007, pp. 141, 144.

② 朱广新：《惩罚性赔偿制度的演进与适用》，《中国社会科学》2014年第3期，第104页及以下。文中认为：“这……颠覆了民法的结构性原则——当事人之间的权利义务彼此互有正当性，由此造成的可能后果是……受害人因能够轻易获得不义之财而可能助长不劳而获的恶习。更为甚者，惩罚性赔偿制度会使加害人遭受包括罚金或罚款在内的双重惩罚。”

③ Beermann, Jack M., “Punitive Damages in the United States”, *DAJV Newsletter*, 2007, p. 144.

④ 马新彦：《内幕交易惩罚性赔偿制度的构建》，《法学研究》2011年第6期，第112页及以下；罗莉：《论惩罚性赔偿在知识产权法中的引进及实施》，《法学》2014年第4期，第22页及以下；唐珺：《我国专利侵权惩罚性赔偿的制度构建》，《政治与法律》2014年第9期，第82页及以下；白江：《我国应扩大惩罚性赔偿在侵权责任法中的适用范围》，《清华法学》2015年第3期，第111页及以下。

漫长而又曲折的探索之路。起初,罗马法中的阿奎利亚侵权之诉和人格侵权之诉都带有刑罚特征的赔偿规则。中世纪早期,经院哲学家从《圣经》原则出发,发展出了"恢复原则",而该原则为经院哲学家编入教会法著作之中,并影响欧洲各地,使得该制度进入宗教法院审判实践之中。中世纪哲学家托马斯·阿奎那对此作了进一步的研究,并借助亚里士多德的哲学观点作了更深入的研究,将此归入矫正正义之中,从而为该思想进入法学提供了理论分析方法。1298 年教皇卜尼法斯八世编纂的天主教法将该制度再次吸纳。虽然仍停留在宗教法范畴之内,但是由此使得该思想进一步制度化,并基于宗教法在欧洲共同法中的地位,为该制度进入世俗法奠定了基础。而中世纪后期兴盛于西班牙的晚期经院哲学思想家们继承了该思想传统,并加以发展。自然法学者们摒弃了经院哲学家从神学中汲取思想的传统,从人的理性出发来分析该制度,为该制度直接进入世俗法奠定了思想基础。18 世纪末与 19 世纪之初的世俗国家立法即在自然法的影响下编纂,该期间的《巴伐利亚民法典》《普鲁士民法典》与《奥地利普通民法典》都体现了理性法思想,并对自然恢复原则作了规定。虽然该时期各部民法典对制度的规定并不一致,但是反映了前期法典化过程中对责任法所带来的不平等秩序的抑制和修正。

我国《民法典》立法时并未像《德国民法典》立法者那样提出"去刑罚化"的思想,反而一直积极推动在知识产权和环境侵权领域引入惩罚性赔偿制度。我国《民法典》中体现不同秩序的责任制度代表了不同的价值取向。惩罚性赔偿继承了古代责任法中的惩罚思想,虽然这已经为大陆法系民法中的自然恢复思想所涤除,但是在我国《民法典》中其与自然恢复原则共同构建了平等与不平等共存的二元秩序体系。从责任体系来看,我国《民法典》既继承了大陆法系的自然恢复思想,又借鉴了英美法系的惩罚性赔偿制度,尽管二者在价值上存在冲突。

从我国《民法典》中惩罚性赔偿制度的立法目的来看,立法者仍将惩罚性赔偿制度作为一种政策工具,用来抑制特殊领域的侵权问题,比如日趋严重的环境侵权、知识产权侵权和产品责任问题,并将惩罚性赔偿作为一种特殊的例外规则来适用。但是作为民事责任,惩罚性赔偿制度的价值取向具有惩罚性质,在适用中可能会被滥用。因此不可适用一般的民事责任规则,比如自由选择和类推解释,而是应适用公法中针对惩罚的规则。

《民法典》作为私法规范的汇集,旨在调整平等主体之间的法律关系,因此在责任制度上应以平等主体之间的责任为主。因为在民事责任的选择上,符合私法平等主体之间制度取向的应该是以自然恢复思想为基础的一系列民事责任，比如返还原物、填平损失之类，这些责任形式塑造了民事主体之间平等的秩序。以惩罚为目的的民事责任制度，比如惩罚性赔偿，塑造了民事主体之间不平等的秩序。《民法典》中的民事责任制度以构建平等秩序的责任制度为原则，以构建不平等制度的责任制度为例外，只有在法律具有明确规定的一些情形下才可以适用惩罚性赔偿制度。因此《民法典》对这两种不同价值原则的责任制度作了区分，即以自然恢复思想为原则，以惩罚思想为例外，这符合《民法典》作为私法规范的定位。在《民法典》适用中应以此为标准，即以自然恢复思想为原则来构建平等的秩序，以惩罚思想为例外来构建特殊的不平等的秩序。在对我国《民法典》的解释和适用中需要对惩罚性赔偿制度适用不同于以"自然恢复思想"为基础的、塑造平等秩序的责任规范，应当适用特殊的解释规则，以防止私人在使用惩罚权时的滥用，防止《民法典》适用后对私人之间不平等秩序的扩张，并对被惩罚者的合法权益造成损害。

# 第三章　法政策学视野下的惩罚性赔偿制度

我国目前对惩罚性赔偿制度的研究主要基于以下视角：1. 比较法视角，主要借鉴英美法系国家的惩罚性赔偿制度的功能来论证我国惩罚性赔偿制度的合理性，并试图将惩罚性赔偿制度引入需要的领域，比如消费者权益保护法、食品安全法、知识产权法等。① 2. 法经济学视角，以经济分析方法来论证惩罚性赔偿制度在立法中的合理性。② 3. 法教义学的视角，主要以损害赔偿法的传统教义学来分析惩罚性赔偿制度，但是多以批判性的视角。③ 4. 实证法分析方法，这避开了理论上的争论，主要考察惩罚性赔偿制度在我国的实证法与实践，以此来分析惩罚性赔偿制度在我国的运行情况。④ 以上四种进路对深入了解我国惩罚性赔偿制度都有一定的帮助，但是并未真正说明我国引入惩罚性赔偿制度的合理性基础，也未真正地理解我国惩罚性赔偿制度的意义，这导致我国对惩罚性赔偿制度的合理性和科学性争议仍很大，尚未形成统一的意见。因此，对于惩罚性赔偿制度的合理性，需要寻找更为有效的理论支撑，也需要为建构其科学性寻找更有效的理

---

① 王利明：《美国惩罚性赔偿制度研究》，《比较法研究》2003 年第 5 期，第 112 页；赵红梅：《美、德新型惩罚性赔偿对我国〈消法〉修订的启示》，《法律科学》2011 年第 5 期，第 183 页；张新宝、李倩：《惩罚性赔偿的立法选择》，《清华法学》2009 年第 4 期，第 5 页；罗莉：《论惩罚性赔偿在知识产权法中的引进及实施》，《法学》2014 年第 4 期，第 22 页；唐珺：《我国专利侵权惩罚性赔偿的制度构建》，《政治与法律》2014 年第 9 期，第 82 页。

② 应飞虎：《知假买假行为适用惩罚性赔偿的思考——基于法经济学和法社会学的视角》，《中国法学》2004 年第 6 期，第 114 页。

③ 赵鹏：《惩罚性赔偿的行政法反思》，《法学研究》2019 年第 1 期，第 41 页；张新宝、李倩：《惩罚性赔偿的立法选择》，《清华法学》2009 年第 4 期，第 5 页；瞿灵敏：《精神损害赔偿惩罚性与惩罚性赔偿补偿性之批判——兼论精神损害赔偿与惩罚性赔偿的立法完善》，《东方法学》2016 年第 2 期，第 32 页。

④ 如朱广新：《惩罚性赔偿制度的演进与适用》，《中国社会科学》2014 年第 3 期，第 104 页；李友根：《惩罚性赔偿制度的中国模式研究》，《法制与社会发展》2015 年第 6 期，第 109 页；税兵：《惩罚性赔偿的规范构造——以最高人民法院第 23 号指导性案例为中心》，《法学》2015 年第 4 期，第 98 页；白江：《我国应扩大惩罚性赔偿在侵权责任法中的适用范围》，《清华法学》2015 年第 3 期，第 111 页。

论工具。从发展史看，我国实行市场经济后，出于保护消费者权益的需要，率先在《消费者权益保护法》中引入了惩罚性赔偿制度；《民法典》编纂过程中意图在消费者保护政策下引入巨额赔偿机制，基于环境保护政策在环境侵权中引入惩罚性赔偿制度。这反映出惩罚性赔偿制度具有政策性考量，因此只有从法政策学的角度加以分析论证，才能够更直接地理解我国引入惩罚性赔偿制度的原因。但是由于我国私法理论界对法政策学关注不足，我国尚缺乏运用法政策学分析我国惩罚性赔偿制度立法的研究。鉴于此，本章试图从法政策学的角度来分析我国的惩罚性赔偿制度。

## 一、我国相关政策与惩罚性赔偿立法实践

为了正确探寻惩罚性赔偿制度的理论基础，需要研究我国惩罚性赔偿制度的具体实践。鉴于我国的惩罚性赔偿制度发展的独特社会背景，即基于市场经济建设的需要，该制度首先在《消费者权益保护法》这一经济法中出现，这避开了我国传统民法中惩罚性赔偿理论的争论，后来继续凭着市场经济建设中的消费者保护政策、食品安全政策、知识产权保护政策的需要而借经济法之船出海。[①] 鉴于此，本章首先从相关政策与法的实践来梳理我国惩罚性赔偿的脉络。

### （一）消费者权益保护政策与惩罚性赔偿

保护消费者利益这一政策要求在改革开放之前只出现在 1954 年、1955 年的政府工作报告之中。改革开放后，1981 年的政府工作报告之中首次提及消费者权益保护，此后消费者权益保护便频繁出现在政府工作报告之中（详见表 3-1）。[②]

**表 3-1 政府工作报告中的消费者权益保护政策**

| 时间段 | 出现年份 | 政策关键词 |
|---|---|---|
| 1951—1980 | 1954、1955 | “保障了广大城乡消费者的利益”“避免生产者和消费者受投机商人的买贱卖贵的剥削” |
| 1981—1990 | 1981—1985、1987、1989 | “生产者与消费者之间的关系问题”、保护消费者利益 |
| 1991—2000 | 1992、1994、1996、1997、2000 | “打击制造、销售伪劣商品活动”“保护消费者利益”“依法严厉处罚……侵犯消费者权益……行为” |

① 参照赵鹏：《惩罚性赔偿的行政法反思》，《法学研究》2019 年第 1 期，第 41 页。

② 详见中国政府网，http://www.gov.cn/guowuyuan/baogao.htm，访问日期：2019 年 2 月 10 日。

(续表)

| 时间段 | 出现年份 | 政策关键词 |
|---|---|---|
| 2001—2010 | 2004、2006、2009 | “维护消费者权益”“严惩制假售假” |
| 2011—2020 | 2011、2012、2014—2019 | “切实维护”“深入开展”“打击”“严肃”“严厉打击”“依法”“加强” |

资料来源:《国务院政府工作报告》(1954—2018),中国政府网,http://www.gov.cn/guowuyuan/baogao.htm。

注:缺乏1961—1963、1964—1974、1976、1977年数据。

市场经济建设初期,侵犯消费者利益现象日趋严重,如人大常委会法工委河山所论述,中国市场经济建设初期,市场环境恶劣,劣质商品、劣质服务像霉菌一样滋长,尽管国家使用公权力手段加以遏制,但是市场上的各种违法行为仍层出不穷,不断地侵犯消费者的权益。河山认为:“不施严刑峻法,岂破奸宄之胆。倘若有效制止伪劣商品、劣质服务,就需要施之重罚,罚得假冒分子伤筋动骨、倾家荡产,甚至锒铛入狱。除行政重罚、犯罪重刑外,民事赔偿也要实行从重原则。”[①]于是惩罚性赔偿作为一种遏制侵犯消费者权益的政策手段走进了立法者的视野。通过赋予消费者惩罚性赔偿请求权来激励消费者维护自身的权益,并同时达到遏制市场中侵犯消费者权益的各种行为的目的。[②]

鉴于保护消费者权益和维护正常市场经济秩序的双重需要,立法者在《消费者权益保护法》中引入了惩罚性赔偿制度。这一惩罚性赔偿制度的引入为新中国法制史上首次规定惩罚性赔偿制度。依据1993年生效的《消费者权益保护法》第49条,经营者提供商品或者服务有欺诈行为的,应当按照消费者的要求增加赔偿其受到的损失,增加赔偿的金额为消费者购买商品的价款或者接受服务的费用的1倍。

2013年,立法者将该法第49条改为第55条第1款,并修改为:“经营者提供商品或者服务有欺诈行为的,应当按照消费者的要求增加赔偿其受到的损失,增加赔偿的金额为消费者购买商品的价款或者接受服务的费用的三倍;增加赔偿的金额不足五百元的,为五百元。法律另有规定的,依照其规定。”并增加一款,作为第2款:“经营者明知商品或者服务存在缺陷,仍然向消费者提供,造成消费者或者其他受害人死亡或者健康严重损害的,受害人有权要求经营者依照本法第四十九条、第五十一条等法律规定赔偿损失,并有权要求所受损失二倍以下的惩罚性赔偿。”最高人民法院在《关于认真

① 河山:《论“缺一赔十”的惩罚性赔偿思想》,《法律适用》1993年第3期,第12页。

② 关淑芳:《论我国立法中的惩罚性赔偿制度》,《当代法学》2004年第3期,第82页。

学习贯彻实施消费者权益保护法的通知》中也阐述了惩罚性赔偿制度在法政策上的意义：新《消费者权益保护法》规定了退一赔三、保底赔偿、赔一罚二、精神损害赔偿等新制度，“为更好地维护消费者合法权益提供了立法支撑，不仅排除了消费者解决耐用商品等争议的举证障碍，方便了消费者维权，而且从实体上加大了保护消费者权益的力度，同时也为人民法院支持消费者维权提供了重要法律依据”。2016 年 5 月 11 日，国务院召开常务会议，部署促进消费品工业增品种提品质创品牌相关工作，以更好满足群众消费升级需求。值得注意的是，除提出推进“品质革命”外，此次常务会议要求建立惩罚性巨额赔偿制度。[①]

**（二）食品安全政策与惩罚性赔偿**

2001 年，国务院首次在政府工作报告中提及“食品安全”问题，之后食品安全问题则经常为国务院政府工作报告所关注（详见表 3-2）。[②]

**表 3-2　政府工作报告中的食品安全政策**

| 时间段 | 出现年份 | 政策关键词 |
| --- | --- | --- |
| 1951—2000 | 无 | 无 |
| 2001—2010 | 2001、2004、2006、2007、2009 | “集中力量开展食品安全专项整治”“大力开展食品安全专项整治”“食品安全事件……接连发生，给人民群众生命财产造成重大损失，教训十分深刻” |
| 2011—2020 | 2011、2012、2015、2016、2019、2020 | “完善”“提高”“增强”“加强” |

资料来源：《国务院政府工作报告》（1954—2018），中国政府网，http://www.gov.cn/guowuyuan/baogao.htm。

注：缺乏 1961—1963、1964—1974、1976、1977 年数据。

2008 年的三鹿奶粉事件即是典型，食品安全问题已经引起了广泛关注，而三鹿奶粉事件的严重性使得政府一开始就介入了该公共危机事件的处理。[③] 三鹿奶粉事件也催生了 2009 年《食品安全法》的出台，而该法也规定了惩罚性赔偿制度，并且提高了惩罚性赔偿数额。依据该法第 96 条第 2 款，生产不符合食品安全标准的食品或者销售明知是不符合食品安全标准

---

① 详见中国政府网，http://www.gov.cn/premier/2009-03/16/content_1260216.htm，访问日期：2019 年 2 月 10 日。

② 国务院政府工作报告中直接关注食品安全问题的年份为 2001、2004、2006、2007、2009、2011、2012、2015、2016 年，详见中国政府网，http://www.gov.cn/guowuyuan/baogao.htm，访问日期：2019 年 2 月 10 日。

③ 张新宝：《“三鹿问题奶粉事件”引发的民事法律问题——从公共危机事件到产品责任案件》，《法学》2008 年第 1 期，第 15 页。

的食品,消费者除要求赔偿损失外,还可以向生产者或者销售者要求支付价款 10 倍的赔偿金。

但是,此后食品安全问题在中国仍然很严峻。面对严重的食品安全问题,国务院在 2015 年再次提请全国人大常委会修订《食品安全法》,修订后的《食品安全法》对惩罚性赔偿作了新的规定。依据该法第 148 条第 2 款,生产不符合食品安全标准的食品或者经营明知是不符合食品安全标准的食品,消费者除要求赔偿损失外,还可以向生产者或者经营者要求支付价款 10 倍或者损失 3 倍的赔偿金;增加赔偿的金额不足 1000 元的,为 1000 元。但是,食品的标签、说明书存在不影响食品安全且不会对消费者造成误导的瑕疵的除外。2016 年,全国人大常委会工作报告中再次提及食品安全问题。2016 年,全国人大常委会执法检查组在《关于检查〈中华人民共和国食品安全法〉实施情况的报告》中写道:"食品安全事关广大人民群众身体健康和生命安全,是重大的民生工程、民心工程,也是重大的经济问题、社会问题和政治问题。"

### (三)知识产权保护政策与惩罚性赔偿

从 1992 年国务院在政府工作报告中首次提及"健全和完善保护知识产权的制度"以来,至 2018 年,知识产权保护问题每年都是国务院政府工作报告中的重要事项。比如 2006 年的政府工作报告中就明确写道:"依法严惩……侵犯知识产权等行为。"2011、2012 年的政府工作报告都提及"深入开展打击侵犯知识产权……行动"(详见表 3-3)。①

**表 3-3　政府工作报告中的知识产权保护政策**

| 时间段 | 出现年份 | 政策关键词 |
| --- | --- | --- |
| 1951—1990 | 无 | 无 |
| 1991—2000 | 1992—2000 | "健全""完善""加强""切实"保护知识产权的制度 |
| 2001—2010 | 2001—2010 | "依法保护""强化""加强""加大""严惩""战略""严厉打击" |
| 2011—2020 | 2011—2020 | "深入开展""打击""加强""战略""健全知识产权侵权惩罚性赔偿制度" |

资料来源:《国务院政府工作报告》(1954—2018),中国政府网,http://www.gov.cn/guowuyuan/baogao.htm。

注:缺乏 1961—1963、1964—1974、1976、1977 年数据。

① 中华人民共和国中央人民政府网站,http://www.gov.cn/premier/2009-03/16/content_1260216.htm,访问日期:2019 年 2 月 10 日。

在专利侵权领域,2014 年全国人大常委会执法检查组的调查报告中述及,侵犯知识产权问题仍很严重,主要涉及:1. 侵权现象整体上还时有发生。而且随着电子商务和现代物流的发展,侵权行为呈现出链条化、网络化、复杂化的新特点。网络平台正成为侵权者销售假冒伪劣侵权产品的一个新途径,给专利保护带来了新挑战。2. 专利保护效果与创新主体的期待存在较大差距。专利维权存在"成本高、赔偿低""赢了官司、丢了市场"以及判决执行不到位等状况,挫伤了企业开展技术创新和利用专利制度维护自身合法权益的积极性。[①]

2013 年,修正后的《商标法》第 63 条规定,"对恶意侵犯商标专用权,情节严重的,可以在按照上述方法确定数额的一倍以上三倍以下确定赔偿数额。赔偿数额应当包括权利人为制止侵权行为所支付的合理开支"。

2018 年 12 月 23 日,民法典侵权责任编草案二审稿提交全国人大常委会审议,草案明确了侵犯知识产权的惩罚性赔偿。草案规定,故意侵害知识产权,情节严重的,被侵权人有权请求相应的惩罚性赔偿。时任全国人大宪法和法律委员会副主任委员沈春耀向全国人大常委会作关于民法典侵权责任编草案修改情况的汇报时说,一些常委委员和社会公众提出,建议进一步加大对知识产权的保护力度。宪法和法律委员会认为,为了切实加强对知识产权的保护,必须显著提高侵犯知识产权的违法成本,把法律的威慑作用充分发挥出来。据此,建议增加一条规定:"故意侵害知识产权,情节严重的,被侵权人有权请求相应的惩罚性赔偿。"[②]

**(四)环境保护政策与惩罚性赔偿**

从国务院 1954 年以来的政府工作报告来看,国家在 1978 年将环境保护写入政府工作报告后,环境保护越来越受重视,自 1992 年以来就一直是政府工作报告中记录的政府要解决的问题。随着环境污染问题越来越严重,国家关于环境保护的政策也越来越严格,特别是 2018 年的政府工作报告中提到了"以前所未有的决心和力度加强生态环境保护"(详见表 3-4)。

---

① 2014 年《全国人民代表大会常务委员会执法检查组关于检查〈中华人民共和国专利法〉实施情况的报告》,全国人大网,http://www.npc.gov.cn/npc/xinwen/201406/23/content_1867906.htm,访问日期:2019 年 2 月 10 日。

② 《全国人民代表大会宪法和法律委员会关于〈民法典侵权责任编(草案)〉修改情况的汇报》,转引自《民法典立法背景与观点全集》编写组:《民法典立法背景与观点全集》,法律出版社,2020 年,第 1 版,第 49 页。

**表 3-4 环境保护政策**

| 时间段 | 出现年份 | 政策关键词 |
| --- | --- | --- |
| 1951—1980 | 1978、1979 | 保护环境、“大力加强” |
| 1981—1990 | 1981—1983、1986、1988、1989、1990 | “坚决制止”、“加强”、“国策”(1988)、“切实加强”、“努力推进” |
| 1991—2000 | 1992—2000 | “坚持”“认真抓好”“坚决执行”“严格执行”“认真执行”“强化” |
| 2001—2010 | 2001—2010 | “加大”“加强”“强化”“注重”“着力加强”“高度重视”“坚持不懈地”“扎实推进” |
| 2011—2020 | 2011—2020 | “扎实推进”、“加强”、“大力加强”、“下决心用硬措施完成硬任务”、“狠抓”、“严肃查处”、“以前所未有的决心和力度加强生态环境保护”(2018) |

资料来源:《国务院政府工作报告》(1954—2018),中国政府网,http://www.gov.cn/guowuyuan/baogao.htm。

注:缺乏 1961—1963、1964—1974、1976、1977 年数据。

2018 年 12 月 27 日,提请十三届全国人大常委会五次会议审议的民法典各分编草案,增加规定了生态环境损害的惩罚性赔偿制度,明确侵权人故意违反国家规定损害生态环境的,被侵权人有权请求相应的惩罚性赔偿。

这一惩罚性赔偿制度受到党的政策的影响,沈春耀在作草案说明时指出,为落实党的十八届三中全会提出的“对造成生态环境损害的责任者严格实行赔偿制度”要求,贯彻党的十九大报告提出的加大生态系统保护力度的决策部署,结合 2017 年中办、国办联合印发的生态环境损害赔偿制度改革方案,草案修改完善了生态环境损害责任制度,增加规定生态环境损害的惩罚性赔偿制度。①

民法典草案审议中,时任中国法学会民法学研究会副秘书长孟强认为:“实践中,生态环境受到污染,受害人有时很难取证,规定惩罚性赔偿在某种层面上,能弥补因为举证不能而无法获得充分赔偿的情况。”草案不仅加大了对于污染环境、破坏生态的惩罚力度,同时还有警示意义。②

总之,以上所述的我国立法实践都反映了我国惩罚性赔偿制度应时代问题而生,且以解决时代问题为目标,我国立法在各种政策工具中最终选择

① 参见《关于〈民法典各分编(草案)〉的说明》,转引自《民法典立法背景与观点全集》编写组:《民法典立法背景与观点全集》,法律出版社,2020 年,第 1 版,第 56 页。

② 《“损害生态环境要惩罚性赔偿”纳入民法典分编草案》,新华网,http://www.xinhuanet.com/politics/2018-08/27/c_1123337726.htm,访问日期:2019 年 2 月 15 日。

了惩罚性赔偿制度作为解决具体问题的政策工具。因而，从我国惩罚性赔偿制度的实践来看，更应该从法政策学的角度加以分析。

## 二、对惩罚性赔偿制度立法的法政策学评价

从我国惩罚性赔偿制度的立法实践来看，对有违我国民法教义的政策工具却并未运用法政策学原理来进行立法，这不失为实践中的立法瑕疵。造成该瑕疵的原因在于我国民法理论中缺少相应的分析方法。至于法政策立法究竟有哪些分析方法，下文将结合法政策的相关理论进行分析。

### （一）政策合理性评价

政策的合理性评价主要基于法政策的社会、经济、伦理等角度的分析，这体现在政策法律化之中，只有被论证为合理的政策才可以进入立法程序之中。政策合理性论证一般是党团、政府机关根据社会中需要解决的问题制定合理的方案，在制定方案过程中对决策所需要的各项依据进行全面分析，然后依据相应的调查结果进行合理性论证。例如德国联邦政府和议会党团为了解决德国缺乏被侵权人死亡时遗属的纯精神损害赔偿制度这一问题，在 2017 年制定了政策性法律《引入遗属抚慰金法》。法律草案起草时，德国议会中的基民盟（CDU）、基社盟（CSU）和社民党（SPD）党团以及德国联邦政府便对引入遗属抚慰金后的相关费用进行了预测和论证。依据当时的立法文献数据，德国致人死亡案件中道路交通事故致人死亡约 3000 例，医疗事故致人死亡约 1500 例，伤害致人死亡约 500 例，其他原因导致的死亡事件约 1000 例。基于此，保险公司每年会支付约 2.4 亿欧元遗属抚慰金。同时联邦政府还对未来五年的相关费用进行了预估，评估了未来相关费用的发展趋势。经评定，这些费用对私人、保险公司和政府而言都在德国经济发展可承受的合理区间之内，因此具有合理性。①

结合我国的社会现状，对于惩罚性赔偿而言，政策合理性分析主要基于以下几个视角：

#### 1. 政策立法的必要性

对于立法资源配置的必要性，需要考虑的问题是，既有制度是否可以实现消费者保护的目的，如果既有的制度可以实现该目的，那么就无需再配置惩罚性赔偿制度这一政策性工具。这一讨论类似于我国学者讨论较多的惩罚性赔偿的功能，但是我国学者多困于法教义学讨论难以自拔，甚至将法教

---

① Bundestag, Drucksache 18/11615.

义学与法政策学混同,未能厘清二者的区别,也缺乏说服力。[①] 法政策学的立法必要性在于解决社会问题的必要性。从立法者目前的论证而言,中国引入惩罚性赔偿是必要的立法资源配置。理由在于:(1)中国面临着侵犯消费者权益、侵犯知识产权、食品安全问题和环境污染问题;(2)私法上既有的赔偿制度对这些行为难以实现有效的抑制、预防;(3)公法上具有预防性、惩罚性的制度贯彻不力;(4)引入私法上的私人惩罚制度可以弥补公法上贯彻不到位的缺陷。[②] 既有的社会问题以及现行法的不足决定了政策工具引入的必要性。从我国社会发展中的问题来看,引入惩罚性赔偿制度在法资源配置上具有一定的必要性。

**2. 法政策的影响**

从法政策学角度来看,新制定的法政策会涉及惩罚性赔偿这一政策工具所带来的社会、经济的正面与负面影响评估。下文参照法政策学相关立法理论,结合我国惩罚性赔偿的实践做以下分析:

(1) 国家政府机关的经济支出问题

这里主要论证法政策的实施对于国家财产的影响,这在法教义性规范的立法中并不需要专门地进行分析论证。但是在政策性规范立法中,对于政策所带来的政府方面的经济支出需要专门地进行论证,以便分析该政策可能给公共财政带来的影响。比如德国立法机关在《引入遗属抚慰金法》的草案论证中就对与该项法政策立法可能给政府带来的财产影响进行了立法论证,尽管议会党团和联邦规范控制委员会论证认为并不存在相关费用。另外,在《病人权利改善法》立法中,立法者也经过论证认为并不存在联邦层面的预算支出。[③] 这主要是因为民法法政策立法一般只涉及平等主体之间的权利和义务,并不涉及国家财产问题。惩罚性赔偿制度涉及的也是私主体之间的金钱赔偿关系,并不涉及国家的财产支出和收入问题,因此这一法政策立法并未给国家的财政收支造成直接影响。而至于诉讼费用问题,这在非惩罚性赔偿的侵权损害赔偿诉讼中也会发生,并非基于惩罚性赔偿制度而产生。

(2) 政策相关人的经济支出问题

从法政策学角度来看,政策在引入时需要对该政策可能给政策相对人带来的影响进行分析。这里涉及政策的直接相关人和间接相关人的经济支

---

① 张新宝、李倩:《惩罚性赔偿的立法选择》,《清华法学》2009 年第 4 期,第 5 页。

② 赵鹏:《惩罚性赔偿的行政法反思》,《法学研究》2019 年第 1 期,第 41 页。

③ Bundesrat, Drucksache 312/12, S. 16.

出问题。惩罚性赔偿制度的直接相关人主要面临可能被判以作出惩罚性赔偿的侵权人要承担的经济负担问题。由于惩罚性赔偿制度这一政策立法的目的就在于使得侵权人承担超出被侵权人所遭受实际损害的赔偿,因此侵权人是该制度的直接影响对象。从我国的立法实际来看,赔偿数额主要是实际损害的 3 倍和 10 倍,因此侵权人会承担额外的经济负担,这对于侵权人来说会承受更大的经济上的不利。由于我国惩罚性赔偿针对的对象为经营者,是具有营利性的组织,且侵权行为建立在营利行为之上,因此这些惩罚性赔偿的支付具有一定的经济基础,特别是营利性组织可以通过商业保险来化解自己支付不能所带来的风险,因此这一风险能够为政策相关人化解。但是对于我国《民法典》之中针对环境侵权和知识产权侵权所规定的"相应的"惩罚性赔偿,则可能会使政策相对人陷入支付不能的境地。我国立法者在知识产权领域引入惩罚性赔偿时认为,"必须显著提高侵犯知识产权的违法成本,把法律的威慑作用充分发挥出来"[①]。这可能带来巨额的惩罚性赔偿,因此在制定巨额惩罚性赔偿制度时应该作出专门的限制规定,否则可能会给政策相关人带来经济上的支付不能,使其陷入困境之中,这有违当代法治中的理性精神。

(3)政策的长期性评价

政策的长期性评价目的在于考察该民法政策是否符合国家的长期政策发展战略。在立法中所采用的这一民法政策是应急之策,还是依据国家的长期发展战略所制定的长期的民法政策?如果某项制度是针对一时之事的应急之策,那么该项政策是否有必要提升到民事立法的层面就值得深究。从法政策学的角度来看,只有长期、稳定的政策才有必要提升到民事立法层面,以避免立法资源的浪费以及导致法的不稳定性和法的不安定性。从我国政府工作报告中打击侵犯消费者权益行为、侵犯知识产权行为和环境污染侵权行为的一贯政策来看,该项法政策的实施具有长期实施的社会现实基础,可以维系政策上的稳定性。因而在我国民事立法层面建立惩罚性赔偿制度这一法政策,并非出于一时的应急之需,从法政策制定的长期性看,该制度具有一定的长期稳定性。

**3. 政策的合理性**

政策的合理性分析重点在于分析该项政策是否能够实现其预期目的,

① 《全国人民代表大会宪法和法律委员会关于〈民法典侵权责任编(草案)〉修改情况的汇报(第十三届全国人大常委会第七次会议)》,转引自石冠彬主编:《中华人民共和国民法典立法演进与新旧法对照》,法律出版社,2020 年,第 1 版,第 453 页。

在实现预期目的同时是否会产生不可承担的负面影响。对政策进行合理性分析时,一方面要避免从法教义学角度进行分析,另一方面要能够契合政策本身的特殊性进行分析。

(1) 政策的积极性

首先,从惩罚性赔偿这一制度的政策工具功能来看,惩罚性赔偿制度在对潜在侵权行为的威慑、抑制方面无疑具有以"填平思想"为基础的损害赔偿所不具有的功能优势。惩罚性赔偿制度在抑制侵犯消费者权益行为、环境侵权行为以及知识产权侵权行为和保障食品安全等方面,相对于赔偿法教义学上的填平原则更具有威慑作用,因此该法政策的功用性在民法上具有不可替代的政策工具价值和地位。

其次,从该制度的奖励和促进功能来看,惩罚性赔偿制度可以使得被侵权人具有更高的积极性去维护自己的权益,在此功能上也优于以填平思想为基础的损害赔偿制度。从此角度来分析,该制度可以促使民事主体积极利用自己所享有的诉权去参与民事诉讼,从而实现抑制相关侵权行为的政策目的。

(2) 政策的消极性

首先,从政策工具的效率性来看,与以行政处罚手段来抑制违法行为相比,以民事诉讼手段来抑制侵权行为具有一定的滞后性,特别是在我国诉讼程序二审终审的机制下,惩罚性赔偿的民事诉讼难以保证遏制违法行为的效率。从我国的"三鹿奶粉"事件来看,行政手段要快于民事手段,且具有重要的地位。在"三鹿奶粉"事件的侵权诉讼中,惩罚性赔偿并未起到抑制侵权行为继续发生的效果,行政处罚则起到了这样的作用。因此,与行政政策工具相比,民事中的惩罚性赔偿这一政策工具并不占据效率优势。

其次,从政策实施的法律后果来看,这一法政策的实施容易造成公民对私权行使的非理性问题,比如对"知假买假"行为的评估不足,导致了司法的混乱,对司法的权威性造成了不利影响,并引发了社会中打假行为的混乱。

最后,从该政策的体系分析看,惩罚性赔偿制度作为一种补充手段出现在中国市场经济建设的特定时期,将公权力赋予个人这一立法决策是否符合未来法政策的发展趋势?这具有不确定性。从比较法视角来看,英美法系和大陆法系对惩罚性赔偿制度容易引起的滥诉都做了批判,特别是英国和美国的法院在裁判中对惩罚性赔偿制度予以理性对待,试图以此来抑制惩罚性赔偿之诉的泛滥现象。在这一趋势下,惩罚性赔偿制度在我国若作为抑制侵权行为的重要政策工具来扩大使用,则势必会导致我国公民之间非理性的诉讼行为增加,这一政策就因此具有以恶制恶的特征。为了抑制侵权行为的发生,我国在政策选择时是否可以引入一种恶的政策去抑制另一种恶?对于这一问题,从经济分析、利益衡量、社会分析等各个角度来看,具有不同的答案,但是从法政策的立法价值来看,这种行为并不可取,因为这一法政策可以从公法角度加以解决,即将赋予公民的惩罚权赋予具有公权力的国家机关。

(3)综合衡量

从立法实践来看,我国在对惩罚性赔偿这一政策工具的选择中对该制度的功能和危害加以衡量,但是最终选择了该政策工具的功能价值。这一选择既基于我国的侵权现状,又基于我国的法治现状。从该政策的利弊衡量角度看,惩罚性赔偿制度的功能决定了该制度具有与以填平原则为基础的赔偿制度所不具有的功能优势。该优势一方面体现在对相关侵权行为的威慑和抑制上,另一方面体现在促进权利享有者维护自己权利的积极性上。这二者就决定了该制度作为政策工具被选用的条件。但是,该制度本身亦会带来一定的负面影响,这一负面影响既涉及作为司法手段被使用的惩罚性赔偿与行政处罚在我国实施的效率性,又涉及该政策工具给使用的主体和社会所带来的负面效应,还涉及在私法中引入该政策工具给公法和私法的平衡、整个法体系所带来的不利影响。因此,综合衡量,该政策工具并不具有完全的合理性,或者说该政策工具的合理性在我国还存在继续论证的必要性。但是目前我国之所以选择惩罚性赔偿制度,是因为其政策功能要大于其体系危害和社会负面影响。惩罚性赔偿制度的负面影响是我国立法者在政策工具选择不能两全时所不得不面对的部分。

**(二)当代宪法价值评价**

**1. 我国宪法的实体价值**

基于宪法的地位,宪法政策性前提为具有决定意义的指导。当代德国方法论学者吕克特认为,现代民法方法论的发展史也是法治现代化的发展史,而这里最为核心的是宪法政策的发展。[①] 比如在德国,当代法治建设的失败经验,特别是纳粹时期的失败经验给人类最大的教训在于,政策不可直接进入法律之中,政策的法定化必须符合当代的宪法原则。德国纳粹时期为纳粹辩护的学者卡尔·施米特(Carl Schmitt)将政策与法(Politik und Recht)合而为一,认为法律在规范上具有优先性是因为具体秩序的权威性,并以现实秩序中的形态而非依据法律或依据法官的判决权力来赋予法律及

---

① 〔德〕约阿希姆·吕克特、拉尔夫·萨伊内克主编:《民法方法论:从萨维尼到托依布纳》(第三版),刘志阳、王战涛、田文洁译,中国法制出版社,2023年,第1版,边码1358及以下。

法官实际优先性。一切都取决于现实的制度。现在,这些制度"本身"都带有所谓的"内在正当性",因此始终显得已经完备,并无需规则。[①] 同一时期的法学家柯英(Helmut Coing)则认为自然法的任务在于表述基准(Leitlinien),立法者在建构实在法时应以此为指导。自然法规范首先是法律批评与法政策学的基础。[②]

对于惩罚性赔偿制度而言,该政策性立法活动是否符合比例原则——不仅要求立法活动在形式上符合该原则,而且要求立法活动在内容上也要符合该原则,是一个重要问题。[③] 惩罚性赔偿制度作为超越既有赔偿法法教义学内容的制度,其在赔偿数额上高于既有教义学中一贯恪守的填平原则,注入了具有惩罚性色彩的"多倍赔偿""相应的惩罚性赔偿",这一种赔偿制度作为法政策进入私法是否符合宪法中的比例原则?这里需要分析的是政策手段与政策目的之间的关系,即惩罚性赔偿制度与引入惩罚性赔偿制度所要实现的目的之间是否符合比例原则。首先,作为政策手段的惩罚性赔偿制度在法律上并非完全中性的或完全有益的,而是具有一定的制度危害,比如对制度体系的破坏、对私法中公平规则的改造、对私主体平等地位的颠覆等等,这些制度危害必须作为引入该制度的不利因素与使用该政策手段所要实现的目的进行衡量。其次,需要在公权力社会重新分配所带来的不利后果与所要实现的目的之间进行衡量。在当代社会,惩罚权一般由公权力机关行使,特别是在公权力具有较为强势地位的德国和中国。但是公权力是双刃剑,行使公权力需要制度约束,包括相应的权力分配规则和程序规则,若将惩罚的权力配置给私主体来实现对另一私主体的惩罚,则需要衡量该法政策是否符合比例原则。[④] 比尔曼认为,惩罚性赔偿带来了过度诉讼的社会,而高额的补偿性赔偿和惩罚性赔偿也带来了大量的社会难题。[⑤] 但是从我国近些年的政府工作报告来看,惩罚性赔偿制度并未对侵权行为起到明显的抑制效果,食品安全问题、消费者侵权现象在社会中仍然较常出现。[⑥]

---

① 〔德〕约阿希姆·吕克特、拉尔夫·萨伊内克主编:《民法方法论:从萨维尼到托依布纳》(第三版),刘志阳、王战涛、田文洁译,中国法制出版社,2023年,第1版,边码824。

② 〔德〕约阿希姆·吕克特、拉尔夫·萨伊内克主编:《民法方法论:从萨维尼到托依布纳》(第三版),刘志阳、王战涛、田文洁译,中国法制出版社,2023年,第1版,边码1358及以下。

③ Blum, Peter, *Wege zu besserer Gesetzgebung*, C. H. Beck Verlag, 2004, S. I 10.

④ 赵鹏:《惩罚性赔偿的行政法反思》,《法学研究》2019年第1期,第41页。

⑤ Beermann, Jack M., "Punitive Damages in the United States", *DAJV Newsletter*, 2007, p. 144.

⑥ 2010年以来国务院政府工作报告,参见中国政府网,http://www.gov.cn/guowuyuan/baogao.htm。

### 2. 我国宪法的程序价值

法政策立法时的宪法程序价值分析,并非分析民事诉讼程序中惩罚性赔偿制度实施时的合理性,而是分析宪法语境下的程序价值。卡尔·施米特排斥法治程序,他认为完全不需要令人讨厌的议会立法活动或难以控制的法官法。[①] 但是吕特斯认为,法律是"一种在标准制定程序中确立的规范意志之表达,一种'凝结'于规范持续性和执行能力的政策"[②]。法与政策有本质性区别,因此政策不可直接进入法律之中,而是通过一定的符合现代法治价值的程序才能够实现。在当代,政策只有基于立法机关的立法程序才能够进入法律范围之内。在制度设计时必须遵守一定的立法程序,包括草案起草、草案审议、草案表决与颁布等现代立法程序,并对立法者在立法中的恣意决断进行抑制。在我国,法律制定程序主要是全国人大及其常委会的立法程序。

德国《法与政策》杂志在评论中认为,法政策视角下"好的立法"考虑的是如何实现既有法的改善,这涉及对法律简化的建议、新的法学方法应用的建议、法政策领域内研究成果贯彻的建议等等。[③] 德国学者布鲁姆(Peter Blum)认为,好的立法程序可以提升立法质量,好的立法需要专业的咨询和论证、后果评估以及效果控制。[④] 日本学者平井宜雄认为,政策法定化需要以下步骤:问题的探索、问题的确认、问题的分析、问题的公式化、预案探索、预案结果预测、预案评价、预案选择、与实定法体系结合和解决方案的实施。[⑤] 立法作为实现清晰的、正当的和无矛盾的决定的国家活动,其需要遵守一定的多数决原则和代表制原则。[⑥] 对于惩罚性赔偿立法而言,中国的立法过程都是依法定程序进行的,但中国在惩罚性赔偿立法中尚缺乏全面、深入的官方立法论证,只有一般性陈述内容,这不利于对该法政策的深入理解和正确评判,导致该制度在立法后引发争议。这一法政策是否具有长期性?在其立足的制度基础丧失后,该制度是否还具有存在的必要性?如果公权力失灵问题得到了较好的解决,或者消费者侵权问题、食品安全问题以及知识产权侵权问题得以解决,那么该政策手段的命运应该重新被审视。同样,

---

① 〔德〕约阿希姆·吕克特、拉尔夫·萨伊内克主编:《民法方法论:从萨维尼到托依布纳》(第三版),刘志阳、王战涛、田文洁译,中国法制出版社,2023 年,第 1 版,边码 1426。

② 〔德〕约阿希姆·吕克特、拉尔夫·萨伊内克主编:《民法方法论:从萨维尼到托依布纳》(第三版),刘志阳、王战涛、田文洁译,中国法制出版社,2023 年,第 1 版,边码 928。

③ ZRP 2018, S. 156.

④ Blum, Peter, *Wege zu besserer Gesetzgebung*, C. H. Beck Verlag, 2004, S. I 9 ff.

⑤ 解亘:《法政策学——有关制度设计的学问》,《环球法律评论》2005 年第 2 期,第 191 页。

⑥ Blum, Peter, *Wege zu besserer Gesetzgebung*, C. H. Beck Verlag, 2004, S. I 12.

作为法政策的惩罚性赔偿制度本来就是应社会形势而生,若社会基础发生变化,将来亦必应社会形势而灭,因此立法机关应对法政策的社会基础作出必要的论证评估,应能够准确评定社会形势的发展变化。

**3. 宪法价值综合分析**

惩罚性赔偿制度在立法中是否有必要作为政策工具引入,需要进行宪法分析。从我国宪法的实体价值来看,将惩罚性赔偿作为民法政策工具使用仍存有争议,比如这里是否符合宪法中的比例原则。从宪法的程序价值来看,我国立法对于引入惩罚性赔偿这一政策工具的立法论证仍显不足。

**(三)总结**

惩罚性赔偿制度法定化是政策工具法定化的一个鲜明事例。诚然,并非所有的政策工具都可以法定化,法政策学对政策的法定化具有实体和程序上的评判标准,包括政策合理性标准、我国宪法标准,只有符合这些标准的政策工具才能够被称为合格的政策法定化过程。惩罚性赔偿制度作为法政策,在法定化过程中亦需要满足这些标准。从中国惩罚性赔偿法定化实践来看,在论证与分析上存在不足的一面,我国对惩罚性赔偿制度的引入需要进一步地从政策合理性、宪法价值符合性角度深化分析。

## 三、法政策目的与惩罚性赔偿裁量理论

在法律适用中,目的判断是常用的解释方法,法律规定的目的包括语义、体系和历史等方面的内在目的,这些法定的目的维护着法律的拘束力。[①] 最高人民法院在评析珠海格力电器股份有限公司诉宁波奥胜贸易有限公司等侵害实用新型专利权纠纷案中认为,该案中惩罚性赔偿因素的适用规则是体现"严格保护知识产权,加大侵权赔偿力度"这一司法政策的典型案例。[②] 与法教义性规范相比,法政策性规范的制定需要以相应的政策目的为前提,然而这些政策目的一般无法直接反映在条文内容之中。如何在法政策性规范中实现该规范的政策目的,是法律适用必须解决的问题,但是从政策目的到法律后果之间仍缺乏理论上的联通。比如面对知识产权侵权现象,我国立法机关认为为了切实加强对知识产权的保护,必须显著提高侵

① 〔德〕约阿希姆·吕克特、拉尔夫·萨伊内克主编:《民法方法论——从萨维尼到托依布纳》(第三版),刘志阳、王战涛、田文洁译,中国法制出版社,2023 年,第 1 版,第 31 页。

② 最高人民法院中国应用法学研究所编:《人民法院案例选》第 8 辑,人民法院出版社,2021 年,第 23 页。

犯知识产权的违法成本，把法律的威慑作用充分发挥出来。[①] 王然、王崇敏认为，“知识产权惩罚性赔偿的适用原理遵循其目的逻辑，方可有效实现保护知识产权的根本任务”[②]。梁志文认为，加强知识产权保护的举措在司法政策上体现为对赔偿数额的提高。[③] 最高人民法院环境资源审判庭认为，“从加强生态环境保护的法政策立场出发，惩罚性赔偿有助于实现保护生态环境，提高环境违法成本，制裁严重不法生态侵权行为的政策目标”[④]。然而，惩罚性赔偿制度的政策目的如何适用，是一个复杂的问题。关淑芳认为，惩罚性赔偿数额确定标准的模糊性是惩罚性赔偿被诟病的原因之一。[⑤]《民法典》第 1185 条中的惩罚性赔偿并未确定具体的计算方法，而只是规定了“相应的惩罚性赔偿”这一笼统的计算依据。这赋予了法官在惩罚性赔偿适用中巨大的裁量权，也为法政策目的的实现提供了裁量空间。

从《知识产权惩罚性赔偿解释》来看，该解释虽然采用了倍数计算法，但是并未确定相应的倍数，这在司法实践中等于没有规定数额确定标准。从赔偿的角度来看，客观归责的赔偿主要依据实际损害来确定数额，因此排除了法官在赔偿数额确定中的自由裁量。从法政策角度来看，惩罚性赔偿规范的适用应实现相应的法政策目的，比如知识产权侵权领域惩罚性赔偿的法政策目的就有“加强对知识产权的保护，提高侵权违法成本”。[⑥] 王竹认为，惩罚性赔偿在适用中需要实现威慑和惩罚的目的。[⑦] 梁志文认为，“最严格保护知识产权”这一政策的重要体现是需要“让侵权者付出沉重的代价”[⑧]。孙佑海等认为，惩罚性赔偿数额的确定要“确保其可以达到提高违

---

① 黄薇主编：《中华人民共和国民法典侵权责任编解读》，中国法制出版社，2020 年，第 1 版，第 87 页。

② 王然、王崇敏：《威慑理论视角下知识产权惩罚性赔偿的规则完善》，《海南大学学报》（人文社会科学版）2022 年第 1 期，第 136 页。

③ 梁志文：《知识产权侵权损害赔偿计算方法的制度重构》，《法治研究》2023 年第 2 期，第 61 页。

④ 最高人民法院环境资源审判庭编著：《最高人民法院生态环境侵权禁止令保全措施、惩罚性赔偿司法解释的理解与适用》，法律出版社，2023 年，第 1 版，第 270 页。

⑤ 关淑芳：《惩罚性赔偿制度研究》，中国人民公安大学出版社，2008 年，第 1 版，第 131 页。

⑥ 王晨：《关于〈中华人民共和国民法典（草案）〉的说明》，全国人大网，http://www.npc.gov.cn/npc/c30834/202005/50c0b507ad32464aba87c2ea65bea00d.shtml，访问日期：2020 年 5 月 22 日。

⑦ 最高人民法院环境资源审判庭编著：《最高人民法院生态环境侵权禁止令保全措施、惩罚性赔偿司法解释的理解与适用》，法律出版社，2023 年，第 1 版，第 165 页；王竹、龚健：《我国缺陷产品惩罚性赔偿责任研究——以〈民法典·侵权责任编〉第 1207 条为中心》，《山东大学学报》（哲学社会科学版）2021 年第 1 期，第 119 页。

⑧ 梁志文：《知识产权侵权损害赔偿计算方法的制度重构》，《法治研究》2023 年第 2 期，第 61 页。

法成本、令行为人不敢再犯的目的”①。因此,要在惩罚性赔偿数额确定中贯彻威慑、惩罚和预防这些法政策目的,给惩罚数额的确定带来了挑战。但是从我国法政策规范适用来看,不仅没有规定法政策规范的适用规则,而且理论中对于法政策规范的运用亦未发展出相应的理论,这导致法政策规范的运用存在制约不足的问题。一方面,这会导致国家权力的滥用;另一方面,这容易导致公民权利被侵犯。这两点都明显有违当代法治的精神。因此,对于惩罚性赔偿规范法政策目的的适用理论研究就显得尤为重要。

从我国惩罚性赔偿的裁量模式来看,主要分为以下几种类型:第一种为倍数裁量法,比如《消费者权益保护法》第 55 条第 1 款规定的 3 倍赔偿;第二种为固定数额裁量,比如《消费者权益保护法》第 55 条第 1 款中规定“增加赔偿的金额不足五百元的,为五百元”,《食品安全法》第 48 条第 2 款规定“增加赔偿的金额不足一千元的,为一千元”;第三种为幅度裁量,比如《消费者权益保护法》第 55 条第 2 款中规定“所受损失二倍以下的惩罚性赔偿”,《专利法》第 63 条第 3 款规定“根据侵权行为的情节判决给予五百万元以下的赔偿”;第四种为无具体幅度、无具体基准的自由裁量,比如《民法典》第 1185、1207、1232 条规定“被侵权人有权请求相应的惩罚性赔偿”以及《知识产权惩罚性赔偿解释》中的规定。从惩罚性赔偿的适用领域来看,惩罚性赔偿已经突破传统的消费者保护领域,迈入一般侵权领域。

从我国的私法理论来看,对于法政策目的如何影响裁量标准的基础理论缺乏深入研究,也缺乏可以直接适用的理论。惩罚性赔偿的裁量标准的立法主要存在以下问题:其一,计算方法较为简单,以倍数计算法为主;其二,裁量幅度设定缺乏比例性,比如“不足一千元的,为一千元”;其三,对于惩罚的自由裁量空间较大,比如关于知识产权惩罚性赔偿的规定,《民法典》规定以“相应的”为依据,并没有规定详细的裁量情节。这些标准无法准确地反映法政策规范的正确目的,导致在适用中会引起裁量上对政策目的适用的混乱。比如在依据《侵权责任法》相关条款裁判的潘锡岳与龙明香等产品销售者责任纠纷上诉案中,原告龙明香等提出惩罚性赔偿 27 500 元,二审法院认为相关法律缺乏明确的标准,但从有利于保护公民人身和财产安全的目的,予以支持 20 000 元。② 此处惩罚性赔偿适用的惩罚目的有待商榷,也反映了我国《民法典》中所规定的模糊的裁量方法在实践中需要依据相应

① 孙佑海、张静雪:《生态环境损害惩罚性赔偿的证成与适用》,《中国政法大学学报》2022 年第 1 期,第 35 页。

② 潘锡岳与龙明香等产品销售者责任纠纷上诉案,湖南省湘西土家族苗族自治州中级人民法院民事判决书(2012)州民一终字第 220 号。

的政策目的来加以重构。

与公法中体系化的惩罚理论与标准相比，我国私法中惩罚性赔偿裁量标准存有较大差距。私法中的惩罚性赔偿如何依据法政策目的引入更为系统的裁量标准规范？对此，需要对裁量标准的基础理论加以研究。这涉及裁量标准的功能以及具体的设计原理，只有对相关基础理论进行必要梳理后才可以得出私法中是否需要引入以及如何引入裁量标准方面的结论。

### （一）裁量标准设定中的裁量因素问题

"司法实践中，如何正确把握故意侵权且情节严重的认定标准是另一难题。"[①]对于私法中惩罚性赔偿的裁量因素，我国理论界和实务界的观点各异[②]：有的观点认为，惩罚性赔偿数额需要考虑侵权人的恶意、侵权行为所造成的损害后果，对侵权人的威慑功能等因素。[③] 有的观点认为，确定惩罚性赔偿的数额应考虑侵权人的主观过错、侵权行为的具体细节、侵权后果、侵权人的获利、侵权人的经济承载能力、不法行为发生侵权人后的态度、原告或者潜在原告的数量、侵权人因其行为已经承担和将要承担的其他财产性责任等因素。[④]《知识产权惩罚性赔偿解释》第 6 条规定，人民法院依法确定惩罚性赔偿的倍数时，应当综合考虑被告主观过错程度、侵权行为的情节严重程度等因素。[⑤] 问题是：这些因素中哪些体现了法政策的目的？哪些体现了法政策的目的的因素尚未被列出？这些因素又会如何影响法律后果的最终确定？

在惠氏有限责任公司诉原广州惠氏宝贝母婴用品有限公司等侵害商标权和不正当竞争纠纷案中，审理法院认为，"对'情节严重'的认定，人民法院应当综合考虑侵权手段、侵权行为的持续时间、地域范围规模、后果、侵权人在诉讼中的行为等因素"[⑥]，此案中列举了一些法官自由裁量的参考因素。从裁量标准的设定来看，裁量因素的简单无序罗列不仅无法有效地控制自由裁量权，反而会导致裁量因素在惩罚数额判断中的混乱，在裁量因素

① 最高人民法院中国应用法学研究所编：《人民法院案例选》第 8 辑，人民法院出版社，2021 年，第 1 版，第 28 页。

② 张红：《我国惩罚性赔偿制度的体系》，《北大法律评论》2018 年第 1 辑，第 69—72 页。

③ 黄薇主编：《中华人民共和国民法典侵权责任编解读》，中国法制出版社，2020 年，第 1 版，第 167 页。

④ 最高人民法院民法典贯彻实施工作领导小组：《中华人民共和国民法典侵权责任编理解与适用》，人民法院出版社，2020 年，第 1 版，第 354 页。

⑤ 最高人民法院民法典贯彻实施工作领导小组：《中华人民共和国民法典侵权责任编理解与适用》，人民法院出版社，2020 年，第 1 版，第 199 页。

⑥ 最高人民法院中国应用法学研究所编：《人民法院案例选》第 8 辑，人民法院出版社，2021 年，第 1 版，第 30 页。

与裁量数额之间尚缺少理论桥梁加以联通。如何依据法政策目的来择取裁量因素,建构裁量因素与裁量数额之间的关联?对此问题的回答是构建裁量合理性的前提。

**1. 法政策目的与裁量因素选定**

惩罚数额的裁量需要从众多裁量情节中择取重要事实,并对相关事实进行比较、衡量,在此分析过程中惩罚的目的具有决定意义。[①] 比如在杨国平、上海赛亚磨具有限公司与姜建刚产品责任纠纷一案中,法院认为,惩罚性赔偿着眼于惩罚、威慑和预防,因此惩罚数额应根据受害人人身损害情况、侵权人获利情况、社会影响等因素综合确定。[②] 虽然在实践中法院考察了惩罚的目的,但是在完全评价原则下,何为应当择取或者重点分析的裁量因素?这需要对惩罚性赔偿的惩罚目的作出理论分析。[③] 对于惩罚性赔偿的惩罚目的,主要存在三种学说,即报应论、预防论和综合论。

报应论是较为古老的理论,柏拉图、亚里士多德、西塞罗等支持该理论。[④] 在现代,报应论因康德和黑格尔的论证得到了发展。康德认为,惩罚的任务在于实现正义,惩罚必须基于行为人犯了某种罪行。[⑤] 黑格尔认为,犯罪是对法律的侵害,是对法的否定,惩罚则是对法的否定之否定。[⑥] 基于报应论,惩罚需要依据违法性的大小进行裁量判断。[⑦] 在报应论下,对于惩罚轻重的裁量适用的是过罚相当原则,惩罚措施的轻重应当与违法行为相应。[⑧] 在奥龙汽车有限公司、陈国兴侵权责任纠纷一案中,二审法院认为奥龙公司在知道产品存在缺陷时仍然生产、销售,造成他人人身和财产的严重损害,应当承担一定的惩罚性赔偿金。从二审法院判决的理由来看,该法院判决承担惩罚性赔偿主要基于报应论。[⑨] 私法上的报应是通过私人对侵权主体主张惩罚性赔偿请求权来实现,若基于此法政策目的来立法,如果要在法律适用中实现该法政策目的,需要考量的因素包括侵权行为本身的特征,

---

① 〔日〕高桥则夫:《刑法总论》,李世阳译,中国政法大学出版社,2020 年,第 1 版,第 497 页。

② 杨国平、上海赛亚磨具有限公司与姜建刚产品责任纠纷案,江苏省南京市中级人民法院民事判决书(2015)宁民终字第 991 号。

③ 熊樟林:《行政处罚的目的》,《国家检察官学院学报》2020 年第 5 期,第 32 页。

④ 〔阿塞拜疆〕И. М. 拉基莫夫:《犯罪与刑罚哲学》,王志华、丛凤玲译,黄道秀校,中国政法大学出版社,2016 年,第 1 版,第 159 页。

⑤ 〔德〕康德:《法的形而上学原理——权利的科学》,沈叔平译,林荣远校,商务印书馆,1991 年,第 1 版,第 171 页及以下。

⑥ 〔德〕黑格尔:《法哲学原理》,范扬、张企泰译,商务印书馆,1961 年,第 1 版,第 115 页。

⑦ 〔日〕高桥则夫:《刑法总则》,李世阳译,中国政法大学出版社,2020 年,第 1 版,第 497 页。

⑧ 熊樟林:《行政处罚的目的》,《国家检察官学院学报》2020 年第 5 期,第 34 页。

⑨ 奥龙汽车有限公司、陈国兴侵权责任纠纷案,中华人民共和国最高人民法院民事判决书(2018)最高法民再 420 号。

以及侵权行为给被侵权人造成的损害后果等因素。

预防论认为,惩罚是为了实现去违法化这一目的而存在的。王利明认为,惩罚性赔偿在功能上已经"从单纯的赔偿转向兼顾预防"①。预防可以分为一般预防和特殊预防。一般预防是针对社会大众,通过威慑使得潜在行为人放弃实施违法行为。特殊预防则针对具体的行为人,通过矫正、威慑使得行为人再社会化、无害化。② 从我国的惩罚性赔偿立法来看,在消费者权益保护、产品责任、环境污染和知识产权等领域中的惩罚性赔偿都会兼顾一般预防和特殊预防。从司法实践来看,法院会涉及一般预防和特殊预防,以实现对未来侵权行为的威慑目的。比如在奥龙汽车有限公司、陈国兴侵权责任纠纷一案中,审理法院判决认为,惩罚性赔偿的功能在于影响加害人非法获得的利益而实现社会的一般预防。③ 在珠海格力电器股份有限公司诉宁波奥胜贸易有限公司等侵害实用新型专利权纠纷案中,审理法院在确定赔偿数额时,考虑到了"侵权赔偿对故意侵权人的法律威慑力,使其不敢侵权、不再侵权",此处着重考虑的是特殊预防。④ 在惩罚性赔偿数额确定中,基于一般预防论,需要根据社会危害程度进行惩罚数额判断;基于特殊预防论,则需要根据行为人的危险性进行裁量判断。此处需要考量的因素有行为人的主体特征、主观恶性、行为危害性、行为人悔改程度等。⑤

在经历了启蒙思想洗礼及刑法现代化后,单纯的报应论或者预防论已经无法得到支撑,兼顾二者的综合论暂居优势地位。⑥ 综合论认为,惩罚具有目的,且应受到报应论中罪责原则限制。有些综合论则将惩罚各个部分分别予以处理,认为惩罚的威慑着眼于一般预防,惩罚的科处则着眼于报应。⑦

从我国《民法典》中惩罚性赔偿的立法来看,我国惩罚性赔偿既追求对

---

① 王利明:《〈民法典〉中环境污染和生态破坏责任的亮点》,《广东社会科学》2021 年第 1 期,第 221 页。

② 〔德〕乌尔斯·金德霍伊泽尔:《刑法总论教科书》(第六版),蔡桂生译,北京大学出版社,2015 年,第 1 版,第 26 页。

③ 奥龙汽车有限公司、陈国兴侵权责任纠纷案,中华人民共和国最高人民法院民事判决书(2018)最高法民再 420 号。

④ 最高人民法院中国应用法学研究所编:《人民法院案例选》第 8 辑,人民法院出版社,2021 年,第 1 版,第 29 页。

⑤ 〔日〕高桥则夫:《刑法总则》,李世阳译,中国政法大学出版社,2020 年,第 1 版,第 497 页。

⑥ 金翼翔:《刑罚原理纲要》,中国政法大学出版社,2019 年,第 1 版,第 183 页。

⑦ 〔德〕乌尔斯·金德霍伊泽尔:《刑法总论教科书》(第六版),蔡桂生译,北京大学出版社,2015 年,第 1 版,第 27 页。

侵权人的报应,又追求一般预防和特殊预防的目的。[①] 在广州天赐高新材料股份有限公司等与吴丹金等侵害技术秘密纠纷上诉案中,最高人民法院在判决中认为:“惩罚性赔偿的目的不仅在于填补权利人实际损失,还在于通过责令侵权人支付高于甚至数倍高于实际损失或侵权获利的金额,加大对源头侵权、恶意侵权、重复侵权等具有严重恶劣情节侵权的打击力度,形成威慑从而阻吓侵权的发生。”[②]吴宇亦认为,“惩罚性赔偿金的金额要能够达到预防的目的”[③]。依据综合论,则以责任主义为核心,以责任相应为惩罚判断的原则,此外还要考虑一般预防和特殊预防所侧重考量的裁量因素。[④] 但是从我国法院判决来看,法院虽然会提及惩罚性赔偿的预防功能,但是并未能够依据该目的作出有关裁量因素的判断。比如在陈光阳、陈大勇等与令狐昌华新乡市金龙车业有限公司产品生产者责任纠纷一案中,五原告在因汽车刹车系统故障导致的交通事故中遭受损失,在诉讼中要求被告支付惩罚性赔偿 660 155 元,法院认为惩罚性赔偿责任的功能在于实现社会的一般预防,具体数据根据案件的具体情况予以确定,然后直接判决被告承担惩罚性赔偿 50 000 元。[⑤] 此处法院没有依据一般预防作出进一步的裁量因素择取分析。从惩罚的综合目的论来看,我国惩罚性赔偿数额确定中应纳入考量的因素包括涉及报应目的的侵权人的主观因素、行为因素和侵权结果因素,以及涉及特殊预防和一般预防功能的侵权主体因素、主观因素、行为因素、后果因素、社会危害性、侵权人事后表现等。

**2. 法政策目的与评价因素**

裁量因素涉及国家公权力对公民权利影响进行衡量时所应考虑的相关因素。与损害赔偿数额确定所依据的损害这一单一因素不同的是,惩罚性赔偿中对于惩罚数额的确定受多种因素影响,确定惩罚数额裁量所依据的因素对于惩罚数额的确定具有决定意义。[⑥]

---

① 王竹、龚健:《我国缺陷产品惩罚性赔偿责任研究——以〈民法典·侵权责任编〉第 1207 条为中心》,《山东大学学报》(哲学社会科学版)2021 年第 1 期,第 123 页。

② 广州天赐高新材料股份有限公司等与吴丹金等侵害技术秘密纠纷上诉案,中华人民共和国最高人民法院民事判决书(2019)最高法知民终 562 号。

③ 吴宇:《论生态环境侵权中惩罚性赔偿的适用——基于环境私人执法的视角》,《荆楚法学》2022 年第 6 期,第 73 页。

④ 〔日〕高桥则夫:《刑法总则》,李世阳译,中国政法大学出版社,2020 年,第 1 版,第 497 页。

⑤ 陈光阳、陈大勇等与令狐昌华新乡市金龙车业有限公司产品生产者责任纠纷案,重庆市大足区人民法院民事判决书(2015)足法民初字第 07342 号。

⑥ 最高人民法院民法典贯彻实施工作领导小组:《中华人民共和国民法典侵权责任编理解与适用》,人民法院出版社,2020 年,第 1 版,第 194 页及以下;吴宇:《论生态环境侵权中惩罚性赔偿的适用——基于环境私人执法的视角》,《荆楚法学》2022 年第 6 期,第 75 页及以下。

从法政策目的来看，对于裁量因素的选择依据需要完全评价原则。据此，法官需要在案件裁判中兼顾所有有利的和不利的惩罚因素，给予同等分量评价，不得厚此薄彼，否则无法实现公正惩罚。[①] 虽然惩罚性赔偿亦为国家权力对于公民权利的影响，但是对于惩罚性赔偿而言，完全评价原则的应用需要从两个角度来分析：一方面，惩罚性赔偿为私法上的请求权，惩罚因素应受法教义学的限制；另一方面，惩罚性赔偿具有私法上的法政策性，具有一定的政策目的，惩罚因素的设定应以实现政策目的为导向。[②]

首先，从惩罚性赔偿所属的私法领域来看，惩罚性赔偿的一个政策功能是当一个民事主体被侵权时赋予其向侵权者实施惩罚的权利，是“自为地存在的个人的意志”，而非“自在地存在的普遍的意志”。[③] 此意义下的惩罚由私人发起，惩罚收益归私人所有，在私法上体现为惩罚性赔偿请求权，表现形式为请求侵权人支付一定的金钱作为惩罚。一般不具有较强的公共性，而是具有较强的私人之间报复的特征。对于私人之间的惩罚数额的衡量所应依据的裁量因素应当以具体的侵权形态为基础，具体表现为侵权人的主观恶性、侵权行为、损害后果和事后表现等因素。

其次，从惩罚性赔偿的社会性来看，立法机关希望借助惩罚性赔偿实现一定的社会政策功能，在惩罚性赔偿数额裁量中需要将之纳入考量。基于惩罚性赔偿所具有的社会政策性，惩罚性赔偿具有制裁、遏制等功能。[④] 据此，惩罚性赔偿的裁量因素应该包括侵权的社会影响程度、行为人的社会危险性等社会因素。

综上，惩罚性赔偿因素的择取既要参考完全评价原则，又要作出适当限制。从限制角度来看，主要来自惩罚性赔偿的私法教义和私法政策。[⑤]

### （三）裁量标准的模式选择

在确定了裁量因素后，需要依据法政策目的对裁量因素进行整合，以便确定具体的惩罚数额，这就需要为之设定相应的裁量模式。我国惩罚性赔偿制度在司法适用中急需裁量标准的指引，以控制法官的司法裁量权，进而实现裁量正义。如何设定裁量标准？首先需要选择裁量标准的设定模式，

---

① 韩光军：《量刑基准研究》，法律出版社，2010 年，第 1 版，第 138 页。

② 王竹、龚健：《我国缺陷产品惩罚性赔偿责任研究——以〈民法典 · 侵权责任编〉第 1207 条为中心》，《山东大学学报》（哲学社会科学版）2021 年第 1 期，第 125 页。

③ 〔德〕黑格尔：《法哲学原理》，范扬、张企泰译，商务印书馆，1961 年，第 1 版，第 108 页。

④ 黄薇主编：《中华人民共和国民法典侵权责任编解读》，中国法制出版社，2020 年，第 1 版，第 84 页。

⑤ 最高人民法院民法典贯彻实施工作领导小组：《中华人民共和国民法典侵权责任编理解与适用》，人民法院出版社，2020 年，第 1 版，第 199 页。

然后再在此模式下设定具体的裁量标准。

**1. 模式选择分析**

我国理论界对惩罚性赔偿数额的模式选择尚未达成共识,但是在模式选择时受既有法律影响较大,一般选择倍数计算法。比如王竹等认为,“相应的”惩罚性赔偿确定是一个法政策和体系问题,实践中需要解决“计算基数”和“计算倍数”两个要点,以便确定惩罚性赔偿数额。① 倍数计算法为我国常用的惩罚性赔偿数额计算方法,比如最高人民法院在《知识产权惩罚性赔偿解释》中也规定了倍数计算法,即以相应的计算基数为基础、以相应的倍数相乘来确定惩罚性赔偿数额的方法。传统的倍数计算法似乎存在一定的合理性,但是倍数计算法缺乏惩罚数额确定的合理关联依据,是否符合基于报应论的过罚相当原则值得商榷。从法政策适用角度来看,惩罚性赔偿数额确定的裁量标准模式选择需要从以下角度加以分析:

首先,从全面评价原则来看,所选定的惩罚数额模式应能够容纳各种裁量因素。我国有关惩罚性赔偿条文对于“相应的”惩罚性赔偿的相关裁量因素并未作出具体规定,因此需要进一步探寻相应的立法目的来确定。即使参照特别法,比如《商标法》《专利法》《著作权法》,这些特别法中惩罚性赔偿的倍数区间是 1 到 5 倍,倍数裁量区间过大,且没有确定的标准,倍数确定仍存在困难。② 有的观点认为,《民法典》中的“相应”主要是被侵权人要求的惩罚性赔偿金的数额与侵权人的主观恶意、侵权行为所造成的损害后果、对侵权人的威慑功能相应。③ 据此可以判定,我国既有法律中仅仅依据客观损害后果来确定惩罚性赔偿数额的固定倍数模式很难适用于此,因为“相应的”惩罚性赔偿不仅仅依据损害的客观后果来判定,还有侵权人的主观因素、行为特征、社会危害性等等。最高人民法院在《知识产权惩罚性赔偿解释》中提出以实际损害为基础的倍数计算方法,这就有违全面评价原则中对各种因素的考察。

其次,从惩罚的目的来看,惩罚性赔偿的数额确定模式应能够符合报应论和预防论的惩罚目的。从报应论来看,需要遵循过罚相当原则,据此可以排除无法实现过罚相当要求的模式,比如固定数额模式,该模式限定了惩罚

---

① 王竹、龚健:《我国缺陷产品惩罚性赔偿责任研究——以〈民法典·侵权责任编〉第 1207 条为中心》,《山东大学学报》(哲学社会科学版)2021 年第 1 期,第 129 页。

② 施君、汤敏编著:《知识产权惩罚性赔偿制度理论与实践研究》,知识产权出版社,2022 年,第 1 版,第 34 页。

③ 黄薇主编:《中华人民共和国民法典侵权责任编解读》,中国法制出版社,2020 年,第 1 版,第 167 页。

性赔偿在各种情形下的惩罚性赔偿数额，这就使得惩罚性赔偿的数额无法根据情节来作出调整。从预防论来看，惩罚数额确定模式应当能够在实现私人报应目的之外实现预防这一社会功能。基于此，侵权行为的社会危害性、侵权人的事后悔过等因素应当被纳入考量范围。

因此，从我国既有法律中的判定模式来看，更为合适的是数额幅度模式以及由裁量因素和裁量幅度所构成的裁量表参照模式。

以客观损害为基础、以其他相关情节为辅的数额幅度模式出现在刑法之中，是确定罚金的一种模式。与传统的倍数计算法相比，这一模式可以结合侵权行为中的主客观因素来确定惩罚性赔偿数额，符合"相应的"惩罚性赔偿确定标准，有利于实现惩罚均衡，避免极端案例出现。比如在邓美华诉上海永达鑫悦汽车销售服务有限公司买卖合同纠纷一案中，原告因所购汽车曾存在油漆脱落而认定销售方存在欺诈行为，法院最终判决被告支付购车价款 3 倍共计 75 万元的惩罚性赔偿。[①] 这一案件的惩罚性赔偿数额运用了 3 倍数额标准，这一固定的倍数计算法的缺陷是忽视了案件中复杂的综合参考因素，容易机械地导致惩罚性赔偿数额与综合因素评价结果之间的不均衡。又如，广州天赐高新材料股份有限公司等与吴丹金等侵害技术秘密纠纷上诉案中，一审法院判决 2.5 倍的惩罚性赔偿，二审法院判决 5 倍的惩罚性赔偿，法官裁量空间较大，无法保障行为人的预期性。[②]

更为细致的则是裁量参照表模式，这一模式主要存在于行政处罚的裁量标准设定中，较为细致地列举了确定惩罚性赔偿数额的幅度、等级及参照因素，较好地反映了惩罚性赔偿数额与相关裁量因素之间的相互关系，综合了完全评价原则下的各种裁量因素，符合"相应的"惩罚性赔偿数额的确定标准。这一模式的优点在于既赋予了法官相应的幅度裁量权，又对法官的自由裁量权进行了限制，有利于客观地反映惩罚的政策目的，构建理性思维和统一司法，从而实现惩罚性赔偿数额确定中的裁量正义。但是裁量表模式有时需要结合地域的特殊性，比如环境侵权领域经常涉及的"西北一棵树相当于东北一片林"的认定标准差异。[③] 从法政策目的的实现角度来看，这一模式可以较好地反映法政策目的的实现原理，体现基于法政策目的的裁

① 邓美华诉上海永达鑫悦汽车销售服务有限公司买卖合同纠纷案，参见《最高人民法院公报》2018 年第 11 期，第 32—39 页。

② 广州天赐高新材料股份有限公司等与吴丹金等侵害技术秘密纠纷上诉案，中华人民共和国最高人民法院民事判决书（2019）最高法知民终 562 号。

③ 最高人民法院资源审判庭编著：《最高人民法院生态环境侵权禁止令保全措施、惩罚性赔偿司法解释的理解与适用》，法律出版社，2023 年，第 1 版，第 249 页。

量因素设定原理。

**2. 裁量因素与裁量数额**

在惩罚性赔偿数额的裁量因素确定后,需要设定裁量因素与裁量数额之间的关系,以便法官据此确定具体的惩罚数额。但是在实践中,裁量因素和惩罚数额之间的关系并不确定。比如在董桂柱、闻瑞华等与郑小净、孙东新等产品责任纠纷一案中,被告任丘市鑫诚采暖炉配件厂、被告孙东新明知所售水暖炉存在缺陷,仍然生产、销售,最终导致董某某死亡的严重后果,原告请求被告承担 610 960 元惩罚性赔偿,法院最终确定被告任丘市鑫诚采暖炉配件厂、被告孙东新各自承担惩罚性赔偿 2 万元。[①] 在奥龙汽车有限公司、陈国兴侵权责任纠纷一案中,二审法院综合考虑本案中奥龙公司生产销售存在缺陷产品的行为动机、此次事故造成的损失后果程度、奥龙公司因销售缺陷产品获得的收益及本案的社会影响等因素,最终酌定判决奥龙公司向陈国兴支付惩罚性赔偿金 155. 4 万元。[②] 法院在判决中虽然考察了侵权人的主观因素、行为因素和结果因素,但是对于各个因素与惩罚数额之间的关系并无参照标准。从惩罚性赔偿的数额组成来看,惩罚性赔偿可以分为赔偿数额和惩罚数额两部分。赔偿数额可以依据具体的实际损失加以计算,惩罚数额则需要依据相应的裁量标准加以计算,二者相加构成总的惩罚性赔偿数额。对于惩罚数额的裁量首先要确定各个因素与具体幅度之间的关联。对于裁量幅度,可以从以下角度加以分析:

首先,以实际损害数额或者获益等客观因素为基础,设定相应的倍数幅度而非以固定倍数为计算依据,并将此作为惩罚性赔偿数额的相应幅度。之所以以此方法为基础,主要理由在于:一方面,我国立法对于惩罚性赔偿数额的确定基本上都是以实际损害的数额等客观因素的相应倍数为基础来设定裁量标准,我国《民法典》中惩罚性赔偿的数额确定不应与既往惩罚性赔偿的数额确定产生较大的冲突,以便形成私法中惩罚秩序的一贯性。[③] 另一方面,从我国之前《侵权责任法》中规定的"相应的"惩罚性赔偿这一计算标准应用的司法实践来看,法院对于惩罚性赔偿数额的确定一般都是以实际损害赔偿的数额为基准相应增加或者酌减。比如在惠氏有限责任公司诉

---

① 董桂柱、闻瑞华等与郑小净、孙东新等产品责任纠纷案,河北省唐山市丰南区人民法院民事判决书(2019)冀 0207 民初 1525 号。

② 奥龙汽车有限公司、陈国兴侵权责任纠纷案,中华人民共和国最高人民法院民事判决书(2018)最高法民再 420 号。

③ 王竹、龚健:《我国缺陷产品惩罚性赔偿责任研究——以〈民法典·侵权责任编〉第 1207 条为中心》,《山东大学学报》(哲学社会科学版)2021 年第 1 期,第 129 页。

原广州惠氏宝贝母婴用品有限公司等侵害商标权和不正当竞争纠纷案中，审理法院认为对于数额的确定应结合具体情节对倍数作出适当调整，该案最终结合“获利较大、侵权时间较长”等因素确定了 3 倍的倍数。[①] 倍数计算方法有利于法官在实际案例中进行操作，并且有利于法官对于惩罚性赔偿数额的总体调整。以实际损害数额为基础是实现惩罚、威慑目的的前提，只有高于实际损害才能够体现出惩罚性赔偿的法政策目的。

其次，依据比例原则，需要考察目的与手段之间的关系。对于特殊裁量因素，应当设定相应的裁量幅度，以便在自由裁量中给法官相应的裁量参照。基于报应论的该当性，实际的惩罚数额与应受的惩罚需要相称。[②] 一方面，确定的裁量幅度可以限制法官的自由裁量权，使得法官在司法裁量中能够统一司法，实现惩罚均衡；另一方面，确定的裁量幅度可以给侵权人以行为指引，使得侵权人能够预知自己行为的相应后果。对于具体裁量因素与裁量幅度的确定，需要在裁量标准制定中参照既有的惩罚理论和实践。比如《江苏省生态环境违法行为行政处罚罚款金额裁量表》对于裁量因素、裁量因子与裁量百分值作了详细规定，对环境违法行为的次数设置了 1 次、2 次、3 次和 4 次及以上四档，并分别设定了 0%、3%、8%、19%四档裁量百分值，体现了手段与目的相适应的原理。在惩罚性赔偿数额的确定中可以依据比例原则进行一定的档次划分，避免绝对固定的倍数计算方法。[③]

最后，从特殊裁量幅度的规范设计经验来看，规范制定者一方面会明确列出相应的裁量因素，另一方面会据此赋予裁量者以相应的自由裁量空间。比如《江苏省环境行政处罚裁量标准规定》第 10 条规定了相应的从重处罚情节，且规定具有以上从重处罚情节时，行政机关可以在裁量表规定数额的基础上从重处罚，但是因从重处罚增加的数额不得高于法定最高惩罚数额的 20%，且从重处罚后的最终惩罚数额不得高于法定最高惩罚数额。该法第 11 条规定了从轻处罚情节，并规定了相应的对于从轻处罚情节的适用规定。据此，当存在法定从轻处罚情节时，可以在裁量表规定的数额上减轻处罚，且减轻处罚的数额不得低于法定最高惩罚数额的 20%，最终作出处罚的数额不得低于法定最低惩罚数额的标准。与惩罚性赔偿中的固定数额模式或倍数模式相比，这一常用的裁量情节加幅度的立法技术将裁量因素与相

① 最高人民法院中国应用法学研究所编：《人民法院案例选》第 8 辑，人民法院出版社，2021 年，第 1 版，第 39 页。

② 金翼翔：《刑罚原理纲要》，中国政法大学出版社，2019 年，第 1 版，第 80 页。

③ 参见陈宗波、黄术：《论知识产权侵权惩罚性赔偿基数与倍数的认定》，《广西社会科学》2022 年第 5 期，第 129 页。

应幅度相结合,在给予法官规范指引的同时,也赋予了法官一定的自由裁量权,能够更好地体现惩罚性赔偿的报应功能和预防功能。

总之,裁量标准的设定模式受制于惩罚性赔偿的法政策目的,从裁量幅度的确定标准来看,有固定的倍数模式,也有相应的幅度模式。从法政策目的来看,固定倍数模式具有确定性,虽然可以实现预防目的,但是无法体现报应目的,而且限制了法官的自由裁量权。较为灵活的幅度模式则可以体现手段与目的相适应的要求,结合完全评价原则来全面反映具体的法政策目的。

# 第四章　实体正义：刑罚适用的启示

在古代，罪刑擅断，处罚没有严格的法律和事实依据。18 世纪末的启蒙运动对罪刑擅断作了批判。在当代，法律制裁作为限制和剥夺公民权利的手段，在公法中的适用具有严格的实体法控制规则。① 例如，我国《刑法》中的罪刑法定原则、《刑事诉讼法》中的正当程序规则、《行政处罚法》和《治安管理处罚法》等中的正当程序规则。我国《民法典》中明确规定了惩罚性赔偿制度，但是对此惩罚手段在《民法典》和《民事诉讼法》中却缺乏相应的规制，这使得作为惩罚方法的惩罚性赔偿制度在适用时缺乏必要的指引和限制，在民事规范中处于接近放任的状态。如果公法中对制裁手段进行严格限制，但是私法中却加以放任，这明显有违法治逻辑，因为私法本来就是平等、自治的主要领地。因此，对于私法中的惩罚措施必须进行必要的限制，而不能使其成为侵犯私人权利的缺口。我国《刑法》对于惩罚极为审慎，制定了规则来限制刑罚，以免司法恣意侵犯犯罪嫌疑人的权益。比如我国《刑法》第 3 条规定了罪刑法定原则，第 5 条规定了罪刑相适应原则，等等。依据罪刑法定原则，刑法中一般禁止类推，与私法相反，私法中一般不限制类推解释。那么私法中一般不限制类推的原则是否适用于惩罚性赔偿？依据罪刑法定原则，刑法一般禁止溯及既往，但是私法一般可以溯及既往，且《民法典》生效后其他民事法律即废止，那么惩罚性赔偿是否可以溯及既往？刑法中还要求罪刑的确定性，反对不明确的定罪和量刑规定，但是我国《民法典》中规定“相应的”惩罚，这一规定适用起来给法官较大的自由裁量权，司法中如何适用才能够不侵犯侵权人的权益？例如，在奥龙汽车有限公司、陈国兴侵权责任纠纷案中，陈国兴先从奥龙汽车有限公司购买了一辆特种运输汽车，后在驾驶该车过程中发生了交通事故，造成了陈国兴及他人的人身财产损害。事后，陈国兴起诉奥龙汽车有限公司要求损害赔偿，并请求 600 万元的惩罚性赔偿。一审法院判决被告支付惩罚性赔偿金 264.6 万元，

---

① 陈兴良：《刑法哲学》，中国人民大学出版社，2017 年，第 6 版，第 766 页及以下。

二审法院将惩罚性赔偿数额改判为155.4万元,面对100多万元的巨大落差,一、二审法院均未对惩罚性赔偿数额的计算给出明确的标准。[①] 再如,在上海赛亚磨具有限公司等与姜建刚产品责任纠纷案中,再审申请人认为:"原审法院判决上海赛亚公司承担2万元的惩罚性赔偿数额过低,与法律规定的'与遭受的健康严重损失相应'的惩罚性赔偿严重不相应。"江苏省高级人民法院在民事再审裁定书中亦认为:"侵权责任法对于惩罚性赔偿的具体赔偿标准并没有明确的规定,司法实践中主要依据受害人的实际损失情况进行确定。"[②]由此可见,法官对惩罚性赔偿数额的确定依据和确定方法把握不一,这反映出我国对于惩罚性赔偿适用的理论研究处于欠缺的状态。

刑法依据主客观相一致原则进行定罪量刑,赔偿法依据客观归责,这一客观归责原则是否适用于惩罚性赔偿?诸如此类的惩罚性赔偿规范适用问题在我国的惩罚性赔偿制度研究中仍有待探讨。既然我国《民法典》中缺乏相应的制裁适用规则,就有必要对《民法典》中的制裁手段适用方法加以理论研究,以填补这一法治的漏洞,否则会导致制裁在私法中的滥用以及侵犯公民权利现象的发生。鉴于此,下文将结合刑法中的相关原理,对《民法典》中惩罚性赔偿制度的适用加以研究,试图寻找相应的规则来指导司法实践。

## 一、刑罚适用理论的可借鉴性

我们面对的问题包括,既然惩罚性赔偿制度规定于《民法典》之中,为何不直接适用赔偿法的相关规则,为何还要研究刑罚的适用规则?惩罚性赔偿与一般的民事赔偿究竟有何相异性,以至于无法适用一般的赔偿法规则?惩罚性赔偿与刑罚有何相似性,以至于需要参照刑罚的适用规则?要回答这些问题,我们首先要分析惩罚性赔偿制度究竟与其他民事责任有何差异,以至于必须区别对待;其次要分析惩罚性赔偿制度和公法中的制裁措施有何相似性,以至于必须同等对待。

### (一)惩罚性赔偿、赔偿、刑罚

惩罚性赔偿起源于人类制度文明初期的诸法合体时代,当时民法与刑法并未分立,民事制裁手段与刑事制裁手段并未作出区分,比如《阿奎利亚法典》中的惩罚性赔偿规则既有刑罚的性质,又有民事赔偿的性质。而惩罚性赔偿背后体现的是人们的报复思想,在当时公权力并不发达的社会背景

---

① 奥龙汽车有限公司、陈国兴侵权责任纠纷案,最高人民法院民事判决书(2018)最高法民再420号。

② 上海赛亚磨具有限公司等与姜建刚产品责任纠纷案,江苏省高级人民法院民事裁定书(2015)苏审三民申字第01432号。

下,人们并未发展出独立的刑罚制裁手段。起初人们可以以私力来复仇,于是“同态复仇”与“血族复仇”制度在人类早期被视为习惯法。为了维护社会安定秩序、抑制人们的复仇欲望,早期的部落需要在赔偿责任上作出能够让受害人放弃私力复仇的物质赔偿责任,同时也作为被侵权人的制裁手段。中世纪的中期和后期,纯粹刑法上的惩罚开始在基督教自然法思想及教会法的影响下产生和发展,特别是在“上帝和平”与“国家和平”运动的影响下导致了近代意义上的“刑罚的诞生”(Geburt der Strafe)。[①] 随着世俗国家力量的增强,中世纪兴起于法国并影响到欧洲各国的“和平运动”亦为造法运动,其间产生了大量立法,这些立法主要是向传统的、古老的制裁体系进行宣战,直接剑指当时盛行的包括惩罚性赔偿在内的私力复仇制度,并逐步瓦解了旧的制裁体系。继承“上帝和平”运动的“国家和平”运动更是通过大量的立法塑造了国家在刑罚制裁中的主导角色,并取代了既有的以私人间惩罚为主的制裁体制。基于刑法独立而新造的惩罚制度体系、刑罚国家化、惩罚对象特定化与定罪主观化等特征也昭示了现代意义上“刑罚的诞生”。明显的两处变化是:1. 惩罚性法律开始针对犯罪行为人本身;2. 宗教意义上的过错概念形成。虽然纯粹意义上的刑事处罚作为对刑事犯罪的惩罚措施出现,但是并没有完全废除具有惩罚性赔偿性质的赔命金制度,而是在使用范围上缩小至缺少或具有微少过错(比如弱智、精神病或轻过失)等案例情形和侵害致人死亡但是过错无法通过典型方式认定的情形(比如斗殴、假想防卫)。[②]

### (二) 惩罚性赔偿与一般赔偿

虽然惩罚性赔偿与赔偿都规定在《民法典》之中,且都具有“赔偿”这一名义,但是二者在法理上仍具有实质区别,主要体现在以下几个方面:

第一,从计算依据来看,一般赔偿以被侵权人的实际损失为依据,基于被侵权人的实际损失来计算所需赔偿的金额,依据的是客观赔偿原则,排除将侵权人的主观因素计入赔偿的数额之内。我国《民法典》中规定以“相应的”为标准来计算赔偿,《消费者权益保护法》《食品安全法》则是一定的倍数来计算赔偿。不管依据何种计算方式,惩罚性赔偿都超出了被侵权人的客观损失,将侵权人的主观因素计入惩罚性赔偿的考虑内容。一般赔偿的数额计算依据的是损害的结果,惩罚性赔偿已经超出了损害结果的范围,将

---

① Hattenhauer, Hans, *Die Bedeutung der Gottes- und Landfrieden für die Gesetzgebung in Deutschland*, Dissertation, Marburg, 1958/60, S. 190.

② Ebert, Ina, *Pönale Elemente im deutschen Privatrecht*, Mohr Siebeck, 2004, S. 25 ff.

侵权人的行为及影响纳入惩罚性赔偿的数额计算范围之内,这已经超出民法赔偿的意义,与惩罚的理念一样。①

第二,从法律功能来看,一般赔偿制度是对被侵权人损害的"填平",以使得被侵权人恢复到被侵权之前的状态,这里侵权人所支付给被侵权人的赔偿数额是依据被侵权人的损害来计算的,且适用全赔原则。虽然在计算方法、计算范围上具有争议,但是赔偿的数额基于被侵权人的损害。被侵权人不可以主张超出自己损害的赔偿,以免导致被侵权人的不当得利。虽然我国学者对于某些惩罚性赔偿的功能存有不同解释,②"惩罚性赔偿"对于被侵权人来说一般具有多重功能:其一是弥补损失,这与"赔偿损失"所具有的功能相同;其二是基于报复思维,目的在于针对被侵权人的侵权行为进行报复,以抚慰自己心理上的不满。③

第三,从法律性质来看,一般赔偿制度的目的在于侵权人用自己的财富弥补被侵权人所遭受的损失,是对被侵权人的财产剥夺,但是该财产剥夺基于侵权人对他人所造成的不利影响,目的在于"填平"侵权人所造成的损害,恢复到侵权人实施侵权行为之前的状态,法律性质上是赔偿,而非制裁。④ 惩罚性赔偿对于侵权人而言除了所具有的恢复功能外,还具有对侵权人的惩罚功能。惩罚功能是区别于一般赔偿的主要功能,这使得侵权人承担超出自己行为所造成损失的后果,以对侵权人作出惩罚,从法律上看兼具赔偿和制裁两种性质。⑤

第四,从法律地位来看,虽然一般赔偿和惩罚性赔偿都规定于《民法典》之中,但是一般赔偿主要是构建私人之间以损害为基础的恢复,侵权人与被侵权人之间是一种平等的法律地位。惩罚性赔偿则是一方对另一方的制裁,而制裁是公法中典型的处于不平等地位的主体之间才具有的权力关系,

---

① 〔德〕诺伯特·霍斯特:《何以刑罚——哲学立场的思辨》,王芳凯译,北京大学出版社,2023年,第1版,第7页;黄薇:《中华人民共和国民法典侵权责任编解读》,中国法制出版社,2020年,第1版,第83页及以下。

② 刘超:《〈民法典〉环境侵权惩罚性赔偿制度之功能剖辨》,《政法论丛》2022年第1期,第94页。

③ 最高人民法院民法典贯彻实施工作领导小组:《中华人民共和国民法典侵权责任编理解与适用》,人民法院出版社,2020年,第1版,第191页及以下。

④ Wagner, Gerhard, *Neue Perspektiven im Schadensersatzrecht: Kommerzialisierung, Strafschadensersatz, Kollektivschaden*, C. H. Beck Verlag, 2006, S. A14 f.

⑤ 黄薇:《中华人民共和国民法典侵权责任编解读》,中国法制出版社,2020年,第1版,第83页;〔美〕文森特·R. 约翰逊:《惩罚性赔偿、中国侵权责任法与美国经验》,邓辉译,《法治研究》2018年第4期,第120、121页。

实质具有准刑罚性质。[①] 在私法之中，法律赋予了私主体之间的制裁权，这导致请求权人与被侵权人之间形成了基于惩罚的不平等的法律地位，这一不平等的地位突破了既有的私法主体之间的平等地位，超出了私法塑造的平等主体之间的法律关系，难以适用私法的原理加以分析。

### （三）惩罚性赔偿与刑罚

由上文可知，惩罚性赔偿与普通的赔偿制度具有相异之处，即惩罚性赔偿具有惩罚的功能。作为民事制裁手段，惩罚性赔偿与公法中的制裁手段有何相似之处仍有待探讨。下文将从以下几方面将惩罚性赔偿制度与刑法中的罚金进行比较分析：

首先，从制裁对象来看，刑罚针对的是犯罪行为，是对违法行为的制裁。[②] 惩罚性赔偿也是针对侵权行为本身的制裁，在这一点上惩罚性赔偿与公法中的制裁措施一致。制裁手段针对的是违法行为，是对行为的抑制和惩罚，这导致惩罚的力度跟行为本身的违法性大小有关。与民事赔偿制度的数额只依据侵害后果的大小来计算不同，一般的民事赔偿制度只针对侵权的结果。

其次，从制裁目的来看，学界对于刑罚目的提出了多种学说和观点，比如对违法者的报应、对违法行为的惩戒、对违法行为的预防等。[③] 我国《刑法》第1条就规定了其立法目的是“惩罚犯罪，保护人民”。[④] 日本学者佐伯仁志认为，惩罚性赔偿的目的是处罚加害人的违法行为，并对未来的违法行为进行抑制。[⑤] 但是惩罚性赔偿的目的除了对违法行为的惩戒，还有对被侵权人的抚慰。一般民事赔偿的立法目的则是恢复被损害的状态。

再次，从法律地位来看，刑罚针对的都是国家与私人之间的不平等的关系，赔偿针对的则是私人之间的平等关系。惩罚性赔偿的主体虽然是私人之间的关系，但是一方当事人被赋予了惩罚另一方的权力，这并不符合私人之间平等的法律地位，具有公法的性质。这一惩罚权是法律赋予私人主体的公共权力，只是由私人来行使，因此本质上也是在行使法律赋予的公法上的惩罚权。因此，惩罚性赔偿主体之间的法律地位是不平等的。

最后，从法律性质来看，刑罚是公法上的制裁措施。惩罚性赔偿从法律

---

① 〔日〕佐伯仁志：《制裁论》，丁胜明译，北京大学出版社，2018年，第1版，第223页；关淑芳：《惩罚性赔偿制度研究》，中国人民公安大学出版社，2008年，第1版，第41页。

② 关淑芳：《惩罚性赔偿制度研究》，中国人民公安大学出版社，2008年，第1版，第41页。

③ 陈兴良：《刑法的启蒙》，北京大学出版社，2018年，第3版，第86页。

④ 全国人大常委会法制工作委员会刑法室编：《〈中华人民共和国刑法〉条文说明、立法理由及相关规定》，北京大学出版社，2009年，第1版，第3页。

⑤ 〔日〕佐伯仁志：《制裁论》，丁胜明译，北京大学出版社，2018年，第1版，第212页。

性质来看兼具制裁措施和赔偿双重性质,[①]一般赔偿则是纯粹的赔偿。因此,从法律性质来看,惩罚性赔偿与公法上的刑罚具有相同的制裁性,区别在于刑罚中的罚金支付给国家,而惩罚性赔偿支付给私人。

**(四)综合分析**

从以上分析可以看出,惩罚性赔偿为诸法合体时代典型的制裁措施,是当代赔偿制度和刑罚的鼻祖。当代刑法现代化对诸法合体时代的制裁措施进行了改革,产生了当代的刑罚和相应的适用方法。同时,现代民法的发展产生了当代的赔偿法,但是惩罚性赔偿制度却是诸法合体时代常见的制裁措施。惩罚性赔偿具有赔偿所不具有的惩罚功能,这不同于一般的民事赔偿,已经超出了构建平等秩序的民事责任的范畴。从公法来看,惩罚性赔偿与公法上的刑罚都具有惩罚功能,是一种制裁手段。日本学者田中英夫等认为:"从惩罚性损害赔偿等的制裁性、抑制性等机能看,具有大幅度提高罚金最高限度的相似效果。"[②]王泽鉴认为,惩罚性赔偿是一种"准刑罚"。[③] 从此可以看出,对于惩罚性赔偿制度,不可直接适用普通民事责任的适用方法,而是应该考虑到惩罚性赔偿中的惩罚因素,这一惩罚因素决定了惩罚性赔偿是一种制裁措施,具有公法上制裁的特征。日本学者佐伯仁志认为,既然惩罚性赔偿是一种准刑事制度,那么就应参照刑罚对其进行限制;如果惩罚性赔偿制度构成刑罚,即应基于罪刑法定主义和罪刑均衡原理进行限制。毋庸置疑,不仅刑罚要受到宪法的限制,只要是一种制裁,就要与刑罚一样受宪法约束。例如,美国法对惩罚性赔偿制度进行了上限限制,且有的州设定了原告和州之间的惩罚性赔偿金分割制度,设定较高的证明标准等。[④] 但是我国民法界对于惩罚性赔偿的适用还没有深入研究,始终按照民事责任来适用,并无特殊的适用方法,这势必会导致制裁手段在私法中的滥用,且有可能会侵犯到私主体的权利。在《民法典》适用的今天,当务之急是对于惩罚性赔偿这一诸法合体时代具有惩罚功能的民事制裁制度进行约束,以免引起对他人权利的侵犯。对此,需要研究公法特别是刑法中对于当代刑罚的适用原理和方法。

---

① 吕英杰:《惩罚性赔偿与刑事责任的竞合、冲突与解决》,《中外法学》2022 年第 5 期,第 1302 页及以下。

② 〔日〕田中英夫、竹内昭夫:《私人在法实现中的作用》,李薇译,法律出版社,2006 年,第 1 版,第 162 页。

③ 王泽鉴:《损害赔偿》,北京大学出版社,2017 年,第 1 版,第 365 页。

④ 〔日〕佐伯仁志:《制裁论》,丁胜明译,北京大学出版社,2018 年,第 1 版,第 223 页及以下。

## 二、刑罚适用的原则

日本刑法学者前田雅英认为,鉴于刑罚具有很强的侵略性,应以最合理的方式为之。对此,既需要虑及可期待的刑罚效果,又必须对刑罚进行必要的衡量,以免对国民利益造成伤害。鉴于此,刑法对刑罚适用作了详细规定。[①] 下文将对刑事制裁措施的适用原则加以分析。

首先,现代刑法发展出了罪刑法定原则。罪刑法定原则最先来源于1215年英国的《大宪章》,该法第39条规定,对于任何自由人,未经依法作出适当的裁判,不得对之作出处罚。[②] 这一规定是为了抑制王权,保护当时贵族、僧侣及市民的利益而制定的,奠定了罪刑法定主义的思想基础。这一规范思想后来被立法所采用,如1776年美国《弗吉尼亚权利法案》、1789年法国《人权宣言》、1791年《法国宪法》和1810年《法国刑法典》。罪刑法定思想的渊源则是洛克的权力分立思想和费尔巴哈的心理强制说,后来又发展出了民主主义和尊重人权作为理论基础。[③]《德国刑法典》第1条规定了罪刑法定原则。该原则要求法无明文规定不为罪,法无明文规定不处罚。德国刑法学者金德霍伊泽尔(Urs Kindhäuser)认为,罪刑法定原则可以保障公民的权益。只有当公民的行为满足现行法律规定的犯罪事实构成时,该行为才可被处罚。罪刑法定原则属于法治国家中保护公民的重要工具,具体包括四个子原则,即禁止习惯法、禁止溯及既往、法律须具有明确性、禁止类推。[④]

我国的罪刑法定原则规定于《刑法》第3条,具体内容为:“法律明文规定为犯罪行为的,依照法律定罪处刑;法律没有规定为犯罪行为的,不得定罪处刑。”从我国的刑法理论来看,罪刑法定原则是为了克服既往刑法实践中的罪刑擅断。这一原则也是现代刑法的一大进步,所包含的具体内容有:其一,法不溯及既往;其二,不得类推;其三,对各种犯罪及其处罚的规定必须明确、具体;其四,防止法官滥用自由裁量权;其五,司法解释不得超越现行法律。[⑤]

---

① 〔日〕前田雅英:《刑法总论讲义》(第6版),曾文科译,北京大学出版社,2017年,第1版,第5页。

② 《大宪章》,陈国华译,商务印书馆,2016年,第1版,第44页。

③ 张明楷:《刑法格言的展开》,北京大学出版社,2013年,第3版,第36页及以下。

④ 〔德〕乌尔斯·金德霍伊泽尔:《刑法总论教科书》(第六版),蔡桂生译,北京大学出版社,2015年,第1版,第30页。

⑤ 全国人大常委会法制工作委员会刑法室编:《〈中华人民共和国刑法〉条文说明、立法理由及相关规定》,北京大学出版社,2009年,第1版,第6页。

其次,现代刑法规定了罪刑相适应原则。孟德斯鸠认为,严峻的刑罚无疑就是以恐怖为原则的专制。并在其《论法的精神》中提出了罪刑均衡的思想。[①] 刑法是公民权利保护的宪章,不管该公民是善人还是恶人。刑法的保障功能不仅体现为保障公民的权益不受司法机关的侵害,而且体现为保障犯罪嫌疑人的权益不受司法机关的侵害。对此,刑法中规定了罪刑相适应原则,以避免司法机关在案件审理中滥用自由裁量权,侵犯公民的权益。这一原则的功能体现在:通过从实体法上规定相应的量刑空间来限制司法机关的权力,以保障犯罪人免受不适当的制裁。[②]

我国《刑法》第 5 条规定了罪刑相适应原则:"刑罚的轻重,应当与犯罪分子所犯罪行和承担的刑事责任相适应。"罪刑相适应原则是我国刑法的基本原则之一,是当代法治的必然要求。该原则要求对犯罪规定刑罚和对犯罪嫌疑人量刑时,应当依据其所犯罪行对社会的危害程度来断定。这一原则对于正确地适用刑法,防止重罪轻判和轻罪重判现象的发生,更好地保护犯罪嫌疑人的合法权利是十分必要的。[③]

总之,不管是罪刑法定原则,还是罪刑相适应原则,都体现了当代法治对于国家权力滥用进行限制,防止立法恣意和司法恣意,限制公民私人报复的扩张,以及对犯罪嫌疑人的权利进行保护的思想。这种思想应该体现于所有法律的惩罚适用之中,而不仅仅是刑法,因为其所体现的是现代法治的精神。如果只在刑法中适用此原则,而在其他部门法中放任惩罚,毫无疑问同样会导致惩罚的滥用,以及对公民权利的侵犯。大陆法系民法法典化时期正是刑法现代法发展兴盛时期,鉴于惩罚性赔偿作为古代诸法合体时期的责任形式,其具有与生俱来、难以去除的刑罚异味,由于私法难以驾驭带有刑罚因素的责任规范,大陆法系各个国家的法典都采取了非常克制的态度。我国《民法典》中规定了这一制度,因此,如何对之进行驾驭值得研究。一方面,纯粹民法的理念无疑难以适应;另一方面,从制度的同源性和同质性来看,刑法对刑罚驾驭的经验无疑具有借鉴意义。

## 三、民事惩罚的适用规则

结合以上分析可以得出,民法有自身的价值理念,比如民法追求平等与自治的理念。民法适用也有自己的规则,比如解释时尊重意思自治、条文一

---

① 陈兴良:《刑法的启蒙》,北京大学出版社,2018 年,第 3 版,第 35 页。

② 张明楷:《刑法格言的展开》,北京大学出版社,2013 年,第 3 版,第 92 页。

③ 全国人大常委会法制工作委员会刑法室编:《〈中华人民共和国刑法〉条文说明、立法理由及相关规定》,北京大学出版社,2009 年,第 1 版,第 8 页。

般不禁止类推、新法具有溯及力等。这些民法的价值理念和适用方法对于调整平等主体之间的平等法律关系完全契合，但是对于调整不平等主体之间不平等的法律关系无疑难以驾驭，否则会导致权力的滥用和公民权利侵犯的现象发生。日本学者佐伯仁志认为，由于英美法中那种民事的惩罚性赔偿制度的存在，在观点上对于惩罚性赔偿具有刑罚性机能并无异议。[①] 在美国最高法院判决的 Exxon Shipping Co. v. Baker 一案中，索特尔(Souter)法官认为，惩罚性赔偿制裁的严厉性必须有预见可能性，对此需要设置严格的联邦量刑指南来设定惩罚性赔偿的裁量基准，以限制法官的自由裁量权。[②] 对于惩罚性赔偿制度这一带有刑罚异味、塑造不平等秩序的民事制裁手段而言，民法的一般使用方法无疑难以驾驭，应该寻找更适合的刑法上的驾驭方法，以实现对司法权力的限制和公民权利的保障。

### (一) 法无规定不惩罚

罪刑法定原则"是对人权的最大尊重，也是法治文明的重要标志"[③]。罪刑法定原则主要从以下几个方面来限制国家权力滥用并保障公民权利：首先，对刑法条文时间效力的限制，即溯及力问题；其次，对法律条文本身的限制，即明确性要求；最后，对条文适用范围的限制，即类推问题。美国最高法院在对惩罚性赔偿依据《联邦宪法第十四修正案》进行正当程序审查时认为，惩罚性赔偿制度作为准刑罚的制裁措施，应当受到"罪刑法定原则"的制约。[④] 房绍坤认为，我国采取的是"原则禁止，例外允许"的立法模式，对惩罚性赔偿进行了特定化。[⑤] 鉴于此，此处将结合民法中的相关特征对惩罚性赔偿制度中的相关问题加以分析。

#### 1. 溯及力问题

惩罚性赔偿适用的溯及力问题在实践中存在争议，比如在张某丽、张某清诉四川长鑫管理有限公司环境污染责任纠纷一案中，一审法院依据《民法典》作出了判决，二审法院则认为《民法典》没有溯及力。[⑥] 与《刑法》中规定了溯及力规则不同，我国《民法典》中并无相关规定。但是我国《民法典》最

---

① 〔日〕佐伯仁志：《制裁论》，丁胜明译，北京大学出版社，2018 年，第 1 版，第 170 页。

② Exxon Shipping Co. v. Baker, 128 S. Ct. 2627-2628(2008).

③ 吕英杰：《惩罚性赔偿与刑事责任的竞合、冲突与解决》，《中外法学》2022 年第 5 期，第 1306 页。

④ 〔日〕佐伯仁志：《制裁论》，丁胜明译，北京大学出版社，2018 年，第 1 版，第 233 页。

⑤ 房绍坤、张玉东：《论〈民法典〉中侵权责任规范的新发展》，《法制与社会发展》2020 年第 4 期，第 152 页。

⑥ 张某丽、张某清诉四川长鑫管理有限公司环境污染责任纠纷案，四川省乐山市中级人民法院民事判决书(2021)川 11 民终 357 号。

后一条规定,《民法典》将于 2021 年 1 月 1 日生效,并且《民法典》生效后,之前的《民法通则》《合同法》《侵权责任法》等民事法律全部失效。在没有特别规定的情形下,依据《立法法》第 93 条的规定,法律不具有溯及力,除非可以更好地保护公民、法人和其他组织的权利和利益。《最高人民法院关于适用〈中华人民共和国民法典〉的时间效力的若干规定》第 1 条第 3 款规定:《民法典》实施前的法律事实持续至《民法典》实施后,该法律事实引起的民事纠纷案件,适用《民法典》的规定,但是法律、司法解释另有规定的除外。第 2 条中规定了"更有利于保护民事主体合法权益,更有利于维护社会和经济秩序,更有利于弘扬社会主义价值观"的例外溯及原则。王雷认为,生态环境惩罚性赔偿针对侵权人的可责难性可以产生更有力的否定性评价,更有利于保护被侵权人的民事权利,从法正义性价值考量来看,应当具有溯及力。[①] 对于民事责任而言,一般都是建立在平等主体之间的法律秩序之上,对于责任是基于填平思想的赔偿而言,新法是否具有溯及力影响不大。而且,一般认为私法具有溯及力。对于惩罚性赔偿制度,我国主流的观点认为《民法典》是新法,基于新法优于旧法这一规则,《民法典》具有优先效力。[②] 但是《民法典》中的惩罚性赔偿制度所调整的法律关系并非都是平等的法律关系,比如我国《民法典》中规定了三类侵权行为,即知识产权、产品责任和环境侵权、破坏生态中的惩罚性赔偿制度,这些都构建了私人对私人的惩罚权,且对侵权人造成了更大的不利影响,对此是否应溯及既往,值得讨论。

首先,从刑法的相关原则来看,刑法中禁止事后法,即"没有事先公布的法律就没有惩罚",这也是刑法中罪刑法定原则的要求,即没有事先规定就不得处罚。[③] 日本学者前田雅英认为,刑法中禁止适用事后法是因为通常会带来刑罚。鉴于刑罚是对生命、自由、财产的剥夺,刑法对事后法予以严格禁止,需要适用从旧兼从轻原则。[④] 据此推论,《民法典》中的惩罚性赔偿制度也是一种惩罚,剥夺了被惩罚人的财产,因此在法律效果上与刑法中禁止适用刑罚的理由一样。

其次,"法律在惩罚前应该予以警告"这一法律格言意味着,对行为时不

---

① 参见王雷:《民法典适用衔接问题研究动态法源观的提出》,《中外法学》2021 年第 1 期,第 96 页。

② 最高人民法院民法典贯彻实施工作领导小组:《中华人民共和国民法典侵权责任编理解与适用》,人民法院出版社,2020 年,第 1 版,第 200 页;张新宝:《中国民法典释评:侵权责任编》,中国人民大学出版社,2020 年,第 1 版,第 81 页。

③ 张明楷:《刑法格言的展开》,北京大学出版社,2013 年,第 3 版,第 56 页。

④ 〔日〕前田雅英:《刑法总论讲义》,北京大学出版社,2017 年,第 1 版,第 45 页。

受处罚的行为,不能适用事后法予以处罚。[①] 日本刑法学者高桥则夫认为,禁止事后法是为了禁止国家通过立法给行为人带来行为预期上的不确定性和不利性。[②] 从私法中的惩罚性赔偿制度来看,这一制度给侵权主体带来了惩罚,如果适用溯及既往原则,势必会对侵权人造成不利,因此应该禁止适用私法中的溯及既往规则。对此,熊丙万亦认为,虽然溯及既往有利于《民法典》的绿色原则,但是惩罚性赔偿超越了填平原则,具有制裁性的公共政策,如果溯及既往会有违“从旧兼从轻”原则。[③]

最后,禁止惩罚性赔偿规范具有溯及力涉及国民的基本权利保护以及法的安宁性。[④] 惩罚涉及对行为人财产权的剥夺,如果依据《民法典》中的其他制度去肯定惩罚性赔偿的溯及力,则势必会导致公民财产权的减损,这违反了法的安宁性原则。同样,适用事后法可能侵犯到行为人的自由,因为行为人是依据现行有效的法律作出自己的行为的。国民在自由的法秩序下可以依据现行法自由地作出自己的行为,而不会顾虑到自由可能被限制。如果依据现行的法律不会被惩罚,但是依据未来的法律会被惩罚,那么行为人就没有真正的自由。郭峰也基于法律关系的稳定性否定了侵权责任编中惩罚性赔偿的溯及力。[⑤] 因此,禁止我国《民法典》中的相关惩罚性条文适用于《民法典》生效前的侵权行为,也是为了保护人身自由这一我国《宪法》规定的基本权利。在英德市东华镇双寨村委会朱屋村民小组与被上诉人朱某通环境污染责任纠纷一案中,上诉法院认为“《民法典》对污染环境、破坏生态行为进行惩罚性赔偿的规定突破了当事人原有的合理预期,并不具有溯及力”[⑥]。最高人民法院环境资源审判庭认为,在“三个有利于”标准中,“更有利于保护民事主体的合法权益”这一标准是判断溯及力的基本标准,溯及力判断“尤其应以不破坏当事人行为预期、不减损当事人既存权利、不冲击既有社会秩序为出发点”。[⑦]

总之,鉴于惩罚性赔偿是一种惩罚措施,不得对《民法典》生效前的行为

① 张明楷:《刑法格言的展开》,北京大学出版社,2013 年,第 3 版,第 121 页。

② 〔日〕高桥则夫:《刑法总论》,北京大学出版社,2020 年,第 1 版,第 31 页。

③ 参见熊丙万:《论〈民法典〉的溯及力》,《中国法学》2021 年第 2 期,第 30、31 页。

④ 参见张明楷:《刑法格言的展开》,北京大学出版社,2013 年,第 3 版,第 121 页及以下。

⑤ 参见郭锋:《〈民法典〉实施与司法解释清理制定》,《上海政法学院学报》2021 年第 1 期,第 29 页。

⑥ 英德市东华镇双寨村委会朱屋村民小组与被上诉人朱某通环境污染责任纠纷案,广东省清远市中级人民法院民事裁定书(2021)粤 18 民终 3159 号。

⑦ 最高人民法院环境资源审判庭编著:《最高人民法院生态环境侵权禁止令保全措施、惩罚性赔偿司法解释的理解与适用》,法律出版社,2023 年,第 1 版,第 315 页。

进行惩罚,否则会使得行为人对自己的行为没有预测性,也会因此侵犯行为人的基本权利。从我国《民法典》的规定与先前的法律规定来看,可以分为以下几种适用类型:其一,对于之前法律中并未规定,但是《民法典》中新规定的惩罚性赔偿规制,应该禁止相关规制具有相应的溯及力。对于知识产权侵权,我国之前只有《商标法》第63条第1款规定了恶意侵犯商标专用权情节严重时的惩罚性赔偿,除此以外的知识产权侵权并未规定惩罚性赔偿,因此应该禁止《民法典》中知识产权侵权时的惩罚性赔偿具有溯及力。其二,对于产品缺陷责任,我国之前的《侵权责任法》第47条仅规定明知产品存在缺陷仍然生产和销售,造成他人死亡或者健康严重受损这一种情形,对于产品投入流通后发现存在缺陷的,生产者、销售者并未及时采取停止销售、警示、召回等补救措施引起的侵权问题则并未加以规定,对此应该排除《民法典》的溯及力。其三,对于环境污染、破坏生态环境中的惩罚性赔偿,若之前的法律并未规定,也应该禁止该条款的溯及力。[①] 其四,适用从轻原则,即对于旧法中已有的商标侵权和产品责任赔偿,如果依据新法惩罚较轻,则适用《民法典》的规定。

**2. 选择问题**

我国《民法典》对于一些民事责任规定了当事人的选择权,比如是否适用赔礼道歉、恢复名誉、恢复原状、赔偿损失等。这是由私法责任的意思自治和主体平等所决定的,但是对于惩罚性赔偿是否可以选择,并无明确规定。从可选择的民事责任来看,这些民事责任都是平等主体之间的法律关系,民事责任之间具有可替代性,当事人作出选择并未给侵权人造成实质上的不利增加,但是若选择惩罚性赔偿制度,则会涉及私人之间惩罚的问题。

首先涉及将惩罚性赔偿制度适用于未规定惩罚性赔偿制度的条文的问题。刑法中的罪刑法定原则要求法律的明确性,也即刑法对什么行为是犯罪,应该处以何种刑罚,必须加以明确规定。[②] 公法中强调惩罚的明确性,法律不明确就会有损公民的预测可能性,也有违宪法中的正当程序原则。在民法中,惩罚性赔偿应该适用法的明确性原则。当法律没有认定某行为应该受到惩罚时,如果允许当事人的选择适用惩罚,则会导致民事主体对惩罚的滥用,会导致对侵权人的不公平。因此,在惩罚性赔偿的适用中应该禁止在没有明确规定惩罚性赔偿制度的侵权责任中选择惩罚性赔偿。但是如果

---

① 最高人民法院环境资源审判庭编著:《最高人民法院生态环境侵权禁止令保全措施、惩罚性赔偿司法解释的理解与适用》,法律出版社,2023年,第1版,第314页。

② 张明楷:《刑法格言的展开》,北京大学出版社,2013年,第3版,第57页。

法律已经规定了惩罚性赔偿制度,那么当事人可以选择放弃对责任人进行惩罚,这是对于民事主体有利的选择,法律并不禁止。

其次涉及民事主体是否可以对《民法典》中已经规定了惩罚性赔偿的数额进行选择,这里包含三个问题,一是对惩罚的放弃,二是对惩罚额的降低,三是对惩罚额的增加。对此的分析首先需要从惩罚性赔偿与刑法中罚金的区别入手。第一个区别是,二者虽然都是通过司法权力对违法者金钱的剥夺,但是对剥夺的财产,惩罚性赔偿是交付给个人,罚金则是交付给国家。第二个区别是,惩罚性赔偿是由有权提出请求的请求权人或代理律师提出,罚金则是由检察机关提出。就放弃惩罚而言,检察机关作为代替国家提起公诉的主体,如果法律没有明确说必须处罚,则可以放弃,这些需要依据法律的明确规定,而《民法典》将是否主张惩罚性赔偿的选择权完全赋予了被侵权人,请求权人具有绝对的放弃权。就降低惩罚额度而言,检察机关可以在法定幅度内选择,但是受法定从轻和加重情节限制;民法中的请求权人则可以自己决定缩小赔偿的范围。就增加惩罚额度而言,检察机关提出扩大,需要法律明确规定的加重情节;我国《民法典》只规定了"相应的"惩罚性赔偿,并未规定幅度,因此原则上请求权人可以提出不受限制的惩罚额度,但是在特别法中也有相应的额度限制,比如《消费者权益保护法》中规定的3倍赔偿、《食品安全法》中规定的10倍赔偿等。虽然私主体可以依据《民法典》提出不受限制的赔偿,但是赔偿额的最终决定权在于司法机关。对于如何防止司法权力滥用,作出适当的司法裁量,下文将重点分析。

因此,惩罚性赔偿与其他民事责任的不同之处在于,惩罚性赔偿绝对禁止当事人自由选择。惩罚性赔偿作为一种民事制裁,只适用于法律明确授权的情形。对于法律明确规定的情形,当事人在没有法律明确规定惩罚幅度的情形下可以作出放弃、缩小或扩大惩罚幅度的选择。私主体放弃和缩小惩罚额度属于对自己权利的处分,且并未对第三人造成不利,在法律上不应受到限制。但是作出扩大惩罚性赔偿额的请求时可能会导致司法权的滥用,并侵犯到被请求人的合法权益。因此,在我国《民法典》并未规定惩罚幅度的情形下,确定司法裁量依据的标准具有重要意义。

**3. 类推问题**

当使用涵摄推理无法将待判事实涵摄进法律规范的构成要件中时,基于待判事实与规范要件之间的相似性而将此规范适用于该事实,则为类推。类推问题是刑罚适用中讨论的重要问题,但不同于刑法,在民法中,类推是最重要的法律续造的工具。《奥地利普通民法典》第7条规定,对于法律案件,既不能依照法律的字面意义又不能依照法律的本意作出裁判时,应该参照法律中的类案裁判规则,以及相关法律的立法目的。《德国民法典》虽然并未专门加以规定,但是立法资料中认为"类推无需法律专门授权"。这导致在德国最高法院的判决中,类推成为最重要的论证方式。① 德国学者金德霍伊泽尔认为,在民法中,类推乃是法律适用中重要的填补法律漏洞的方法。为了填补法律漏洞,可以将法律条文扩张解释到条文字面意义没有涵盖的案件上。②

与私法中对类推的可适用性不同,大陆法系刑法理论一直禁止类推解释。金德霍伊泽尔认为,罪刑法定原则的内容之一是禁止类推。禁止类推要求不得对刑法条文超出其字面含义加以解释。③ 日本刑法学者高桥则夫认为,类推适用是法官的立法,允许类推就会导致不正当地限制当事人的行动自由。④ 我国刑法学者陈兴良认为,罪刑法定原则与类推之间互相排斥,这是不争的事实。⑤ 张明楷认为,禁止类推解释主要基于民主主义和预测可能性这两方面的理由。从民主主义来看,类似并非同一,类推解释使得立法机关用文字来限定立法目的和法条含义的计划失败。从预测可能性来看,刑法通过规范指引、指示人们的行为,公民通过刑法文本了解到刑法所禁止的行为,据此即可预测自己行为的后果,类推解释使得公民原本不认为是犯罪的行为受到刑罚惩罚,这会导致国民对自己的行为后果缺乏预测性,因此侵犯了国民的自由。⑥

我国《民法典》有关惩罚性赔偿的三个条文中共规定了四种侵权行为,即侵犯知识产权,生产、销售有缺陷的产品,污染环境和破坏生态。我国公民如果作出《民法典》规定的这四种侵权行为,可能会给自己带来民法上的制裁,即惩罚性赔偿。这给民事主体的行为作了指引和指示,也给民事主体的行为提供了可预测性。由于这四类侵权行为会给当事人带来民法上的制裁,对于其他侵权行为应该禁止类推适用。

但是司法裁判的类推适用中存在的另一个问题是,我国《民法典》对于这四种侵权行为的构成要件并未进行详细规定,因此可能会给司法机关界

① 〔德〕马库斯·乌尔丁格:《规范的可类推性——对例外规定和确权规范的方法论研究》,孙文译,载王洪亮等主编:《中德私法研究 18:民法规范与法学方法》,法律出版社,2019 年,第 1 版,第 91 页及以下。

② 〔德〕乌尔斯·金德霍伊泽尔:《刑法总论教科书》(第六版),蔡桂生译,北京大学出版社,2015 年,第 1 版,第 30 页。

③ 〔德〕乌尔斯·金德霍伊泽尔:《刑法总论教科书》(第六版),蔡桂生译,北京大学出版社,2015 年,第 1 版,第 30 页。

④ 〔日〕高桥则夫:《刑法总论》,北京大学出版社,2020 年,第 1 版,第 31 页。

⑤ 陈兴良:《走向教义的刑法学》,北京大学出版社,2018 年,第 1 版,第 19 页。

⑥ 张明楷:《刑法格言的展开》,北京大学出版社,2013 年,第 3 版,第 53、54 页。

定类推造成难题，同时给司法机关适用类推提供一个缺口。我国《刑法》中则较为详细地规定了侵犯知识产权犯罪的诸多表现形式，比如：未经注册商标所有人许可，在同一种商品上使用与其注册商标相同的商标；销售明知是假冒注册商标的商品；伪造、擅自制造他人注册商标标识或者销售伪造、擅自制造的注册商标标识行为；等等。这些详细的构成要件规定可以较为清楚地排斥相关类推解释，对于我国《民法典》中的知识产权侵权行为来说，立法中并未明确地规定相应的构成要件，这也是我国《民法典》立法有待完善之处，如何进行解释则需要由司法机关来进行判断，并对侵犯知识产权侵权案例进行类型化。适用惩罚性赔偿的知识产权案件类型化过程中，需要避免案例类型超出条文的事实构成，并导致案例类型上的类推。

另外，对于《民法典》规定的产品缺陷责任中的惩罚性赔偿是否适用于食品、药品、农药、兽药、化肥、种子、农产品、水、电、天然气等，则涉及扩大解释还是类推解释的问题。我国《刑法》第三章第一节作了具体的规定，上述各种伪劣商品的生产、销售构成不同的犯罪，因此对于它们属于此罪还是彼罪的问题，若比照不同条文加以适用则属于类推解释。但是我国《民法典》对此并没有详细规定，这就需要在适用中加以解释。我国《产品质量法》第2条规定，"本法所称产品是指经过加工、制作，用于销售的产品。建设工程不适用本法规定；但是，建设工程使用的建筑材料、建筑构配件和设备，属于前款规定的产品范围的，适用本法规定"。从该条文的字面意义来看，经过"加工、制作"过的商品都属于产品，因此食品、药品、农药、兽药、化肥等都符合产品的特征，对这些商品的解释属于扩大解释。但是对于种子、农产品、水、电、天然气等，由于这些商品都并未经过加工、制作环节，因此很难纳入产品范畴，对于这些商品的适用则属于类推解释，应该予以禁止。

**（二）过罚均衡**

从惩罚性赔偿数额的构成来看，我国的惩罚性赔偿实际包含赔偿和惩罚两个部分。[①] 当代侵权法对于赔偿数额的确定基于对损害的填平所采取的是客观归责原则。依据该原则，对于损害赔偿数额的确定排除客观损害之外的评价因素，包括对侵权行为的评价和对侵权人的主观因素评价。但是对于惩罚性赔偿数额的确定而言，惩罚性赔偿数额绝非依据损害的实际数额来计算，还有实际损害赔偿之外的惩罚。至于决定惩罚性赔偿数额大小的《民法典》中规定的"相应的"这一标准如何确定，我国《民法典》尚未作

① 最高人民法院民法典贯彻实施工作领导小组：《中华人民共和国民法典侵权责任编理解与适用》，人民法院出版社，2020年，第1版，第191页。

出明确规定。[1] 从我国法院案例裁判来看,在无确定法定标准时法官拥有较大的自由裁量权。比如在肖某诉曾某产品侵权一案中,原告请求补偿性赔偿 191 430.6 元,惩罚性赔偿 50 000 元,法院最终将惩罚性赔偿部分确定为 30 000 元,判决理由仅为产品缺陷致使原告伤残。[2]

与《民法典》中缺乏规定相对,我国《刑法》第 5 条中规定了罪刑相适应原则,以便对刑罚的正确实施进行规制。据此,法院在量刑中应当依据犯罪分子所犯罪行来确定刑罚的轻重。罪刑相适应原则源于古代的同态复仇观点,比如"以眼还眼,以牙还牙"等,这些原始的制裁方式都是罪刑相适应思想的初始表现。罪刑相适应也是人们朴素的公平正义意识的法律表现。朴素的公平正义意识要求同等事物同等对待,不同事物不同对待。[3] 罪刑均衡思想在 17、18 世纪启蒙思想家的倡导下发展为刑法的基本原则。罪刑均衡思想构建于报应主义与功利主义之上,体现着特定社会的公正要求与价值尺度。[4] 日本刑法学者前田雅英认为,刑罚均衡是动态均衡,这一动态构造涉及刑罚预告、量刑裁判和刑罚执行三个阶段。[5]

刑事立法需要从规范制定上确定量刑的规则。从我国《刑法》中确定的罪刑相适应原则来看,主要从以下三方面加以规制:其一,确立了按照各种刑罚方法的轻重次序分别排列的科学的刑罚体系。其二,依据各种违法行为的社会危害性程度规定了轻重有别的处罚原则,比如在共同犯罪中对从犯从轻、减轻或者免除处罚。其三,依据未遂犯罪的可能性大小制定了相应的刑罚制度,比如累犯、自首、立功制度等。[6] 但对于如何确定惩罚性赔偿数额大小,《民法典》中并未作出明确的规定,如果我国各个地区的法院在案件审理中没有统一的参照标准,势必会出现赔偿数额标准不一的裁判,这会造成司法上的同案不同判。比如在李某等与山东五征集团有限公司产品责任纠纷一案中,法院判决惩罚性赔偿数额为原告损失的 1.2 倍。[7] 在司法裁判中,如果要作出惩罚性赔偿数额,无疑需要参考一些相关因素,否则会导致

---

① 中国审判理论研究会民事审判理论专业委员会编著:《民法典侵权责任编条文理解与司法适用》,法律出版社,2020 年,第 1 版,第 79 页及以下。

② 肖某诉曾某产品侵权案,河南省光山县人民法院民事判决书(2012)光民初字第 717 号。

③ 张明楷:《刑法格言的展开》,北京大学出版社,2013 年,第 3 版,第 90 页及以下。

④ 陈兴良:《刑法哲学》,中国人民大学出版社,2017 年,第 6 版,第 654、658 页。

⑤ 〔日〕前田雅英:《刑罚总论讲义》(第 6 版),曾文科译,北京大学出版社,2017 年,第 1 版,第 12 页。

⑥ 陈兴良:《刑法哲学》,中国人民大学出版社,2017 年,第 6 版,第 659 页及以下。

⑦ 李某等与山东五征集团有限公司产品责任纠纷案,河北省唐县人民法院民事判决书(2018)冀 0627 民初 1998 号。

惩罚与侵权不相适应,导致法官滥用裁判权,对侵权人的权益造成损害,也难以让被侵权人觉得自己获得了合理的惩罚性赔偿。因此应对司法中需要参考的惩罚的标准进行研究。比如美国最高法院在 Pacific Mutual Life Insurance Company v. Haslip 和 TXO Production Corp. v. Alliance Resources Corp. 等案件中都实质上运用了《联邦宪法第八修正案》中的罪刑均衡原则对惩罚性赔偿制度进行审查。[①]

对于惩罚性赔偿制度这一带有惩罚功能、旨在塑造不平等秩序的民事制裁手段而言,遵循民法的一般方法恐怕难以实现准确运用该制度的目的。因此,我们应该寻找更适合的规则,比如“比例原则和过罚相当原则”,以实现惩罚正义。[②]

**1. 惩罚裁量的要素**

(1) 衡量中的主客观因素

惩罚是惩罚性赔偿制度存在的目的,因此无法摆脱主观归责这一因素。但是惩罚性赔偿并非仅仅依据主观归责,还要结合客观归责。[③] 首先要基于客观的损害后果来确定赔偿,以“填平”侵权行为造成的损害,结合相应的主观和客观因素来判断相应的惩罚数额。只有惩罚性赔偿数额高于一般的赔偿数额,才能够实现自身的惩罚功能。如果只依据主观归责,可能最终导致惩罚性赔偿的数额低于一般赔偿数额,这样不仅难以弥补被侵权人的损害,还可能让侵权人因此获益,无法实现惩罚功能。主客观相统一原则要求法官在确定惩罚性赔偿的数额时不仅要分析侵权所造成的后果,还要分析侵权人的主观状态,包括侵权人的主观恶性。比如我国台湾地区学者何建志认为,法院判决的判断因素有:被告行为的道德恶性、取得不法利益的大小、原告受损害的程度、被告事发后的处理态度等。[④] 在青岛市人民检察院诉青岛市崂山区意象空间艺术鉴赏中心生态破坏公益诉讼一案中,审理法院则“综合其主观故意、危害后果以及在本案中悔改态度较好”等主客观因素确定了惩罚性赔偿数额。[⑤]

---

① 〔日〕佐伯仁志:《制裁论》,丁胜明译,北京大学出版社,2018 年,第 1 版,第 232 页。

② 吴卫星、何钰琳:《论惩罚性赔偿在生态环境损害赔偿诉讼中的审慎适用》,《南京社会科学》2021 年第 9 期,第 99 页。

③ 最高人民法院民法典贯彻实施工作领导小组:《中华人民共和国民法典侵权责任编理解与适用》,人民法院出版社,2020 年,第 1 版,第 354 页。

④ 何建志:《惩罚性赔偿金之法理与应用——论最适赔偿金额之判定》,《台大法学论丛》2002 年第 3 期。

⑤ 青岛市人民检察院诉青岛市崂山区意象空间艺术鉴赏中心生态破坏公益诉讼案,山东省青岛市中级人民法院民事判决书(2021)鲁 02 民初 69 号。

从客观方面来看,我国《刑法》第61条对量刑参照标准列举了犯罪的事实、犯罪的性质、情节和对社会的危害程度等多个方面。《刑法》分则依据犯罪的性质和社会危害程度确定了不同的刑罚。正确认定犯罪性质是准确量刑的前提,我国《民法典》对于知识产权侵权要求情节严重,对于产品责任要求造成他人死亡或者健康严重受损这一侵权后果,对于环境污染和破坏生态则要求造成严重后果。但是《民法典》对于这些客观方面的规定只是作为请求惩罚性赔偿的前提条件,也即只有存在这些侵权后果才能够请求惩罚性赔偿,对于如何依据这些客观方面的情节来确定惩罚的数额则并没有规定。我国《民法典》中对于三类不同性质的侵权行为都并未规定确定惩罚性赔偿数额的数量级标准,对于它们适用同一数量级的惩罚还是适用不同数量级的惩罚,在司法实践中需要依据何种标准来确立也关乎惩罚的适当性。

一般民事赔偿法的目的在于"填平"侵权行为所造成的损害,针对的是侵权行为所造成的结果。惩罚性赔偿则不仅仅针对侵权行为所造成的后果,更针对侵权行为本身,是对侵权行为的惩罚。影响惩罚的情节,在刑法中指实施犯罪的有关具体情况,包括犯罪过程、手段等。犯罪情节对于量刑的影响可分为法定情节和酌定情节两种。法定情节是法律规定的从重、从轻、减轻以及免除处罚的情节,比如共同犯罪中的间接正犯、共同正犯、教唆犯、从犯等情节,此外还有累犯、自首、立功等情节。酌定情节是指那些法律中并未明确规定,但是司法机关根据实际情况在量刑时予以考虑的情节,主要有犯罪动机、犯罪时的环境和条件、犯罪人的一贯表现和认罪态度等。[①]《民法典》中的惩罚性赔偿数额确定并未规定相应的法定情节和酌定情节。虽然《民法典》中对于赔偿具有过失相抵、损益相抵之类的规定,但是这些只适用于赔偿,对于惩罚部分的数额确定则没有规定。对于共同侵权时的赔偿责任,《民法典》规定了按份责任和连带责任两种;对于能确定责任大小的,各自承担相应的责任,这里的责任是对造成损害部分的分担,与惩罚不同。[②] 惩罚是侵权人各自承担自己的惩罚,这些惩罚并不存在对一定量的分配。同时,累犯(重复侵权)、自首、立功等情节对于赔偿数额并无影响,但是对于惩罚数额的确定却应成为参考的因素。除此以外,还有侵权人的一贯表现、对自己侵权行为的承认态度等,也应成为惩罚的参考因素。总之,一切能够决定刑法中量刑的因素,都可以作为确定惩罚性赔偿中惩罚数

---

① 全国人大常委会法制工作委员会刑法室编:《〈中华人民共和国刑法〉条文说明、立法理由及相关规定》,北京大学出版社,2009年,第1版,第78页。

② 全国人大常委会法制工作委员会民法室编:《〈中华人民共和国侵权责任法〉条文说明、立法理由及相关规定》,北京大学出版社,2010年,第1版,第44页及以下。

额部分参考的因素。

我国《民法典》中的惩罚性赔偿对于侵权人的主观状态要求并不一致。首先,对于侵犯知识产权、环境侵权和破坏生态,要求是故意。故意中的直接故意和间接故意也应加以区分,二者的主观恶性不同,社会危害性也不同,对于惩罚轻重具有重要影响。其次,对于环境侵权和破坏生态,要求对违法性具有认知,但是对于知识产权侵权则并未有此要求。从我国侵权的构成要件来看,一般不要求具有违法性,因而对违法性的认知也是确定惩罚数额的参考因素。最后,对于产品侵权则要求明知,对于明知而言可以在故意中,也可以在过失之中,比如过于自信的过失。因而,在产品侵权案件中,区分故意和过失对于惩罚性赔偿数额的确定具有参考意义。

(2) 惩罚的平等适用

有的观点认为,我国惩罚性赔偿适用中应当体现差异性,在产品责任中的惩罚性赔偿要考虑到生产者、销售者本身的经济能力。[①] 但是我国《宪法》第33条规定了公民的平等权,要求法律面前人人平等。我国刑法学者罗翔认为,对公民同等行为同等对待,平等地施以惩罚是平等原则的应有之义。[②] 张明楷认为,刑法中的罪刑相适应原则首先是一个平等适用刑法的问题。在刑法中对同等犯罪行为处以同等刑罚,对类似事件作出类似裁判,这一平等适用刑法的要求是罪刑相适应原则的要求。[③] 我国《刑法》为了能够平等地适用刑罚,在立法时从多方面进行了规制。这在罚金上体现为规定了同等比例但是不同等级的罚金。比如《刑法》第140条“生产、销售伪劣产品罪”规定:“生产者、销售者在产品中掺杂、掺假,以假充真,以次充好或者以不合格产品冒充合格产品,销售金额五万元以上不满二十万元的,处二年以下有期徒刑或者拘役,并处或者单处销售金额百分之五十以上二倍以下罚金;销售金额二十万元以上不满五十万元的,处二年以上七年以下有期徒刑,并处销售金额百分之五十以上二倍以下罚金;销售金额五十万元以上不满二百万元的,处七年以上有期徒刑,并处销售金额百分之五十以上二倍以下罚金;销售金额二百万元以上的,处十五年有期徒刑或者无期徒刑,并处销售金额百分之五十以上二倍以下罚金或者没收财产。”

从刑罚的适用来看,我国《刑法》中对于量刑幅度的详细规定保障了平

① 最高人民法院民法典贯彻实施工作领导小组:《中华人民共和国民法典侵权责任编理解与适用》,人民法院出版社,2020年,第1版,第355页。

② 罗翔:《刑法学讲义》,云南人民出版社,2020年,第1版,第23页及以下。

③ 张明楷:《刑法格言的展开》,北京大学出版社,2013年,第3版,第100页及以下。

等原则在具体案件中的有效实施。惩罚与侵权相适应原则要求司法机关在作出制裁过程中应该遵守平等原则,不得不合理地将与裁量无关的法外因素比如主体的所有制、主体的地域性等纳入惩罚数额考虑的因素。鉴于我国《民法典》中对于惩罚幅度并未规定相应的标准,这使得法官具有较大的自由裁量权,为了限制司法中的恣意,对于加重惩罚或减轻惩罚应该适用统一的标准,否则会不当地侵犯公民的合法权益。

**2. 从重惩罚的裁量问题**

在惩罚性赔偿案件中,被侵权人会依据特殊的侵权情节要求加重惩罚。但是从我国审判理论来看,对于何种情况适用加重处罚、如何确定加重处罚的法定标准等涉及具体加重处罚的问题并无深入研究,仅仅有一些依据主观恶性及情节加重处罚的模糊观点。[①] 如果请求权人对侵权人提出超出正常惩罚幅度的惩罚额,此时法院需要依据何种标准加重惩罚才不会滥用自由裁量权并侵犯侵权人的合法权益?在《刑法》中,加重惩罚需要有明确的法定情节,如《刑法》第 62 条规定:"犯罪分子具有本法规定的从重处罚、从轻处罚情节的,应当在法定刑的限度以内判处刑罚。"从重处罚是罪刑相适应原则的要求,所谓从重惩罚,是指在法定刑的幅度内,对犯罪分子适用相对较重的刑罚。我国《刑法》总则中规定的处罚情节有教唆不满十八周岁的人犯罪以及累犯等。《刑法》分则规定的从重处罚情节有盗伐、滥伐国家级自然保护区的森林或者其他林木等。《刑法》中之所以规定从重处罚情节,是因为这些从重处罚情节反映了该犯罪行为的社会危害性和犯罪分子的主观恶性。依据相应的从重情节给予较重的刑罚以实现惩罚和教育的目的,也是罪刑相适应原则的体现。[②]

我国《民法典》中并未规定惩罚性赔偿从重惩罚的情节,但是从刑罚理论可以得知,适当的从重惩罚同惩罚与侵权行为相适应这一原则密切相关。合法的从重处罚一方面涉及对侵权行为的合理惩戒,如果惩罚过轻,无疑达不到预防该类侵权行为的目的;另一方面涉及对侵权人权益的保护,没有法定的参照标准加以从重惩罚,会侵犯到侵权人的相应权益。因此,虽然我国《民法典》并未规定从重处罚属于立法上的漏洞,但是在司法实践中需要寻找出相应的标准加以适用。比如日本将法律上的加重分为合并罪加重和累犯加重。对于累犯加重的理由在于之前的刑罚并未起到预防作用,需要加

---

① 中国审判理论研究会民事审判理论专业委员会编著:《民法典侵权责任编条文理解与司法适用》,法律出版社,2020 年,第 1 版,第 82 页及以下。

② 全国人大常委会法制工作委员会民法室编:《〈中华人民共和国侵权责任法〉条文说明、立法理由及相关规定》,北京大学出版社,2010 年,第 1 版,第 89 页及以下。

重以实现预防。[①]

对此，我国《刑法》第 29 条第 2 款规定了教唆未成年人犯罪的从重处罚，第 65 条第 1 款规定了累犯从重处罚，在总则部分共规定了这两种法定加重情节。《刑法》中对于教唆未成年从重处罚的理由是，由于未成年人经历少，思想尚不成熟，容易被教唆，所以对未成年人的教唆行为要比对成年人的教唆行为危害更大。从社会危害性来看，如果侵权人“教唆”未成年人侵犯知识产权，生产、销售有缺陷的产品，污染环境和破坏生态等，也会具有更大的社会危害性，因此也需要从重惩罚。《刑法》中对于累犯加重处罚的理由为，累犯的社会危害性较大，同时累犯的主观恶性一般比较深，对累犯的教育改造较之一般犯罪更困难。这对于侵权行为来说同样适用，比如明知产品有缺陷仍然生产、销售，尤其是被侵权人起诉后仍然生产销售的行为，就属于主观恶性较大、社会危害性较大的侵权行为，对这类侵权行为应当从重惩罚。

从以上分析可以看出，与惩罚性赔偿中赔偿数额的确定不同，惩罚数额的确定存在从重惩罚的情形，只有这样才能够使得惩罚与侵权行为相适应。但是由于加重惩罚的情节涉及我国《宪法》中规定的公民平等权和侵权人的财产权，因此对侵权人加重惩罚需要有法定的情节。在我国《民法典》并未加以规定的情形下，法官需要合理地解释“相应的”之具体内涵，可以参照我国《刑法》中的相关规范和相关法理。

**3. 减轻或免除惩罚的裁量问题**

法院在自由裁量惩罚数额时，会对减少或免除请求权人提出的赔偿额进行判断，如果并非请求权人自愿提出减少，则需要运用自由裁量权依据一定的标准加以判断。比如在宋某与隆鑫马通讯产品销售者责任纠纷一案中，一审法院在判决中认为，被告明知电话手表存在缺陷仍向消费者提供，应当承担原告所受损失 2 倍以下惩罚性赔偿，原告请求被告承担 50 000 元惩罚性赔偿，法院判决被告承担补偿性损害赔偿 16 745.5 元，酌情确定被告向原告支付惩罚性赔偿 20 000 元。[②] 再如在江西省浮梁县人民检察院与被告浙江海蓝化工集团有限公司环境污染民事公益诉讼一案中，审理法院在惩罚性赔偿数额确定基数认定中，认为被告“事后认错态度好并积极赔偿”，

---

① 〔日〕高桥则夫：《刑法总论》，李世阳译，中国政法大学出版社，2020 年，第 1 版，第 495 页。

② 宋某与隆鑫马通讯产品销售者责任纠纷案，宁夏回族自治区银川市兴庆区人民法院民事判决书(2018)宁 0104 民初 3592 号。

因此选择了环境功能性损失费用作为确定基数。[①] 与从重处罚情节一样，刑法中的从轻情节也必须是法定的。日本《刑法》将减轻事由分为必要的减轻事由和任意的减轻事由。对于必要的减轻事由，规定了心神耗弱、中止犯、从犯等情节。对于任意的减轻事由，规定了防卫过当避险过当、未遂犯、自首以及自服等事由。[②] 我国《刑法》规定的从轻情节主要位于总则之中，比如犯罪形态中的预备犯、未遂犯、中止犯，共同犯罪中的从犯、胁从犯，防卫过当、避险过当，被教唆的人没有犯被教唆的罪，犯罪后有自首、立功情节，等等。

从我国《民法典》规定的惩罚性赔偿来看，三个条文的适用都规定了具有严重的后果这一条件，因而从侵权行为发展来说都可能属于“既遂”状态，但是侵权行为结束后，侵权人可以对所造成的后果采取不同的应对措施，比如为了避免侵权后果进一步扩大而采取相应的补救措施。在共同侵权中，虽然具有共同的故意，但是有的侵权人所起的作用可能比其他侵权人要小，有的侵权人可能只是帮助他人侵权，有的侵权人可能在主观上并不想造成严重的后果，等等。从赔偿角度来说他们可能要承担连带责任，但是从惩罚角度来说应当体现出差异，否则惩罚与侵权人的侵权行为就不相适应。同样，侵权后的自首、立功等情节，对于惩罚性赔偿也可能有影响，比如因过失引发山林、草原火灾，导致了生态环境被破坏，但是侵权人发现起火后立刻自首，或者参与救火，侵权人的这些行为在一定程度上弥补了自己的过失，应当减轻对侵权人的惩罚。

---

① 江西省浮梁县人民检察院与被告浙江海蓝化工集团有限公司环境污染民事公益诉讼案，江西省浮梁县人民法院民事判决书(2020)赣0222民初796号。

② 〔日〕高桥则夫:《刑法总论》，李世阳译，中国政法大学出版社，2020年，第1版，第493页。

# 第五章　实体正义:行政处罚适用的启示

我国《行政处罚法》也确立了行政处罚法定原则和权利保障原则,这两项原则要求行政处罚设定法定、处罚依据法定和处罚程序法定。基于对国家公权力进行限制和对公民基本权利进行保护的考量,公法中对于公民的制裁措施给予了严格的限制。惩罚性赔偿本质上与行政处罚一样都是法律制裁,所不同的是行使主体,惩罚性赔偿由公民行使,行政处罚由国家权力机关行使。“即使基于特殊需要在私法中予以规定,也应当严格限制其适用,避免对传统的私法救济理论和制度造成较大冲击,并防止被滥用。”[①]本章将从行政处罚的角度来对我国的惩罚性赔偿制度适用做进一步分析。

## 一、行政法对行政处罚的规制

行政处罚是行政主体对违反行政法律规范行为主体的惩罚,具体的惩罚措施包括对违法者的人身权、财产权、资格的限制或剥夺,在法律上具有制裁性。为了防止行政机关滥用行政权力,不当地对相对人的人身权与财产权进行限制和剥夺,行政处罚必须遵循一定的原则。世界各国都发展出了相应的规制行政处罚的原则。比如具有“行政法母国”之称的法国发展出了行政法治原则与行政均衡原则。行政法治原则包括以下内容:行政行为必须具有法律依据;行政行为必须符合法律要求;行政机关必须以自己的积极行为来保证法律的实施。均衡原则是为了控制行政自由裁量权的滥用,违反均衡原则的情形有以下几种:判断实施明显错误、手段与目的不相称、损失与利益失衡。德国行政法发展出了依法行政原则、比例原则和信赖保护原则。英国法发展出了越权无效原则、合理原则和程序公正原则。美国法发展出了正当程序原则和性质公开原则。[②] 这些行政法原则都体现了国

① 最高人民法院环境资源审判庭编著:《最高人民法院生态环境侵权禁止令保全措施、惩罚性赔偿司法解释的理解与适用》,法律出版社,2023 年,第 1 版,第 178 页。

② 周佑勇:《行政法基本原则研究》,法律出版社,2019 年,第 2 版,第 21 页及以下。

家对行政权力的控制和对公民权利保护的思想。

我国行政法也基于对行政权力的控制和对公民权利的保护发展出了一系列行政法的原则。应松年在其主编的《行政法与行政诉讼法学》一书中,将行政法的基本原则分为:合法行政原则、合理行政原则、程序正当原则、诚实守信原则和高效便民、权责统一原则。① 姜明安在其《行政法》一书中将行政法基本原则分为实体性基本原则和程序性基本原则。实体性基本原则包括:依法行政原则、尊重和保障人权原则、越权无效原则、信赖保护原则和比例原则。程序性基本原则包括:正当法律程序原则、行政公开原则、行政公正原则和行政公平原则。② 周佑勇在其著作《行政法基本原则研究》中则认为行政法的基本原则有行政法定原则、行政均衡原则和行政正当原则。行政法定原则可以细化为职权优先原则、法律优先原则、法律保留原则。行政均衡原则可以细化为平等对待原则、行政合比例原则、信赖保护原则。行政正当原则可以细分为避免偏私原则、公平听证原则、行政公开原则。③ 对于行政处罚的基本原则,应松年在其主编的《行政处罚法教程》中认为有行政处罚法定原则、行政处罚公正原则、行政处罚公开原则、行政处罚与教育相结合原则和权利保障原则五大原则。④ 与外国行政法中的基本原则类似,我国学者总结的行政法基本原则都体现了对行政权力的控制和对公民权利的保护这一思想。

从我国的惩罚性赔偿适用来看,一方面,惩罚性赔偿中的惩罚关乎国家司法权力的行使,对于是否需要进行惩罚以及如何确定惩罚数额,都需要运用国家司法权力来进行判断,因此在此过程中涉及国家司法权力的控制。另一方面,国家运用司法权力对公民进行惩罚,会带来对公民权利的限制和剥夺,因此惩罚性赔偿适用过程中需要对公民权利进行保护,以防止国家权力的侵犯。基于以上两方面考虑,民事惩罚运行中需要对惩罚进行规制。基于与行政处罚共同的规制目的,下文将基于行政法中成熟的规制原则,结合惩罚性赔偿的自身特征来分析惩罚性赔偿适用中需要遵守的相关原则,试图寻找出适合惩罚性赔偿适用的相关原则。

## 二、处罚法定原则及其借鉴

我国的处罚法定原则规定于《行政处罚法》第 4 条,即“公民、法人或者

---

① 应松年主编:《行政法与行政诉讼法学》,法律出版社,2009 年,第 2 版,第 27 页及以下。
② 姜明安:《行政法》,北京大学出版社,2017 年,第 1 版,第 117 页及以下。
③ 周佑勇:《行政法基本原则研究》,法律出版社,2019 年,第 2 版,第 135 页及以下。
④ 应松年主编:《行政处罚法教程》,法律出版社,2012 年,第 1 版,第 41 页及以下。

其他组织违反行政管理秩序的行为,应当给予行政处罚的,依照本法由法律、法规、规章规定,并由行政机关依照本法规定的程序实施”。行政处罚法定的理论渊源在于权力控制和人权保障的法律理念。这一理念在启蒙运动时期被广泛讨论过,比如法学家孟德斯鸠在其《论法的精神》中写道:“一切有权力的人都容易滥用权力,这是万古不易的一条经验。”[①]应松年在其主编的《行政处罚法教程》中认为,鉴于我国是一个行政主导型国家,行政机关拥有强大的经济和社会管理权,对公民的权利具有较大的侵害可能性。特别是我国行政机关经常使用行政处罚手段来治理社会,因此对行政处罚权的控制就成为法治的关键所在。[②] 我国《民法典》一方面扩大了惩罚性赔偿所适用的侵权类型的范围,另一方面扩大了惩罚性赔偿中惩罚的自由裁量权。从权力滥用的角度来看,惩罚性赔偿适用中的权力被滥用的可能性更大;从公民权利保护的角度来看,被惩罚人的权利被侵犯的可能性更大。所有这些问题都要求对法院的自由裁量权加以控制,以更好地保护公民的权利。

### (一)行政处罚法定原则的相关内容

从行政处罚法定原则的内容来看,我国学者作了不同的分类。应松年在其主编的《行政法与行政诉讼法》中将其内容分为三方面:处罚主体及其职权法定;行政处罚的行为依据法定;行政处罚的程序法定。[③] 他还将行政处罚法定原则分为四个方面:行政处罚设定法定;行政处罚依据法定;行政处罚主体法定;行政处罚程序法定。[④] 鉴于本书所研究的惩罚性赔偿主题,此处将从实体和程序两个方面来重点介绍行政处罚法定原则的相关内容。

首先,从行政处罚依据法定原则来看,行政处罚的依据必须是法律规范明文规定的。这一原则是现代法治原则的要求,对于公民而言,法无禁止即自由,对于行政机关而言,法无规定即禁止。只有法律规范明确规定某种违法行为需要由相应的国家行政机关给予行政处罚,国家行政机关才能够给予处罚。从“依据法定原则”中可以推理出三个具体的基本要求:第一,对行政相对人的行为是否违法的判断标准必须是法定的;第二,对行政相对人的违法行为是否需要给予处罚必须是法定的;第三,对行政相对人的违法行为究竟给予何种类型的行政处罚必须是法定的。[⑤]

---

① 〔法〕孟德斯鸠:《论法的精神》(上册),张雁深译,商务印书馆,1962年,第1版,第154页。

② 应松年主编:《行政处罚法教程》,法律出版社,2012年,第1版,第47页。

③ 应松年主编:《行政法与行政诉讼法学》,法律出版社,2009年,第2版,第226页。

④ 应松年主编:《行政处罚法教程》,法律出版社,2012年,第1版,第47页及以下。

⑤ 应松年主编:《行政处罚法教程》,法律出版社,2012年,第1版,第48页及以下。

其次,从行政处罚程序法定原则来看,鉴于行政权力本身所具有的扩张性和侵略性,为了保护公民权利免受行政权力的侵犯,需要在程序上对行政权力的运行进行限制。行政处罚过程中,需要对行政处罚活动所遵循的步骤、顺序、方式和时限进行规定。对行政权力行使进行程序规定,能够有效地驱使行政权力行使的理性化,由此可以实现对行政相对人合法权益的维护。我国《行政处罚法》中规定了诸多程序性要求,比如对事实的查明程序、处罚前的告知程序以及充分听取当事人意见等底线规制。鉴于程序对于权力控制的重要性,行政处罚法实际上就是一部行政处罚的程序法。[①]

**(二)行政处罚法定原则的借鉴**

惩罚性赔偿是否需要参照《行政处罚法》中的处罚法定原则?对此问题的回答可以从以下几方面分析:首先是惩罚性赔偿适用是否具有处罚法定原则的基础,其次是处罚法定原则是否能够契合惩罚性赔偿适用的需要。从行政法中的处罚法定原则的适用基础来看,该原则基于对行政权力的控制目的,对行政机关的权限和使用程序进行法定化,以保障公民的权利。从此基础来看,惩罚性赔偿适用中亦需要对司法机关的权限进行法定化,防止司法机关滥用自由裁量权,并基于此来保护被惩罚者的合法权益。因此,处罚法定原则在惩罚性赔偿中完全能够寻得其适用基础。从契合性来讲,处罚法定原则是对法律制裁措施的控制原则,而惩罚性赔偿亦为一种法律制裁措施。[②] 只是与行政法中对违法行为的制裁措施不同的是,惩罚性赔偿规定于私法之中,但是也是对违法行为的一种制裁措施,位于不同的法域并不影响二者在本质上的一致性,只是需要对行政法中的处罚法定原则结合私法的特征进行适当的改变和优化,以完全契合私法的理论和体系。基于以上行政处罚法定原则对处罚在实体和程序上的严格限制,结合我国《民法典》中对于惩罚性赔偿的规定和我国《民事诉讼法》中的相关程序规定,此处将从下列几个角度来分析我国的相关惩罚性赔偿制度。

**1. 惩罚性赔偿的依据法定原则**

从惩罚性赔偿的依据法定原则来看,惩罚性赔偿的构成要件以及惩罚数额标准都需要能够明确地加以规定,在具体适用中需要从以下几方面加以分析:

第一,从惩罚性赔偿的构成要件来看,这里要求侵权行为的构成要件的

---

① 应松年主编:《行政处罚法教程》,法律出版社,2012年,第1版,第50页。

② 最高人民法院环境资源审判庭编著:《最高人民法院生态环境侵权禁止令保全措施、惩罚性赔偿司法解释的理解与适用》,法律出版社,2023年,第1版,第178页。

明确性，主要涉及侵权主体、侵权人的过错、侵权的后果等因素。从我国《民法典》中关于惩罚性赔偿的三个条文来看，《民法典》第1185条规定，故意侵害他人知识产权，情节严重的，被侵权人有权请求相应的惩罚性赔偿。此处对知识产权侵权的主观设定为故意。另外，《民法典》对于如何确定惩罚性赔偿条文构成要件的类型不明确，比如《民法典》第1207条中规定的产品责任中的惩罚性赔偿，对于“产品”的范围应该具有明确的规定。惩罚性赔偿的构成要件法定性要求惩罚性赔偿条文在适用中禁止类推解释，所以如何界定第1207条中的“产品”才能够不超越法定的范围值得探究。比如药品、食品、农产品等是否属于产品？自来水、电、天然气等是否属于产品？这样的界定是否超出了立法者的原意？对于这些问题的回答需要从产品的法定范围进行推论，但是这些推论由于缺乏法定的标准，可能会导致类推解释，并由此侵犯被惩罚者的合法权益。基于此，法官在司法实践中若践行处罚依据法定原则，需要从立法目的出发，结合《产品责任法》来进行体系解释。但是由于《民法典》生效后对于《产品质量法》中的惩罚性赔偿条款是否适用并未作出明确规定，《民法典》中的“产品”是否就等于《产品质量法》中的“产品”，立法也并未作出明确说明。严格地看，我国《民法典》对此尚存在立法漏洞，并不完全符合依据法定原则的要求。

第二，惩罚的法定性要求惩罚数额计算标准的法定性。我国《民法典》中的三个条文都设定了“情节严重”的适用标准，但是各个条文对于如何确定“情节严重”这一标准并没有明确的规定。鉴于这一标准具有笼统性，在具体适用中需要加以解释。这里的情节究竟与侵权主体的主观恶意、侵权行为、侵权后果以及社会危害性中的哪个因素相关？从损害赔偿角度来看，依据当代的客观归责原则，损害赔偿数额的确定一般只与侵权行为所造成的后果相关，与主观因素无关。但是在惩罚中，则需要综合考虑侵权主体、侵权行为、侵权后果以及社会危害性等多种因素。在对我国惩罚性赔偿数额确定“相应的”这一计算标准进行解释时，需要摆脱赔偿法中的客观归责原则，采取主观和客观相统一的原则对惩罚的数额进行确定。从行政法中的处罚实践来看，行政法理论和实践依据处罚法定原则发展出了裁量基准制度，根据不同的情节制定了不同的裁量范围，这在很大程度上限制了国家权力的滥用。从我国惩罚性赔偿的实践来看，相应的惩罚性赔偿基准制度并未建立，这在一定程度上使得惩罚数额的确定缺乏裁量依据，明显有违惩罚法定的要求。为了使惩罚性赔偿数额确定符合依据法定的要求，我国在司法实践中需要发展出具体的惩罚裁量基准。

**2. 惩罚的程序法定原则**

行政处罚中的程序法定原则要求行政处罚应遵守法定的步骤、顺序、方式和时限,以实现对行政权力的控制,保护行政相对人的合法权益。我国的民事诉讼程序并未为惩罚性赔偿规定专门的民事程序,适用的都是与赔偿相同的民事程序。鉴于民事诉讼中审理赔偿案件的民事程序都是基于平等主体之间的民事纠纷而设计的,未必完全适用于基于私人间不平等关系的惩罚。因此,如何在惩罚性赔偿案件审理中基于行政处罚程序中的控制行政权力、保护行政相对人合法权益的立场去改进我国的惩罚性赔偿诉讼程序,此问题值得讨论。

第一,从审理程序来看,法院在案件审理中的审判庭组成具有合议制和独任制两种形式,合议庭组成可以由陪审员参与组成,或者全部由审判员组成。审判程序分为普通程序和简易程序。但是这些民事程序的适用和选择标准都是依据普通民事诉讼的标准,并没有结合惩罚性赔偿案件的特殊性设定特殊的规则。

首先,对于惩罚性赔偿案件,在什么情况下适用合议制,在什么情况下适用独任制?我国民事诉讼法对此只是基于一般的民事诉讼理念进行设计,对于惩罚性赔偿案件审理中基于惩罚所需的特殊规则并无明确规定。鉴于独任制中出现司法恣意的可能性更大,惩罚性赔偿案件中适用独任制无疑会使得被惩罚人权益被侵犯的可能性增大。如果此时仍适用普通民事审理的独任制适用标准,无疑会增加惩罚性赔偿中的司法恣意。

其次,对于合议庭组成问题,审理惩罚性赔偿案件中合议庭陪审员组成的标准亦需要明确规定。鉴于陪审员审理案件所依据的常识主义,在惩罚性赔偿数额确定时可能会缺乏理性,在我国对惩罚性赔偿没有确立惩罚数额确定标准的情形下,可能会导致陪审员在案件审理中违反惩罚的依据法定原则。

最后,对于审理惩罚性赔偿制度时适用普通程序还是适用简易程序这一问题,民事诉讼法中亦缺乏专门的规定。由于简易程序在举证期限、公告方式、审理程序等各个程序上加以简化,因此会导致可能被惩罚的诉讼当事人牺牲一定的程序利益。鉴于民事诉讼程序是专门为民事案件审理设定的,在权力限制和权利保障上要弱于行政处罚程序,因此我国的《民事诉讼法》在对惩罚性赔偿案件审理中应该设定更为严格的简易程序适用标准,以保障惩罚性赔偿案件中被惩罚者的程序利益。

第二,从证据规定来看,惩罚性赔偿案件审理基于平等民事法律关系的对抗制,诉讼中的证据主要依据诉讼当事人搜集取证,这里与行政处罚中的公权力机关取证不同。基于此，民事诉讼中的证据规则也不同于行政诉讼中的证据规则。一方面，对于非法证据排除规则，民事诉讼的要求要比行政处罚程序低；另一方面，对证据的证明标准要比行政诉讼中的低。民事诉讼中较低的证据要求都是基于当事人的权利救济角度而设立的，较低的非法证据排除规则和证明标准可以让诉讼当事人的权利更容易得到救济。而且，民事主体并没有公权力机关所具有的强制性，因此比公权力机关收集证据的难度要大。因此，民事诉讼中的证据规则设立的立足点与行政诉讼中的立足点不同，要求也不一样。但是对于惩罚性赔偿而言，由于惩罚性赔偿既涉及赔偿数额又涉及惩罚数额，对被侵权人的权利救济完全可以通过民事赔偿来实现。但是超出“填平原则”赔偿数额的惩罚数额则涉及民事主体之间的惩罚，并不涉及权利救济，惩罚部分的证据规则更应该与行政诉讼中对于行政相对人权利保护的立场一样，在惩罚性赔偿案件审理中对于惩罚要件是否满足以及如何确定惩罚数额这些事实的证明上采取与行政处罚类似的立场，即倾向对被惩罚者权利进行保护的立场，对于惩罚数额的认定应当适用与行政处罚同等或近似要求的证据规则。

从非法证据排除规则来看，我国《行政诉讼法》第43条第3款规定：“以非法手段取得的证据，不得作为认定案件事实的根据。”2018年最高人民法院《关于适用〈中华人民共和国行政诉讼法〉的解释》第43条对“以非法手段取得的证据”补充解释为：“（1）严重违反法定程序收集的证据材料；（2）以违反法律强制性规定的手段获取且侵害他人合法权益的证据材料；（3）以利诱、欺诈、胁迫、暴力等手段获取的证据材料。”[①]对于民事诉讼中的非法证据规则，我国民诉学者张卫平认为，虽然某些证据可能侵犯了当事人或者他人的隐私，但是如果该证据不被采用，则可能导致主张权利的人难以得到救济。在证据合法性是否可采用这一问题上，他认为应综合考虑下列因素：第一，不法行为是否情节轻微；第二，是否不得已而采取了违法的取证方式；第三，是否为了自己的合法权益；第四，取证中被侵权人是否具有一定的过错。[②] 从非法证据排除规则来看，对于惩罚性赔偿中惩罚部分的证据规则需要区别于赔偿部分的证据规则，对于违反法律强制性规定侵害他人合法权益以及以利诱、欺诈、胁迫、暴力等手段获取的证据材料应该排除适用，以保障被惩罚者的权利。

行政程序中的证明标准分为三类：合理证据标准、优势证据标准和确凿

① 胡建淼：《行政诉讼法学》，法律出版社，2019年，第1版，第364页及以下。

② 张卫平：《民事诉讼法》，法律出版社，2016年，第4版，第204页。

证据标准。合理证据标准适用于程序性事项之中。对于行政处罚则适用优势证据标准和确凿证据标准。但是优势证据标准只适用于轻微的行政处罚,非轻微的行政处罚适用确凿证据标准。确凿证据标准要求行政机关所认定的事实需要有充分的证据支持,且能够排除任何合理怀疑。[①] 我国民事诉讼中的证明标准分为三级:第一级为较大可能性标准,这属于我国《新民事诉讼证据规定》(即《最高人民法院关于民事诉讼证据的若干规定》)中的降低证明标准。《新民事诉讼证据规定》第 86 条第 2 款规定:"对于诉讼保全、回避等与程序事项有关的事实,人民法院结合当事人的说明及相关证据,认为相关事实存在的可能性较大的,可以认定该事实存在。"较大可能性标准主要是程序性事项。第二级为盖然性标准,我国《民事诉讼法解释》(即《最高人民法院关于适用〈中华人民共和国民事诉讼法〉的解释》)第 108 条第 1 款规定:"对负有举证证明责任的当事人的证据,人民法院经审查并结合相关事实,确信待证事实的存在具有高度可能性的,应当认定该事实存在。"这是我国民事诉讼中证据认定的一般标准。第三级为排除合理怀疑标准,规定于《新民事诉讼证据规定》第 86 条:"当事人对于欺诈、胁迫恶意串通事实的证明,以及对于口头遗嘱或赠与事实的证明,人民法院确信该待证事实存在的可能性能够排除合理怀疑的,应当认定该事实存在。"[②]

从行政程序与民事程序中证明责任的对比来看,行政处罚的一般证明标准为排除合理怀疑标准,但是民事诉讼的一般证明标准为盖然性标准,排除合理怀疑标准只用于民事诉讼中特殊事项的证明。我国民事诉讼中的证明标准基于一般的民事审判理念而建构,适用于一般平等主体之间的民事纠纷,对于这些证明标准是否适合惩罚性赔偿案件中对于惩罚适用的事实和数额确定事实的证明值得探讨。从惩罚性赔偿的惩罚功能来看,这一功能涉及对他人合法权益的侵犯,且司法机关对此具有较大的裁量权,也超出了一般民事纠纷中纯粹权利救济的特征,而与行政处罚更类似。因此,我国《民事诉讼法》并未对惩罚性赔偿中惩罚部分事实和数额的认定规定专门的证明标准,这可能会导致惩罚性赔偿中惩罚部分的惩罚功能给当事人带来权益损害。为了避免惩罚过程中对被惩罚者合法权益的不当侵害,对于该部分,民事诉讼程序应该采用高于普通民事程序的标准。美国在特殊的案件中也会采取比一般民事诉讼中的证明标准更高的证明标准,比如:(1)欺

---

① 何海波:《行政诉讼法》,法律出版社,2016 年,第 2 版,第 426 页及以下。

② 最高人民法院民事审判第一庭编著:《最高人民法院新民事诉讼证据规定理解与适用》(下),人民法院出版社,2020 年,第 1 版,第 751 页。

诈和不正当影响诉讼;(2)欺诈危险索赔、辩护诉讼以及其他不应被支持的特殊索赔诉讼。此时的证明标准要高于盖然性占优势的证明标准,要求一方当事人必须有明确且令人信服的证据。① 从我国对惩罚性赔偿的规定来看,一般要求侵权人在主观上具有欺诈、明知等特殊的主观因素,在客观上具有严重的侵害后果。对这些特殊要求的待证事实的证明,适用更高的证明标准更为合适,这一证明标准也与行政诉讼中对于行政相对人处罚的一般证据要求等同,可以基于此更好地保护被惩罚者的正当权益。

## 三、处罚均衡原则及其借鉴

我国行政法学者提出了行政均衡原则。这一原则的构建基于对行政权力行使滥用的控制,在本质上类似于行政合理原则,两者都基于"更重要的、更科学的关于行使自由裁量权的目的、方法、理由及效力关系的基础",均是对行政裁量权的控制,都要求行政裁量行为在内容上应当具有适当性。但行政均衡是通过利益衡量方法来评价行政裁量合理性可操作的具体标准,是"定量"的原则,与作为"定性"原则的行政合理性原则不同。②

### (一)裁量基准

我国《行政处罚法》第 4 条第 1 款规定,行政处罚应遵循公正原则。公正原则要求设定和实施行政处罚必须以事实为依据,与违法行为的事实、性质、情节和社会危害程度相当。行政处罚的公正需要恰当的行政处罚裁量基准,以便在作出行政处罚时作为参照的依据。③

与我国《民法典》中对于惩罚性赔偿数额的确定赋予了法院自由裁量权,且民事诉讼中并无严格的与惩罚相应的诉讼程序一样,我国的行政法律也常常授予行政机关以广泛的裁量权,加上程序法中漏洞的存在,有时对于处罚程序缺乏严格的程序制约,而自由裁量权可能带来处罚的恣意,"同案异罚""滥用裁量"等现象在实践中容易出现,这有损法律的权威性。面对这一难题,行政机关内部会制定可操作的量化细则,以限制执法者的自由裁量空间,行政处罚的裁量基准得以建立并实施。但是要制定合理的裁量基准,各个执行机关在制定中需要遵循一定的要求。

首先,行政处罚需要遵循"过罚相当"这一要求。我国行政法学者应松年认为,行政处罚的强度应当与行政相对人违法行为的社会危害程度成正

---

① 最高人民法院民事审判第一庭编著:《最高人民法院新民事诉讼证据规定理解与适用》(下),人民法院出版社,2020 年,第 1 版,第 753 页。

② 周佑勇:《行政法基本原则研究》,法律出版社,2019 年,第 2 版,第 174 页及以下。

③ 应松年主编:《行政处罚法教程》,法律出版社,2012 年,第 1 版,第 50 页及以下。

比。行政处罚在设定和实施时,为了避免畸轻畸重,就必须遵循“过罚相当”原则。该原则要求:第一,行政处罚的轻重程度需要与行政相对人违法行为的事实、性质、情节以及社会危害性相当。第二,行政处罚的从轻、减轻、从重以及免除也需要与行政相对人的违法事实本身相关,因此也需要参照违法事实的性质、情节以及社会危害性等。①

其次,行政处罚需遵循“裁量正当”这一要求。现代行政既是裁量行政,也是对裁量控制的行政。正如美国行政法学家施瓦茨(Bernard Schwartz)所言:“行政法如果不是控制自由裁量权的法,那它是什么呢?”②裁量正当既需要关注法内控制模式,也需要关注法外因素,比如公共政策、行政管理乃至社会舆论等因素。③

我国之前的惩罚性赔偿制度一般设定数额计算的标准,比如《消费者权益保护法》《食品安全法》中的倍数计算法,即规定了 2 倍赔偿、3 倍赔偿、10 倍赔偿等,这有利于限制法官的自由裁量权,但是也会导致惩罚与侵权行为的情节不匹配。我国《民法典》第 1185、1207、1132 条为适用惩罚性赔偿的侵权行为设定了灵活的惩罚性赔偿数额确定方法,这些在具体适用中需要构建相应的裁量基准作为参考,以便实现对法院自由裁量权的控制。从行政处罚中裁量基准的设定来看,裁量基准的设定首先要实现“过罚相当”。虽然我国《民法典》中对于惩罚性赔偿数额的衡量并未设定确切的标准,也并未规定数额确定所参照的因素,但是从行政处罚中所参照的因素来看,惩罚的轻重程度需要与侵权人侵权行为的事实、性质、情节以及社会危害性相当。惩罚的从轻、减轻、从重以及免除需要与侵权人的违法事实本身相关,因此也需要参照违法事实的性质、情节以及社会危害性等。此外,惩罚性赔偿应遵循“裁量正当”这一要求,所考虑的因素应兼顾法内因素和法外因素,并对二者进行合理评估与遴选。不得任意扩大所参照的因素,否则会侵犯被惩罚人的合法权益;也不得随意缩小范围,否则会导致过罚不相当。选择法外因素时应遵循必要的条件,比如与侵权行为的关联性,禁止引入与侵权行为影响无关联的因素,比如侵权企业的所有制性质、国籍、股权结构等。

### (二) 平等原则

我国《宪法》第 33 条规定了平等原则,要求“公民在法律面前一律平等”。对于惩罚性赔偿而言,如何适用平等原则值得分析。对于行政法中的

---

① 应松年主编:《行政处罚法教程》,法律出版社,2012 年,第 1 版,第 52 页及以下。

② 〔美〕伯纳德·施瓦茨:《行政法》,徐炳译,群众出版社,1986 年,第 1 版,第 566 页。

③ 应松年主编:《行政处罚法教程》,法律出版社,2012 年,第 1 版,第 53 页及以下。

平等原则，周佑勇认为，平等对待包括三种情况：一是同等情况同等对待，这要求行政主体同时面对多个行政相对人时不应该有差别对待；在不同时段面对不同的行政相对人时应该前后一致，不得反复无常。二是不同情况不同对待，这要求行政主体在实施行政行为时应具体问题具体分析。三是比例对待，即依据行政主体的不同情况的比重来确定行政相对人的权利与义务。周佑勇认为，从上述三种情况中可以推导出两条具体的适用原则，即禁止恣意原则和行政自我拘束原则。[①]

首先，从禁止恣意原则来看，该原则禁止行政机关恣意地对同等情况予以差别对待。行政机关所作出的任何措施必须有其合理的、充分的依据，行政机关所采取的措施必须与违法行为之间具有适度的关系。不得毫无标准地依据个人意愿任意为之。但是禁止恣意原则并非绝对地禁止差别对待，而是要求差别对待具有合理的依据。当前行政法中对于差别对待的判断标准有"事物本质"标准、"正当目的"标准和"合理差别"标准。由"事物本质"标准可以得出基于"事物本质"的类型化思维，即将事物的不同关键特征作为适用不同法律效果的依据。禁止恣意所反对的是违反事物本质要求的归类时的恣意。除此以外，差别对待判断中的"正当目的"标准要求不得"过度"或"过早"地予以差别对待，否则会被认定为"恣意"。[②]

其次，对恣意的滥用需要行政机关对自己裁量行为的自我拘束。杨建顺认为，仅仅依靠禁止恣意尚不能充分保护行政相对人的平等权，为了填补对平等权保护的欠缺，尚需要行政自我拘束原则。[③] 至于何为行政的自我拘束原则，高秦伟认为，行政裁量中的自我拘束，是指行政机关主动采取的自我限制行为，在许多情况下并无法律、行政命令、法院命令的要求与规定。通过自我拘束，行政机关限制自己的选择权。[④] 周佑勇则进一步提出，行政自我拘束原则是指行政机关在作出行政裁量决定时，若无正当理由，则应该受行政管理或者行政先例的拘束，对相同事件或者具有相同性质的事件作出相同处理。[⑤] 周佑勇认为，可以通过要求遵从"行政惯例"和"行政先例"来实现相同事件相同处理，并最终实现平等。为此，首先，要保障行政惯例和行政先例是没有滥用恣意的行政行为。其次，对于此后经济、社会状况的

---

① 周佑勇：《行政法基本原则研究》，法律出版社，2019年，第2版，第174页及以下。

② 周佑勇：《行政法基本原则研究》，法律出版社，2019年，第2版，第188页及以下。

③ 杨建顺：《论行政裁量与司法审查——兼及行政自我拘束原则的理论根据》，《法商研究》2003年第1期，第63页及以下。

④ 高秦伟：《论行政裁量的自我拘束》，《当代法学》2014年第1期，第40页。

⑤ 周佑勇：《行政法基本原则研究》，法律出版社，2019年，第2版，第190页。

变迁,比如通货膨胀带来的罚款数额的实质上的不平等,以及特殊社会不稳定时期的加重处罚等,在遵从先例的同时也需要对先例进行适时的变通处理。换言之,这要求的是行政机关对于自我拘束的理性,并将此理性贯彻到平等地进行裁量的实践之中。

从惩罚性赔偿的适用来看,法院在作出惩罚时要禁止恣意地滥用,不得基于与惩罚数额衡量无关的因素进行处罚。实践中可能出现的情形是法院出于地方保护主义来区分本地企业和外地企业,或者基于国别来区分内资企业和外资企业,或者基于所有制形式不同来区分国有企业和民营企业。法院将与惩罚衡量无关的因素纳入考虑范围,无疑会导致对被惩罚主体的歧视,侵犯被惩罚者的平等权。此外,法院在审判中,若没有确切的法定惩罚标准,应该参照在审判实践中发展来的长期稳定的衡量基准,并以此拘束自己的裁量权,实现对被惩罚者的平等适用。

### (三)比例原则

#### 1. 比例原则的发展

从发展史来看,比例原则最早可以追溯到1215年英国的《大宪章》。其第20条规定:"处理自由人所犯小过失,罚金须与其过失之程度相当;处理严重过失,也应如此,但不得重到剥夺其生计之程度。若商人和农民被告至朕之法庭,处罚商人时必须允许其保留其经商手段,处罚农民时须允许其保留其农具。此类处罚未经邻里有良好声誉人士宣誓评判,不得实施。"[①]德国19世纪将比例原则引入警察法,目的在于限制警察权力,以保护公民权利。第二次世界大战后,德国宪法法院基于法治国原则和基本权利确认了比例原则,比例原则上升为德国宪法原则,由此进入了所有法域之中,对行政、立法和司法都有拘束力。此后,比例原则成为德国法的品牌"出口"到世界各地。[②]

比例原则是法治国原则的内容之一。从法治国原则来看,公民行使权利时要受到内在和外在的限制。外在的限制主要是国家机关基于公共利益需要,使用国家权力对公民权利的限制,目的是确保公民权利的享有和行使能够体现实质公平。但是国家权力对公民权利的限制容易导致国家权力的滥用,因此需要对国家权力进行限制,以防止权力的使用违背合理限制的初衷。比例原则的逻辑起点在于对人权的保障,本质是在基于公共利益限制

---

① 《大宪章》,陈国华译,商务印书馆,2016年,第1版,第36页。

② Klatt, Matthias/Meister, Moritz, "Der Grundsatz der Verhältnismäßigkeit—Ein Strukturelement des globalen Konstitutionalismus", *JuS*, 2014, S. 193.

公民权利时对国家权力的限制。[①] 从比例原则的内容来看,比例原则包括三方面的内容,即适当性(Geeignetheit)、必要性(Erfordlichkeit)和均衡性(Angemessenheit)。适当性要求对基本权利干预的手段与相应的目的相契合,如果手段并不能够实现目的,甚至南辕北辙,则手段与目的之间并不具有适当性。必要性原则要求在手段选择上必须选择对基本权利干预最轻的手段。均衡性原则要求对基本权利的干预与其所追求的目的之间要相称,手段与目的之间不得失衡。[②]

比例原则是现代法治国的重要原则和保护公民基本权利的重要方法,从我国法律来看,比例原则首先为我国宪法和行政法理论所接纳,然后逐渐影响到刑法和民法。比如行政法学者周佑勇认为,我国《宪法》第 5 条中规定的社会主义法治国原则属于现代法治国原则,比例原则为其应有之义。[③] 比例原则已经进入了我国行政立法之中,比如《突发事件应对法》第 11 条规定:“有关人民政府及其部门采取的应对突发事件的措施,应当与突发事件可能造成的社会危害的性质、程度和范围相适应;有多种措施可供选择的,应当选择有利于最大程度地保护公民、法人和其他组织权益的措施。”此外立法中规定比例原则的还有《人民警察使用警械和武器条例》第 4 条、《国家安全法》第 66 条、《行政处罚法》第 4 条第 2 款、《行政强制法》第 5 条和第 43 条等,这些法条都基于比例原则进行了相应的规则设计。

**2. 比例原则与德国损害赔偿法**

从《德国民法典》来看,德国侵权法中并未规定惩罚性赔偿制度。相反,《德国民法典》在立法时刻意地追求“私法去刑罚化”目的,在损害赔偿法上采用填平原则,并依据客观归责原则来确定损害,排除主观因素在损害赔偿数额确定中的作用。对于惩罚性赔偿,《德国民法典》至少在形式上将之彻底清除出法典之外。《德国民法典》生效后,对于法典中的惩罚性之争,一般集中于精神损害赔偿之上。[④]《德国民法典》中没有中国式或美国式的惩罚性赔偿制度,并不代表德国学界对于惩罚性赔偿没有进行理论上的分析。德国学界对于惩罚性赔偿的讨论见诸各处,特别是在涉及美国惩罚性赔偿判决在德国执行时的法律问题,德国学界有的学者对此运用了比例原则加

---

① 梅杨:《比例原则的适用范围与限度》,《法学研究》2020 年第 2 期,第 59 页。

② 郑晓剑:《比例原则在民法上的适用及展开》,《中国法学》2016 年第 2 期,第 145 页。

③ 周佑勇:《行政法基本原则研究》,法律出版社,2019 年,第 2 版,第 194 页。

④ Wagner, Gerhard, *Neue Perspektiven im Schadensersatzrecht: Kommerzialisierung, Strafschadensersatz, Kollektivschaden*, C. H. Beck Verlag, 2006, S. A 72.

以分析。①

德国最高法院(BGH)对于惩罚性赔偿的分析可见于 1992 年 6 月 4 日该院作出的关于对美国判决的执行的判决中。② 在该判决中,德国最高法院从以下角度对美国惩罚性赔偿制度进行了分析。

首先,从手段和目的来看,惩罚性赔偿的手段是对侵权人进行金钱上的惩罚,目的则在于对类似侵权行为的抑制和预防。德国最高法院认为,如果惩罚性赔偿的数额仅仅基于此目的,则违反《德国民事诉讼法》第 328 条第 1 款第 4 项中规定的"公共秩序"要求,无法在德国得到承认和执行。如果美国的惩罚性赔偿制度如同精神损害赔偿一样追求对可以被弥补的损害的赔偿,或者是为了涤除侵权人的不当得利,则美国的惩罚性赔偿制度是可以被承认的。但是该美国判决中的刑罚目的无法被排除。③

其次,从比例原则中手段的适当性来看,在此需要对惩罚性赔偿金数额的大小进行分析,此处涉及对惩罚性赔偿金的数额控制,只有合理的惩罚性赔偿金才能够在德国被承认和执行,这是德国"公共秩序"的要求,美国的惩罚性赔偿金额在此需要接受比例原则分析。从《德国产品责任法》来看,该法第 10 条第 1 款规定了产品缺陷导致人身损害赔偿的最高损害赔偿数额为 1 亿 6000 万欧元,据此美国判决执行中的惩罚性赔偿金最高额需要遵循此标准。此外,美国的判决需要遵循该德国联邦州的比例原则,比如一些州规定惩罚性赔偿金不得高于恢复性损害赔偿的 3 倍。如果美国待执行的判决违反了该德国联邦州的比例原则标准,则不会被承认和执行。④

从德国法中惩罚性赔偿的比例原则分析来看,德国法一方面严格控制惩罚性赔偿的数额与其目的之间的关系,并排除惩罚性赔偿所追求的刑罚目的,因而在德国法中绝对地否定惩罚性赔偿制度;另一方面在对外国法的执行上,要求外国判决不得违反本国的"公共秩序",并以此来控制惩罚性赔偿对本国基本秩序的侵害,同时对于外国法院的判决不得违反作出判决法院所在地的比例原则,否则也不予承认和执行。从德国法中比例原则在惩罚性赔偿中的适用来看,德国法对于惩罚性赔偿的审查既有形式上的外国法审查,也有实质上的国内法审查。

---

① Bungert, Hartwin, "Verhältnismäßigkeitsprinzip und US-amerikanische Punitive Damages", *VersR*, 1994, S. 15 ff.

② BGH, Urteil vom 04-06-1992-IX ZR 149/91 (Düsseldorf).

③ BGH, *NJW* 1992, 3096 ff.

④ BGH, *NJW* 1992, 3096 ff.

### 3. 比例原则与美国惩罚性赔偿

美国作为惩罚性赔偿泛滥的国家,在对惩罚性赔偿数额的确定上一直没有明确的标准,时常出现巨额惩罚金的现象,但是巨额惩罚金在美国也引起了争论,特别是巨额惩罚金的合宪性问题。[①] 在美国的众多州里,在补偿性损害赔偿和惩罚性赔偿之间并没有比例计算方法。比如在一个判决中补偿性损害赔偿是6美分,但是惩罚性赔偿是5000美元。鉴于美国法中泛滥的惩罚性赔偿,有的学者在批判陪审团客观性的同时强调了控制陪审团的必要性,并指出惩罚和侵权之间的比例关系应该被纳入普通法考量之中。对此,特别值得关注的是"正当程序条款"。美国联邦最高法院从美国《联邦宪法第八修正案》中推导出了比例原则,并认为惩罚性赔偿数额的确定应参照以下因素:(1)侵权人的财产范围;(2)侵权人的过错程度;(3)补偿性损害赔偿数额的大小。[②] 美国《联邦宪法第十四修正案》涉及实体的正当程序(substantive due process)和程序性正当程序(procedural due process)双重内涵。从正当程序的实体法层面来看,美国比较注重对经济利益的保护,并基于此制定了一些经济法规,此后美国最高法院不再对经济立法加以"正当程序条款"分析,而是将重点放在"公平保护条款"上。据此,如果非经济性根本利益为国家行为所干涉,比如驱逐、侵犯性人格权或者隐私,则使用严格的审查标准。在对基本权利限制或者歧视行为上,只有基于以下基础才可被正当化:(1)为了实现急迫的、重要的公共利益;(2)依据比例原则所用手段是最小的手段。由于在经济领域一般并不涉及基本权利,所以此处只涉及"合理性分析"这一对国家行为较弱的审查标准,由此实现对恣意的控制。[③]

美国学者施吕特认为,美国《联邦宪法第五修正案》和《联邦宪法第十四修正案》禁止联邦和州政府在违反"正当程序"的情形下剥夺自然人的生命、自由或财产。这一正当程序标准在宪法审判中表现为两种形式:第一,政府行为太过不公平或不文明,以至于触及了审判官的良知,并被认定为违反了正当程序。第二,当政府行为所追求的公共利益超过被侵犯的私人利益时,正当程序认为该行为无效。[④] 德国学者本格特(Hartwin Bungert)认

---

① 李友根:《美国惩罚性赔偿制度的宪法争论——过重罚金条款与我国的惩罚性赔偿制度》,《法学论坛》2013年第3期,第12页及以下。

② Bungert, Hartwin, "Verhältnismäßigkeitsprinzip und US-amerikanische Punitive Damages", *VersR*, 1994, S. 15, 18 ff.

③ Bungert, Hartwin, "Verhältnismäßigkeitsprinzip und US-amerikanische Punitive Damages", *VersR*, 1994, S. 15, 20.

④ Schlueter, Linda, *Punitive Damages*, Matthew Bender & Company, 2005, p. 53.

为,美国的惩罚性赔偿制度因过高的惩罚数额而备受争议,近期一些涉及惩罚性赔偿的案件受到了美国联邦最高院的违宪审查,一些案例甚至被认定为违宪。美国最高法院在部分判决中认为,一些"惩罚性赔偿"的极端案例违反了美国《联邦宪法第十四修正案》中的正当程序原则,特别是有违正当程序原则中的比例原则。①

美国最高法院对于惩罚金数额是否过高进行审查的具体案例有:

美国最高法院首次依据《联邦宪法第十四修正案》认定惩罚金过高的案例是 1993 年判决的 BMW of North America, Inc. v. Gore 一案。该案中,北美宝马公司隐瞒信息,将其生产和运输中受损的汽车进行重新涂装后作为新车以约 4 万美元的价格出售给消费者戈尔(Gore)。戈尔向法院提起诉讼,要求北美宝马公司支付补偿性损害赔偿 4000 美元,同时还要求被告支付 400 万美元的惩罚性损害赔偿。一审法院肯定了原告的请求,但州法院后来将惩罚性赔偿金降为 200 万美元。美国最高法院判决认为,原告的实际损失不过 4000 美元,但被处以 200 万美元的惩罚金,实际损害与惩罚数额之间的比例高达 500 : 1,本案惩罚金明显过度,已经超越了宪法的极限,据此认定上述剥夺宝马公司财产的行为违背了正当程序。②

2007 年,美国最高法院在 Philip Morris USA v. Williams 一案中对惩罚金是否过高进行了审理。该案中威廉姆斯(Williams)具有重度烟瘾,去世后其妻以烟草公司的过失和欺诈行为导致其死亡为由对烟草公司提起了诉讼。初审法院认定了 821 000 美元的补偿性损害赔偿和 3200 美元的惩罚金。被告烟草公司向俄勒冈州最高法院提起上诉,并认为惩罚金数额显著过高,但俄勒冈州最高法院驳回了该上诉理由,认为惩罚金的数额并非显著过高。但是美国最高法院在判决中并未对惩罚金数额是否违反正当程序进行分析。③

2008 年,美国最高法院对 Exxon Shipping Co. v. Baker 一案中的惩罚性赔偿金的数额比例进行了分析。该案被告埃克森石油公司于 1989 年 3 月发生了著名的石油泄漏事故。陪审团裁定被告向原告一(渔民)支付 28 700 万美元的补偿性损害赔偿,向原告二(居民)支付 2260 万美元的补偿性损害赔偿,同时分别向两被告支付 5000 美元和 50 亿美元的惩罚金。美国最高法院判决认为,惩罚金的数额确定存在不可预见性,需要设定一定的比例加以限制。美国最高法院通过对美国惩罚性赔偿案件判决的实证分析认为,

① Bungert, Hartwin, "Verhältnismäßigkeitsprinzip und US-amerikanische Punitive Damages", *VersR*, 1994, S. 15.

② BMW of North America, Inc. v. Gore, 517 U. S. 559(1996).

③ Philip Morris USA v. Williams, 549 U. S. 346 (2007).

惩罚金和补偿性损害赔偿的比例中间值为 1∶1，因此在判决中认为对于不以获利为目的的案件应以 1∶1 的比例为限。[①]

从以上美国最高法院对于惩罚金数额是否过高的司法审查可以看出，美国最高法院运用《联邦宪法》中的"正当程序条款"进行了实质审查。从对"正当程序条款"的解释来看，美国最高法院并未从程序性角度加以分析，而是从正当程序的实体内容角度进行了分析。在对惩罚金数额的实质性正当程序的审查中，美国最高法院主要从惩罚数额是否过度来进行分析；在对惩罚金是否过度的审查中，则主要从惩罚金数额与赔偿数额之间的比例进行分析。对于这一比例，美国判例尚未发展出相关的参照标准，各个法院在判决中所分析的标准并不一致。但是毫无疑问，美国判例实践中已经开始依据《联邦宪法》中的"正当程序条款"对惩罚金进行审查，并相应地运用比例原则进行分析，试图得出惩罚金是否过高的结论。美国最高法院运用比例原则对惩罚金是否过高进行审查以抑制美国法中惩罚性赔偿金过度的司法发展这一司法实践，对我国具有一定的参考价值。

**4. 我国惩罚性赔偿的比例原则分析**

朱广新认为，惩罚性赔偿"需要遵循过罚相当原则"[②]。关淑芳认为，惩罚性赔偿"数额与受害人所受损害或加害人的受益额间有一个合理的比例关系"[③]。虽然我国《民法典》并未明确规定惩罚均衡原则，但其规定了"相应的惩罚性赔偿"这一具有惩罚均衡思想的内容。令人遗憾的是，《民法典》并未进一步规定相应的配套规范，在实践中，需要法官依据惩罚均衡原则来确定惩罚性赔偿的数额。依据国家权力对公民权利进行限制应坚持均衡原则的思想，国家权力机关在行使国家权力时，需要遵守一定的原则，包括平等对待、信赖保护和比例原则。[④] 我国《宪法》第 33 条规定了法律面前人人平等原则，《民法典》第 7 条规定了诚信原则。然而，我国民事法律并未对比例原则进行规定，理论界对比例原则是否能够适用于民法也存在较大争议。[⑤] 持否定说的学者认为，"比例原则是对限制公民权利的国家权力的限制"，"比例原则具有独特的内涵和价值功能，没有必要也不应当在民法、刑法等部门法中普遍适用，理应回归行政法这一固有领地"。[⑥] 持肯定说的

---

① Exxon Shipping Co. v. Baker, 128 S. Ct. 2633(2008).

② 朱广新：《惩罚性赔偿制度的演进与适用》，《中国社会科学》2014 年第 3 期，第 104 页。

③ 关淑芳：《惩罚性赔偿制度研究》，中国人民公安大学出版社，2008 年，第 1 版，第 232、233 页。

④ 周佑勇：《行政法基本原则研究》，法律出版社，2019 年，第 2 版，第 174 页。

⑤ 郑晓剑：《比例原则在民法上的适用及展开》，《中国法学》2016 年第 2 期，第 145 页。

⑥ 梅扬：《比例原则的适用范围与限度》，《法学研究》2020 年第 2 期，第 57 页。

学者认为,比例原则作为分析工具,本质在于控制处于强势地位的主体过度行使权力,"将比例原则作为民法基本原则的规范化手段,使其发挥具体化、精致化民法基本原则的功能,符合比例原则的工具性原则本质,有助于发挥比例原则的效用,是比例原则民法适用的适当路径"①。

我国学界对于比例原则是否能够全面地适用于民法存有争议,不过一方面,比例原则虽然从行政法中兴起,但是现在已经上升为宪法原则,所以可以适用于符合条件的所有法域。比如《德国民法典》第 1666 条第 1 款规定,子女肉体上、精神上或心灵上的最佳利益或其财产受到危害,且父母无意或不能避开危险的,家庭法院必须采取对于避开危险而言必要的措施。对此,德国学者认为,法院采取措施需遵守比例原则,以免过度侵犯《德国基本法》第 6 条第 2 款中的父母权利。② 另一方面,惩罚性赔偿制度已经脱离了平等主体之间的法律关系,且在适用中存在司法权力对于公民基本权利的侵犯问题。鉴于此,比例原则适用于惩罚性赔偿没有任何理论上的障碍。

至于如何在惩罚性赔偿数额确定中运用比例原则,则涉及比例原则的分析方法。德国法学家克拉克(Matthias Klatt)将对于比例原则的分析总结为手段与目的之间的关系分析、适当性分析和衡量。下面将参照克拉克的方法来对惩罚性赔偿中惩罚数额的确定进行分析。③

第一,手段与目的之间的关系分析。国家权力在侵犯公民的权利时必须出于合法的目的。一方面,此目的必须与对权利侵犯所追求的目的在事实上是一致的,且必须被精确界定;另一方面,必须对此目的是否合法作出分析。此处需要对该目的进行专门分析。同样,对手段的合法性分析必须是独立的、抽象的和两方面的。实际中使用的手段必须被精确描述,并进行合法性评价。从惩罚性赔偿中惩罚数额的立法目的来看,主要涉及对侵权人的惩罚,以及对此类侵权行为的预防。从手段来看,惩罚性赔偿通过剥夺侵权人的财产,使得被惩罚人承受财产上的损失。从手段与目的之间的关系来看,通过剥夺被惩罚人的财产,可以使被惩罚人得到惩罚,并实现对潜在的侵权行为的预防目的。

第二,适当性分析,即只有当所选择的手段有助于实现所追求的目的时,该手段才是适当的;且只有当该手段对于目的实现具有不可替代的地位时,才具有促进性。这一条件实际上是较低的。例如,在《狩猎法》中规定用

① 李海平:《比例原则在民法适用中的条件和路径——以民事审判实践为中心》,《法制与社会发展》2018 年第 5 期,第 179 页。

② MüKoBGB/Huber, § 1632, Rn. 59.

③ Klatt, Matthias/Meister, Moritz, "Der Grundsatz der Verhältnismäßigkeit—Ein Strukturelement des globalen Konstitutionalismus", *JuS*, 2014, S. 193 ff.

鹰来捕猎时必须具有枪械使用资质是不合适的。因为使用枪械的技能与使用猎鹰来捕猎并不相关。当存在两个或两个以上合适的手段时，如果某个手段对基本权利的侵犯较小，则该手段为必要。因此，在必要性分析中，需要寻找出可以实现该合法目的的所有手段。在多个同样合适和同样具有侵害性的手段中，国家具有所谓的手段选择空间，国家可以自由地选择这些手段。在个别情况下，分析必要性条件是否满足十分困难，此时一般会指出评估范围和判断范围。就惩罚性赔偿而言，惩罚数额的确定对于惩罚这一手段的适当性具有重要意义。若惩罚的数额太小，则很难起到惩罚的作用，也无法预防潜在的侵权行为；若惩罚的数额太大，则会导致手段超出实现目的所需要的强度，并不具有适当性。因此，对惩罚数额大小的确定会关系到惩罚手段的适当性，不具有适当性的惩罚有违比例原则。

第三，衡量，也即狭义的比例原则，或称为相当性（Angemessenheit）。衡量的合理性在方法上目前尚具有争议。衡量是为了确定国家权力所造成的不利后果与所追求的目的之间并非不成比例。国家权力对于公民权利侵犯得越强烈，则对于该侵犯行为正当化的宪法要求就越高。由此基本理念可以得知，衡量需要分为三个步骤。首先，需要确定具体案件中该侵犯的强度。其次，要分析以侵犯方式所追求的目的在具体案件中有多重要。最后，通过上述两个阶段的关系分析来确定该目的的重要性是否能够使得该侵犯的强度正当化。惩罚性赔偿体现了国家的司法权力对于公民权利的侵犯，而惩罚性赔偿的数额大小体现了国家司法权力对于公民权利侵犯的强度。因此，在对惩罚数额的确定中，对于惩罚的数额大小需要进行衡量，并使该侵犯的强度能够正当化。从惩罚的理论与实践来看，惩罚数额的确定主要受被惩罚人的主体因素、违反行为本身、侵权的后果以及侵权行为的社会危害性等因素影响。因此司法机关在对惩罚数额进行确定时需要对这些因素进行量化，以确定相关数额。在对相关因素的量化过程中，需要具有合理的依据，使量化后的数额正当化。这一惩罚数额正当化的过程是对作为手段的惩罚数额与惩罚所追求的目的进行衡量的过程，而衡量的结果也是正当化后确定的手段——惩罚数额大小的选择。

综上，虽然我国《民法典》赋予了法官在惩罚性赔偿制度运用方面较大的自由裁量权，但是该自由裁量权应受比例原则的限制，惩罚性赔偿数额应当借助比例原则中的相当性标准进行确定。①

---

① 参照吕英杰：《惩罚性赔偿与刑事责任的竞合、冲突与解决》，《中外法学》2022年第5期，第1317页；刘银良：《知识产权惩罚性赔偿的比较法考察及其启示》，《法学》2022年第7期，第147页。

# 第六章　程序正义:从权利救济到权利保障

鉴于我国的惩罚性赔偿被规定在私法之中,所以容易让人产生惩罚性赔偿比刑罚要轻缓得多,不会给被惩罚人带来多少权利上的限制,无需适用特别诉讼规则的错觉。然而,惩罚性赔偿制度已经不限于实现赔偿法所追求的权利救济目的,还具有了惩罚侵权人的目的,而且惩罚性赔偿可能要比刑法中的罚金刑严厉得多。例如,相比于我国《刑法》中的生产销售伪劣产品罪、生产销售不符合安全标准的食品罪、生产销售有毒有害食品罪中规定的"销售金额百分之五十以上二倍以下罚金",我国《消费者权益保护法》中规定的3倍惩罚性赔偿、《食品安全法》中规定的10倍惩罚性赔偿明显要高得多。

从功能来看,惩罚性赔偿亦称为惩戒性赔偿,是在一般损害赔偿制度之外发展的一种具有制裁功能和遏制功能的制度。[①] 单从实体法上来看,在对惩罚性赔偿数额的确定上,需要对赔偿数额和惩罚数额予以双重确定。对于惩罚性赔偿数额确认的复合组成是实体法上的规定,但是在诉讼法上却适用同一程序,并未作任何区分。在实体法上,赔偿与惩罚具有本质上的区别:首先,对于数额确定而言,赔偿基于填平原则,适用的是客观归责原则;惩罚基于制裁原则,适用的是主观与客观相统一的原则,即在对惩罚数额的判断中不仅仅需要分析侵权人的主观状态,还要分析被侵权人的侵权事实等客观因素。其次,对于制度功能而言,赔偿的目的在于弥补被侵权人的损失,所指向的是损害后果,以实现权利救济;而惩罚的目的在于对侵权人的惩罚,所指向的是侵权行为,以实现对侵权行为的预防。最后,对于当事人之间的关系而言,赔偿基于平等主体之间的法律关系,而惩罚则基于不平等主体之间的法律关系。[②]

---

① 黄薇主编:《中华人民共和国民法典侵权责任编解读》,中国法制出版社,2020年,第1版,第83页及以下。

② 全国人大常委会法制工作委员会民法室编:《〈中华人民共和国侵权责任法〉条文说明、立法理由及相关规定》,北京大学出版社,2010年,第1版,第196页及以下。

对于惩罚性赔偿诉讼与普通民事诉讼的区别问题,德国学者布兰德(Peter-Andreas Brand)曾指出,鉴于欧洲大陆法系中没有英美法系的惩罚性赔偿制度,因此在诉讼制度设计时主要基于处分原则,这与英美法中的民事诉讼存有较大差异。德国民事诉讼法基于法的安宁和法的安定(Rechtssicherheit)设计了相关规则,但是法的安宁和法的安定是赔偿程序所追求的目的,而非惩罚程序所追求的目的。[①] 在惩罚性赔偿制度适用的程序方面,笔者从"北大法宝"数据库中搜集了与《侵权责任法》第 47 条相关的 582 个涉及惩罚性赔偿的侵权纠纷案件,从中可以看出,目前法院存在将惩罚性赔偿数额的确定程序与赔偿程序混同、对确定惩罚数额与赔偿数额所依据的事实未作区分审理、对惩罚与赔偿的事实依据的认定适用完全一致的证据规则等问题。[②] 基于此,我国普通的民事诉讼程序是否能够驾驭惩罚性赔偿中的惩罚因素值得怀疑。首先,从诉讼当事人的权益保护来看,对于诉讼当事人的惩罚在审判程序和证据规则上要高于普通的赔偿程序,这从《刑事诉讼法》对于刑罚、《行政处罚法》对于惩罚的特别专门规定中可以得出。[③] 其次,从对司法机关自由裁量权的限制来看,我国《民法典》并未对惩罚性赔偿数额规定具体的确定标准和计算方法,除了我国特别法中规定了一些具体的倍数计算法外,这一规定显然不符合现代法治对于惩罚的确定性要求。虽然这是立法问题,但是从诉讼实践来看,法官如何能够精准地作出惩罚性赔偿是个难题。最后,民事诉讼追求的是法的安定和权利安全,但是惩罚程序追求的是惩罚的公正。民事诉讼在法的安宁和法的安定目的之下设计的相应规则并非适用于惩罚公正的目的,比如超过举证期间的证据不予认定规则。从公法来看,一方面,我国《刑法》中规定了罪刑法定原则,该原则限制不确定的刑罚;另一方面,我国《刑事诉讼法》中规定了严格的诉讼程序,因此法院滥用自由裁量权会受到各种规则的限制。从行政法来看,实践中发展出了行政裁量基准制度,《行政处罚法》也规定了严格的处罚程序规则。[④] 但是我国《民事诉讼法》对此并未作出专门规定,因此如何在惩罚性赔偿制度案件审理中实现权利保障值得研究。

我国惩罚性赔偿制度缺乏英美法系中配套的诉讼规则,使得该制度一

---

① Brand, Peter-Andreas, "Grenzen zivielprozessualer Wahrheit und Gerechtigkeit", *NJW*, 2017, S. 3558, 3562.

② 相关案例来源于 https://www.pkulaw.com/clink/pfnl/chl/e1578469c93b7751bdfb/47_0_0_0.html,访问日期:2020 年 9 月 8 日。

③ 陈永生:《刑事诉讼的宪政基础》,北京大学出版社,2010 年,第 1 版,第 51 页及以下。

④ 郑春燕:《现代行政中的裁量及其规制》,法律出版社,2015 年,第 1 版,第 35 页及以下。

直处于跛足而行的状态。《民法典》生效后如何正确地运用民事诉讼中的规范来应对惩罚性赔偿制度的挑战将是一个急迫的考验,这一考验背后所反映的是诉讼当事人的程序公正和实体权益是否被侵犯的问题。比如我国有的学者认为,与刑事程序相比,在民事程序中适用惩罚性赔偿对诉讼当事人实施法律制裁,使其丧失了严格的程序保护。[①] 鉴于此,下文将对我国《民法典》生效后所面临的惩罚性赔偿案件审理的程序问题及应对方案加以分析。

## 一、从权利救济到权利保障

从正义理论来看,正义可以分为实体正义和程序正义。实体正义的实现需要程序正义作为保障。为此,罗尔斯(John Rawls)认为,正义需要以公平原则和主体自由为基础的协商。[②] 哈贝马斯(Jürgen Habermas)则基于罗尔斯的契约理论(Vertragstheorie)发展出了商谈理论(Diskurstheorie),他认为正义需要通过依据一定规则的参与者通过不受控制的商谈来实现。[③] 德国学者布兰德认为,实体上的赔偿正义和惩罚正义具有不同的正义内容,从程序来看,要实现赔偿正义和惩罚正义,则需要依据各自的实体内容设计不同的程序。为了实现赔偿正义,民事诉讼法基于权利救济设计了相应的程序规则。由于德国没有惩罚性赔偿,因此不同于刑事程序,德国国家在民事主体之间的讼争中并无自己的利益参与角逐,为此处分原则就成了德国民事程序的基石。但是在美国民事诉讼中,由于存在惩罚性赔偿制度,在此涉及对侵权人的惩罚,因此美国国家在民事诉讼中也具有自己的利益。基于不同的正义追求,美国的民事程序与德国的民事程序在制度设计上存有差异。[④]

惩罚性赔偿作为一种特殊的责任形式,从实体法上来看,它既包括赔偿内容,又具有惩罚内容。从民事诉讼来看,惩罚性赔偿与普通赔偿不同的地方在于:第一,惩罚性赔偿的请求权人向法院请求的不仅仅涉及对自身损害的权利救济,还有对被请求权人的惩罚。而惩罚是国家权力机关对公民的

---

① 税兵:《惩罚性赔偿的规范构造——以最高人民法院第 23 号指导性案例为中心》,《法学》2015 年第 4 期,第 104 页。

② 〔美〕约翰·罗尔斯:《正义论》,何怀宏、何包钢、廖申白译,中国社会科学出版社,2009 年,第 1 版,第 1 页及以下。

③ Brand, Peter-Andreas, "Grenzen zivilprozessualer Wahrheit und Gerechtigkeit", *NJW*, 2017, S. 3558, 3560.

④ Brand, Peter-Andreas, "Grenzen zivilprozessualer Wahrheit und Gerechtigkeit", *NJW*, 2017, S. 3558, 3560.

权力让渡,后者行使相当于国家权力机关的职能,这塑造了民事主体之间实质上的不平等。[①] 第二,司法机关对于惩罚数额的确定并非仅仅依据侵权行为所造成的损害这一客观基础,而且涉及所有可以影响到惩罚的因素,比如侵权人的主观恶性、侵权行为的形态、侵权行为的社会危害性以及侵权人的事后表现。[②] 法官对被告作出的惩罚性赔偿的数额相当于刑事诉讼中对被告的量刑,惩罚性赔偿中的原告地位也类似于刑事诉讼中的公诉人,目的在于针对被告人提起诉讼,以请求法院对被告人作出制裁。

但与刑事诉讼、行政诉讼不同的是,民事诉讼解决的是平等主体之间的民事纠纷。民事诉讼的基本原则有同等原则和对等原则、诉讼权利平等原则、自愿和合法原则、诚实信用原则、辩论原则和处分原则等。[③] 这些民事诉讼的原则与刑事诉讼中以追求程序正义、人权保障为理念的刑事诉讼原则有较大不同,比如我国刑事诉讼中的"以事实为依据,以法律为准绳"原则、公民适用法律一律平等原则等;[④]也与行政处罚法中以控制国家权力、保护公民权利为目标的处罚法定原则、权利保障原则等不同。[⑤] 这些并非基于权力控制和权利保护理念的民事诉讼基本原则适用于惩罚性赔偿案件审理中,可能会导致以下问题。

首先,虽然惩罚性赔偿由民事主体提起,依据民事程序来进行,但是惩罚性赔偿已经超出了民事权利救济的范畴。对此,日本京都地方裁判所平成十九年(2007 年)10 月 9 日判决第 1266 号中认为,损害赔偿是为了对侵权人的损害进行救济,而非对被告人施加制裁或惩罚。对侵权人施加制裁或惩罚,需要通过刑事程序作出。[⑥] 因此,在惩罚性赔偿中,被侵权人的权利救济只限于自己所遭受损害的部分,对于超出基于损害填补的惩罚数额部分本身具有惩罚功能。惩罚性赔偿是一方公民对另一方公民行使法律赋予的惩罚权,是对其他公民作出制裁,公民之间在诉讼地位上已经由形式上的平等转为实质上的不平等,民事诉讼中的权利平等原则在此受到挑战。

其次,惩罚性赔偿除了对被侵权人自身权利的救济功能之外,还有对未来侵权行为的预防功能,公民提起惩罚性赔偿诉讼也是公民在行使国家权

---

① 赵鹏:《惩罚性赔偿的行政法反思》,《法学研究》2019 年第 1 期,第 41 页及以下。

② 全国人大常委会法制工作委员会民法室编:《〈中华人民共和国侵权责任法〉条文说明、立法理由及相关规定》,北京大学出版社,2010 年,第 1 版,第 196 页及以下。

③ 常怡主编:《民事诉讼法学》,中国政法大学出版社,2016 年,第 4 版,第 18 页及以下。

④ 易延友:《刑事诉讼法:规则　原理　应用》,法律出版社,2019 年,第 5 版,第 69 页及以下。

⑤ 应松年主编:《行政处罚法教程》,法律出版社,2012 年,第 1 版,第 41 页及以下。

⑥ 〔日〕佐伯仁志:《制裁论》,丁胜明译,北京大学出版社,2018 年,第 1 版,第 215 页。

力赋予私人的社会管理权。[①] 例如,美国俄勒冈州最高法院在 2002 年的 DeMendoza v. Huffman 一案的判决中认为,惩罚性赔偿制度的目的是处罚和抑制恶劣的行为,而非仅仅填补被害人的损害。[②] 我国学者赵鹏认为,惩罚性赔偿意在对违法行为的威慑、吓阻,并非常规的权利救济,而是与行政执法的目标相同。[③] 惩罚性赔偿所实现的不仅仅是权利救济功能,而且还有相应的社会功能的例证,可以从美国的惩罚性赔偿金的分割制度中找到。在美国,一些州设立了惩罚性赔偿金的分割制度,依据该制度,惩罚性赔偿金的一部分会上缴给地方政府作为一般财政收入,或者上缴给州政府,但是划拨到以救济被害人为目的而设立的特定基金。依据美国佐治亚州法律,惩罚性赔偿的赔偿金中扣除包括律师费在内的相关诉讼费用之后,所剩赔偿金的 75%要上缴州政府,作为一般财政收入。[④] 佛罗里达州最高法院在 1992 年 Cordon v. State 一案的判决中还认为,将惩罚性赔偿金的一定比例上缴给州的一般财政或者公立医疗辅助信托基金并未侵犯原告的财产权。[⑤]

再次,原告提起惩罚性赔偿诉讼,虽然形式上是适用民事诉讼程序,但是实质上也是行使国家赋予其的权力对被侵权人提起惩罚的控告,私人此处行使的是私人总检察官(private attorney general)的职能。[⑥] 虽然这一基于处罚论的观点存有批判,但是并不否认对公民的惩罚需要法律的授权。毫无疑问,在我国若没有《民法典》第 1185、1207、1232 条对于知识产权侵权、产品缺陷侵权、环境污染和生态破坏中被侵权人的专门授权立法,任何公民都没有依据《民法典》向其他公民提起惩罚的权力。只是依据我国的惩罚性赔偿制度,对被惩罚者的金钱惩罚并不归于国家,而是归于个人,但这并不否定公民可以行使法律赋予的惩罚权对另一公民作出制裁。依据现代法治国家的权力控制理论,权力行使在于法律赋予,行使权力也因此须受到法律控制,以免造成对公民权利的不当侵犯。

最后,从行政处罚制度来看,现代处罚法发展出了限制自由裁量的相应原则。应松年在其主编的《行政处罚法教程》中认为,行政处罚的基本原则

---

① Piers, M., *Punitive Damages in Private International Law: Lessions for the European Union*, Dissertation, University Gent, 2015, p. 25.

② DeMendoza v. Huffman, 51 P. 3d. 1232 (Or. 2002). 参见〔日〕佐伯仁志:《制裁论》,丁胜明译,北京大学出版社,2018 年,第 1 版,第 221 页。

③ 赵鹏:《惩罚性赔偿的行政法反思》,《法学研究》2019 年第 1 期,第 45 页。

④ 〔日〕佐伯仁志:《制裁论》,丁胜明译,北京大学出版社,2018 年,第 1 版,第 220 页。

⑤ Cordon v. State, 608 So. 2d 800 (Fla. 1992). 参见〔日〕佐伯仁志:《制裁论》,丁胜明译,北京大学出版社,2018 年,第 1 版,第 221 页。

⑥ 〔日〕佐伯仁志:《制裁论》,丁胜明译,北京大学出版社,2018 年,第 1 版,第 235 页。

有行政处罚法定原则、行政处罚公正原则、行政处罚公开原则、行政处罚与教育相结合原则和权利保障原则这五大原则。这些基本原则共同作用,实现对行政机关处罚权的限制,并以此保护公民的基本权利。[①] 日本学者佐伯仁志认为,虽然刑法犯、行政犯和违反秩序行为之间在法益侵害或者社会伦理的非难程度上存在差异,但是这种差异只是量上的,在本质上并无差异。所以,基于制裁的本质所推导出的刑法中的基本原则亦适用于行政制裁。虽然并非全部刑法的原则都适用于行政制裁,但是罪刑法定原则、责任主义以及罪刑均衡原则等近代刑法的核心原则可以适用于行政制裁。[②] 基于法律制裁在本质上的一致性,惩罚性赔偿这一民事制裁手段,应同样适用限制权力和保护权利的公法制裁原则。因此,在我国民事诉讼中如何限制法官的自由裁量权并作出"相应的惩罚",不仅仅是一个私权处分的问题,而且涉及处罚的法定性和公正性问题。

总之,惩罚性赔偿本身不仅仅具有赔偿功能,还具有惩罚功能。这一功能以公民被赋予对其他公民的惩罚权为基础,而一方民事主体向法院起诉要求对另一方民事主体进行惩罚时,必须以法律的赋权为基础,这导致此公民在行使法律赋予的权力时与另一方诉讼主体在法律地位上的不平等。此时的惩罚性赔偿诉讼已经超越了私主体间权利救济的范畴,具有了对社会侵权行为进行预防的功能。同时,现代法治要求对国家权力进行控制,以保护公民的权利。实际上,我国惩罚性赔偿适用宽松的民事程序对其他公民进行惩罚,已经给社会造成了不利影响。例如,职业索赔者倾向于选择诉讼成本低、取证相对容易的正规大型商场、超市作为起诉对象,这些大型企业较重视自己的商誉,管理较为规范,长此以往容易形成劣币驱逐良币的不良局面。[③] 对此,公法上发展出了惩罚法定原则和惩罚的适当性原则等等,以此来限制国家权力的滥用。在公法中控制权力的理念之下,民事诉讼中对于惩罚性赔偿诉讼的审理会影响到既有民事诉讼中的处分原则和辩论原则。因此,在惩罚性赔偿案件审理中,对于惩罚案件事实的审理应适用不同于涉及赔偿部分案件事实的审理,这样的区分审判才有利于权力控制和权利保护。

在刑事诉讼中,由于国家权力会对公民个人权利造成一定的限制,所以,刑事诉讼法在国家权力控制、人权保障等方面作出了诸多规定。[④] 德国

---

① 应松年主编:《行政处罚法教程》,法律出版社,2012 年,第 1 版,第 41 页及以下。

② 〔日〕佐伯仁志:《制裁论》,丁胜明译,北京大学出版社,2018 年,第 1 版,第 16 页。

③ 赵鹏:《惩罚性赔偿的行政法反思》,《法学研究》2019 年第 1 期,第 46 页。

④ 陈永生:《刑事诉讼的宪政基础》,北京大学出版社,2010 年,第 1 版,第 2 页。

联邦最高法院拒绝执行美国法院作出的惩罚性赔偿判决的一个理由就是,适用民事诉讼程序作出惩罚性赔偿判决,会导致被告无法得到在刑事诉讼程序中那样彻底的权利保障。① 刑事法律中的程序要求明显要比民事法律中的程序要求严格,前者对程序的严格要求旨在保障犯罪嫌疑人的正当合法权益,以实现程序正义。以此目的推论,在惩罚性赔偿可能造成侵权人更大权益损害之时,只有对其适用严格的程序规范,才能够更好地保障侵权人的合法权益。尽管美国已经为惩罚性赔偿设定了一些特殊的诉讼规则,但仍不充分。美国学者小詹姆斯·A. 亨德森认为,虽然惩罚性赔偿与刑事处罚具有相同的目的,但是在民事案件中支付惩罚性赔偿的被告并未获得如刑事程序对当事人的保护那样的保护,这产生了以不准确的方式作出惩罚性赔偿的风险。② 然而,我国的程序性法律规则并未针对惩罚性赔偿的特殊性设定专门的程序规范以约束法官的自由裁量权。因此,在《民法典》生效后,有必要对惩罚性赔偿制度的程序适用规则进行明确,以实现程序正义。

## 二、庭审中的权利保障

我国惩罚性赔偿案件所适用的审判制度完全建立在一般的民事审判制度之上,是立足于平等的民事主体之间的民事权益纠纷而设计的,并非基于一方当事人对另一方当事人的惩罚而设计。因此,一方面,司法权力在此受到的限制只是基于民事法律关系来考虑的,并未涉及可能对当事人施加惩罚这一问题;另一方面,基于民事程序对抗的原理,司法权力在设计时并非作为主动干预机制,因而在对权力控制方面并非如刑事诉讼程序、行政处罚程序那样严格,但是对于惩罚的事实构成和惩罚数额的确定需要借助司法权力,司法权力是作出惩罚的决定性因素。鉴于惩罚性赔偿制度已经超出了民事赔偿的界限,跨入了具有刑罚特征和行政处罚特征的法律制裁领域,惩罚性赔偿的惩罚功能若依靠基于实体法上平等主体对抗理念的民事诉讼来进行,一方面会通过专为民事纠纷设计的审判制度的非严格性,造成权力对惩罚控制的失衡;另一方面则会导致既有的专门为民事纠纷设计的审判制度的民事思维,造成对责任承担者的权利侵犯。从我国现行法中的审判制度来看,主要存在以下两方面的不足。

---

① BGH *NJW* 1992, 3096(3097).

② 〔美〕小詹姆斯·A. 亨德森等:《美国侵权法——实体与程序》(第七版),王竹等译,北京大学出版社,2014年,第1版,第592页。

### (一) 处分原则与权利保障

民事诉讼法中最典型的基本原则是处分原则,通说认为,民事诉讼中处分原则的确立依据是"私人自治延伸说"。[①] 基于民法中"私法自治"的理念,私人对自己的私人权利有自由使用和支配的权利。民事诉讼作为解决私权纠纷的制度,在诉讼中设立处分诉讼权利自由的原则是实体法中私权处分自由的体现。[②] 对此,我国《民事诉讼法》第 13 条第 2 款规定:"当事人有权在法律规定的范围内处分自己的民事权利和诉讼权利。"基于民事诉讼中的处分原则,案件审理中的法官认定的事实可能并非真正的事实,这里涉及民事诉讼中的正义问题。[③] 对于惩罚性赔偿诉讼与普通民事诉讼的区别,德国学者布兰德曾指出,德国民事诉讼法基于法的安宁和法的安定设计了相关规则,贯穿着处分原则的基本精神,然而,法的安宁和法的安定是赔偿程序所追求的目的,而非惩罚程序所追求的目的。[④]

基于民事诉讼中的处分原则,我国民事诉讼中设计了缺席判决制度。这一制度适用于一方诉讼当事人无理由拒不到庭或者未经法庭许可中途退庭的情形,此时法院经过开庭审理后可以依法对案件作出判决,以此来实现对原告的权利救济。此时缺席判决的意义在于保护未缺席一方诉讼当事人的诉讼权利和合法利益,但是也会对缺席一方造成不利。缺席判决作出前,法院仍然要对案件继续开庭审理,但是一方当事人缺席会导致法庭调查和法庭辩论发生变化,即缺席一方无法在法庭调查中作出陈述或作出全部陈述,无法参加质证或作出部分质证,无法参加法庭辩论。对此,刑事诉讼中对于犯罪嫌疑人和被告人的辩护权给予了充分的保障。我国《宪法》第 130 条规定:"被告人有权获得辩护。"《刑事诉讼法》第 11 条规定:"被告人有权获得辩护,人民法院有义务保证被告人获得辩护。"我国刑事诉讼学者易延友认为,辩护权是犯罪嫌疑人、被告人的基本人权,对辩护权的保障即为对基本人权的强调。在司法实践中,应当优先保障犯罪嫌疑人、被告人的诉讼权利。当犯罪嫌疑人、被告人的辩护权与其他诉讼参与人的权利发生冲突时,应当优先保护犯罪嫌疑人、被告人的辩护权这一基本权利。[⑤] 虽然我国《刑事诉讼法》2018 年修正时增设了缺席判决制度,但是该制度立足于我国

---

① 王次宝:《处分原则的限制及其路径》,《北方法学》2019 年第 1 期,第 101 页。

② 常怡主编:《民事诉讼法学》,中国政法大学出版社,2016 年,第 4 版,第 31 页。

③ Brand, Peter-Andreas, "Grenzen zivilprozessualer Wahrheit und Gerechtigkeit", *NJW*, 2017, S. 3558.

④ Brand, Peter-Andreas, "Grenzen zivilprozessualer Wahrheit und Gerechtigkeit", *NJW*, 2017, S. 3558, 3562.

⑤ 易延友:《刑事诉讼法:规则　原理　应用》,法律出版社,2019 年,第 5 版,第 96 页。

反腐的社会背景,且设定了严格的适用条件。[1] 此外,我国《行政处罚法》也基于权利保障思想进行了类似于《刑事诉讼法》的规则设计。依据该法,行政相对人在行政处罚中享有获得通知权、陈述权、申辩权、了解权、拒绝权、救济请求权等多种权利。我国行政法学者应松年在其主编的《行政处罚法教程》一书中认为,现代行政程序法的根本旨趣在于确认、尊重并保障行政相对人的各项程序性权利,并进而促成实体性权利的实现。《行政处罚法》中为行政相对人设定的各种程序性权利目的在于制约国家机关的权力,保障公民权利。[2]

与普通的恢复性赔偿程序相比,惩罚性赔偿程序中存在的问题有:第一,关于适用惩罚的侵权事实成立认定问题。在侵权事实成立的认定中需要对各要件事实进行分析,比如对侵权人的主观上的故意、明知进行认定。对于一般民事案件而言,只要客观证据充足,主观影响不大,比如违约责任、损害赔偿责任等等。但是对于惩罚性赔偿而言特殊的地方是,对侵权人作出惩罚时需要从主观上认定侵权人的恶意,只有这样才能符合惩罚性赔偿所需要的事实构成。第二,对于影响惩罚数额确定的情节的分析。对于赔偿的民事诉讼一般适用处分原则,所以侵权人在一定条件下可以不出庭。但是对于惩罚数额的确定而言,需要对影响惩罚数额的情节进行确定,确定惩罚数额时不仅仅要基于损害情形这一客观情况,而且需要对侵权人的主观状态、侵权行为的形态、侵权行为的社会危害性、侵权人的事后表现等作出综合判断,这样对于侵权人的惩罚数额确定才能够尽可能地客观、公正。[3]

我国《民事诉讼法解释》第 241 条规定:“被告经传票传唤无正当理由拒不到庭,或者未经法庭许可中途退庭的,人民法院应当按期开庭或者继续开庭审理,对到庭的当事人诉讼请求、双方的诉辩理由以及已经提交的证据及其他诉讼材料进行审理后,可以依法缺席判决。”据此,惩罚性赔偿案件中的侵权人有可能被缺席判决。

鉴于《民法典》中新规定的对侵权人的惩罚数额计算方式,增大了法官的自由裁量权,使得被惩罚者在诉讼中的正当权益受到侵犯的可能性增大,如果适用缺席判决,无疑会导致对侵权人的惩罚在程序上构成不利。因为在惩罚性赔偿案件审理过程中需要对适用惩罚性赔偿的侵权事实成立进行

① 参见谢澍:《刑事缺席审判之类型化分析与体系化建构——以〈刑事诉讼法〉再修改为语境》,《法学》2019 年第 12 期,第 99 页。

② 应松年主编:《行政处罚法教程》,法律出版社,2012 年,第 1 版,第 60 页。

③ 吴庆宝、俞宏雷主编:《民事裁判自由裁量规范》,人民法院出版社,2012 年,第 1 版,第 344 页及以下。

认定,且需要对影响惩罚数额的情节进行认定。由于对侵权人作出惩罚不同于让侵权人作出赔偿,作出惩罚时需要查明事实,且需要对被惩罚者主观方面进行认定,在作出惩罚认定时当事人无绝对的自由处分权利。虽然原告可以放弃惩罚性赔偿,但是原告作出请求后并不意味着法官不需要进行惩罚数额上的确定,此时法官必须在查明事实的基础上运用相应的裁量标准确定惩罚数额。鉴于法官最终作出的惩罚数额一方面不得高于原告请求的数额,另一方面也不得高于法定的标准,因此,法官需要将影响惩罚性赔偿的所有案件事实调查清楚,这样才能够精确地确定惩罚的数额。如果法官依据案件事实所确定的惩罚数额高于原告主张的数额,那么法官应该以原告主张的惩罚性赔偿数额为准,法官依据调查的事实所确定的惩罚数额高于原告主张的部分视为原告对自己权利的处分。如果法官依据事实所确定的惩罚性赔偿数额低于原告所主张的部分,法官应该依据自己所确定的惩罚数额来判决,不得高于超出依据惩罚事实所确定的"相应的"惩罚性赔偿。这里"相应的"惩罚性赔偿的确定是依据事实真相,而非一般诉讼中诉讼当事人依据处分原则放弃某些事实后的案件事实。此时原告请求的惩罚数额不得高于依据处分原则界定后的案件事实所确立的惩罚数额。因此,在惩罚性赔偿案件审理过程中,法官必须查明案件的事实,否则会影响到裁判公正。特别是在共同侵权中,共同侵权人各自在侵权中的作用大小不同可能会带来惩罚的不同。若此时部分人到庭,且对未到庭者一并判以惩罚,则有违程序上的正义。比如美国学者艾德斯(Allan Ides)认为,美国 Philip Morris USA v. Williams 一案中对未到庭的其他被告作出与到庭被告同样的惩罚性赔偿,这有违正当程序的要求,因为此案中的被告被剥夺了有效辩护的机会。[①]

鉴于惩罚性赔偿案件中惩罚的特殊性,我国应以被惩罚者的权利保障为优先价值来设计缺席判决的标准。结合我国刑事诉讼中缺席审判制度的改革经验,一方面,民事诉讼需要在保障被告权利的前提下,减程序不减权利,法院应当在庭审前对缺席审判情形进行审查,明确作出适用缺席审判程序的决定并通知被告,还应在庭审中保障缺席被告的答辩和陈述权利。[②] 另一方面,需要为被缺席审判的被告设置诸如上诉、重审等相应的救济程序。这些特殊的救济制度可以最大限度地保护被告的合法权益,实现惩罚程序

① 〔美〕阿兰·艾德斯、克里斯托弗·N. 梅:《美国宪法个人权利案例与解析》,项淼译,商务印书馆,2014 年,第 1 版,第 82 页。

② 邓思清:《刑事缺席审判制度研究》,《法学研究》2007 年第 3 期,第 92 页;吴进娥:《被告人刑事速裁缺席审判选择权的构建与运行机制研究》,《政治与法律》2020 年第 8 期,第 149 页。

的公正。[1]

（二）经验法则与陪审制

美国大法官霍姆斯(Oliver Holmes)认为,法律的生命在于经验,而非逻辑。法官在案件审理中需要运用经验法则。所谓经验法则是指通过经验归纳出来的有关事物的知识和法则。经验法则是判断事物的前提知识或法则,法官在案件审理中只有借助经验法则才能理解当事人主张的旨趣,并作出合理的事实判断。[2] 在我国基层法院审理的惩罚性赔偿案件中,存在大量人民陪审员参与审理的案件。在笔者搜集的582个样本案例中,2019年的惩罚性赔偿案件共有79件,其中法院判决被告应支付惩罚性赔偿的案件有25件。在这25个案件中,由两名人民陪审员参与组成合议庭的案件有8件,占比32%;由一名人民陪审员参与组成合议庭的案件有3件,占比12%;由一名法官独任审理的案件有6件,占比24%。由此可见,人民陪审员参与了大量惩罚性赔偿案件的审理。[3] 就惩罚性赔偿案件的审理而言,与一般民事程序所不同的是需要更加注重对与惩罚相关的事实的审理,并需要对惩罚数额进行确定,这些要求法官具有专业经验,以避免司法权力的滥用,并对被惩罚者进行权利保护。

我国《民事诉讼法》第40条第1款规定,“人民法院审理第一审民事案件,由审判员、人民陪审员共同组成合议庭或者由审判员组成合议庭”。虽然该条禁止了全部由陪审员组成合议庭,但是并未禁止陪审员参与合议庭审理案件,而且我国《民事诉讼法》没有规定陪审员与审判员组成数量之间的比例,该比例由各级法院依据具体情况确定,因此可以只有一名审判员。鉴于我国民事诉讼中陪审员与审判员具有同等的权利和义务,陪审员在审判中需要一同认定事实,适用法律。这与英美诉讼法中的陪审员和法官之间的角色存在差异,美国诉讼中的陪审员只认定事实,不适用法律,但是法官需要依据陪审团认定的事实适用法律。中国的陪审员参审制虽然可以使

---

① 邓思清:《刑事缺席审判制度研究》,《法学研究》2007年第3期,第94页;杨宇冠、高童非:《中国特色刑事缺席审判制度的构建——以比较法为视角》,《法律适用》2018年第23期,第13页。

② 最高人民法院民事审判第一庭编著:《最高人民法院新民事诉讼证据规定理解与适用》(下),人民法院出版社,2020年,第1版,第770页。

③ 《人民陪审员法》第21条、第22条规定:“人民陪审员在参加三人合议庭审判案件时,与审判员具有同等的权利和义务,对事实认定、法律适用,独立发表意见,行使表决权。人民陪审员在参加七人合议庭审判案件时,对事实认定,独立发表意见,并与法官共同表决;对法律适用,可以发表意见,但不参加表决。”因此,在七人制合议庭中,人民陪审员对惩罚性赔偿数额确定的实践影响可以忽略。由于上述样本案例中并没有发现七人制合议庭的情形,因此,此处重点探讨三人制合议庭审理案件的情况。

公民参与司法审判,体现司法的民主性,特别是在专业案件中可以借助陪审员提供专业的咨询意见,但是陪审员在惩罚性赔偿案件审理中可能会体现出程序上的缺陷。美国学者小詹姆斯·A. 亨德森等所著的《美国侵权法》一书认为,陪审团的指令会使得陪审团在选择金额时拥有很大的裁量权,并且被告资产净值的证据出示,使得陪审团有可能在裁判时对大企业产生偏见。而美国大量州旨在控制惩罚性赔偿金数额的立法显示,陪审团行使裁量权的能力和意愿并不受到信任。① 美国批判惩罚性赔偿制度的学者认为,陪审团作出的惩罚性赔偿往往超出社会所需要的威慑。② 鉴于我国合议制中陪审员没有受过专业的法律训练,对于惩罚性赔偿对诉讼当事人的权益影响并无专业判断,一般都是依据常识来审理案件。例如,在潘景新与吴川市振文镇三联日杂店产品销售者责任纠纷案中,合议庭由一名审判员和两名人民陪审员组成。在该案中,法院将原告主张的 2 倍惩罚性赔偿调整为 1.5 倍惩罚性赔偿,判决理由仅仅为"原告主张双倍惩罚性赔偿过高"。③ 对于"过高"的评定标准,法院并无相关论证,存在依据常识作出判断的可能。再如,在易某与雅迪科技集团有限公司、浙江奔包车业有限公司产品生产者责任纠纷案中,由两名人民陪审员和一名审判员组成了合议庭。在该案判决中,法院只是引用了相关法条,并未结合案情进行分析,就认定"原告有权依照上述法律规定请求二被告承担 2 倍以下的惩罚性赔偿金"。④ 从以上裁判论证可以看出,法院之所以并无专业客观的标准,除了因为法律本身规定不完善,也可能因为依据常识作出判断的人民陪审员易于作出主观擅断。

因此,在惩罚性赔偿案件的审理中,若由陪审员参与组成合议庭,在证据认定和惩罚数额认定上运用常识判断,容易造成对诉讼当事人的权益损害。而且在惩罚性赔偿认定的数额上,陪审员可能会依据自己普通公民的身份来看待问题,会给出过高的惩罚性赔偿数额。从诉讼主体来看,作为侵权人的被告在案件审理中可能会觉得,陪审员作为平民与原告的立场一致,希望对被告作出偏重惩罚,由此形成审判不公正的印象。相较而言,行政处罚和刑罚都是由具有处罚资格的执法人员或专业法官作出的,在民事程序中由非专业人员作出惩罚决定,有违程序上的严肃性。

---

① 〔美〕小詹姆斯·A. 亨德森等:《美国侵权法——实体与程序》(第七版),王竹等译,北京大学出版社,2014 年,第 1 版,第 592 页及以下。

② Beermann, Jack M., "Punitive Damages in the United States", *DAJV Newsletter*, 2007, p. 141.

③ 广东省吴川市人民法院民事判决书(2019)粤 0883 民初 1238 号。

④ 易某与雅迪科技集团有限公司、浙江奔包车业有限公司产品生产者责任纠纷案,陕西省汉阴县人民法院民事判决书(2019)陕 0921 民初 278 号。

从我国合议制组成结构中的陪审制来看,一方面,我国合议制中的陪审员在案件审理中所依据的常识主义,以及在案件审理中所具有的“被害人”心理有可能导致过度使用惩罚。德国学者本格特认为,陪审团在案件审理中具有“朋友的敌人就是敌人”这一基于自身处境而产生的心理。[①] 另一方面,在我国审判实践中,陪审员一般流于形式,难以真正参与案件审理之中,形式上的合议制实质上是独任制,这容易导致法官在案件审理中的恣意。这些在惩罚性赔偿案件的审理中都极为不利。陪审员并不具备对于惩罚的专业法律思维以及只有法官才具有的专业审理经验。而且在民事审判中,法官平时审理案件都是基于民法思维,没有刑事法官所具有的对犯罪嫌疑人的“量刑”思维,因此民事法官在审理惩罚性赔偿案件时并没有刑事法官的审判经验,这会导致民事法官在对惩罚性赔偿数额进行确定时没有精确的参照依据,难以精准把握惩罚额与侵权行为的适应程度。因此,在合议制中应该排除陪审员参与,只有让更多的法官参与才能够尽可能地排除量刑中的常识主义,避免单个法官在量刑中的经验不足所带来的自由裁量权滥用问题,避免给诉讼当事人带来权益上的损害。

## 三、证据法中的权利保障

### (一)从赔偿向惩罚的证据理念转变

德国学者布兰德认为,德国民事诉讼法与美国诉讼法在事实查明规则上存在较大差异,这主要是因为德国民事诉讼法基于纯粹的民事主体之间的争议,而美国法由于存在惩罚性赔偿制度,因此在查明事实规则上惩罚程序所追求的案件事实真相标准要高于普通民事诉讼程序所要求的真相标准,前者要求接近事实真相。[②] 我国最高人民法院在《新民事诉讼证据规定》的新闻发布会上解释道,证据是民事诉讼的实体内容,与当事人实体权利的保护和人民法院裁判结果的客观公正密切相关。但是民事诉讼以“谁主张谁举证”为基本要求,与刑事诉讼相比,民事诉讼当事人收集证据的能力不足、途径有限,这导致提供证据不力的一方承担败诉的结果,严重影响当事人的实体权利救济。[③] 为了实现对民事诉讼当事人的实体权利救济,民

---

① Bungert, Hartwin, “Verhältnismäßigkeitsprinzip und US-amerikanische Punitive Damages”, *VersR*, 1994, S. 15 ff.

② Brand, Peter-Andreas, “Grenzen zivielprozessualer Wahrheit und Gerechtigkeit”, *NJW*, 2017, S. 3558, 3563.

③ 最高人民法院民事审判民一庭编著:《最高人民法院〈新民事诉讼证据规定〉理解和适用》(上、下),人民法院出版社,2020年,第1版,第60页及以下。

事诉讼法设计了相应的证据规则,这在侵权损害赔偿案件中对于被侵权人权利救济的实现具有重要意义。但是惩罚性赔偿由基于弥补损害的赔偿部分和超出弥补损害的对侵权人的惩罚的部分组成,对于已经超出了权利救济范围的惩罚部分,是否还适用一般的民事诉讼证据规则?如果对适用惩罚的事实构成和数额确定适用基于被侵权人权利救济的证据规则,是否对被惩罚者构成不利?从法律制裁的程序立法来看,对于证据规则设置的理念明显不同于民事诉讼中基于权利救济的理念。刑事诉讼法中的证据规则是附着于宪法和刑事诉讼有关的公民基本权利以及有关刑事侦查的约束性规范之上的。①

民事诉讼中在对被告进行惩罚时,诉讼目的已经不再是对被侵权人损害的弥补,而是对被告进行法律制裁。此时民事诉讼考量的导向不再是对被侵权人的权利救济,而是如何在法律制裁之中保障被惩罚者的基本权利。这一理念的转变会影响到证据规则的设计,特别是证据合法性问题和证明标准问题。

### (二)证明对象范围界定与平等权

在《民法典》改变了之前惩罚性赔偿中主要的倍数计算法后,对于惩罚数额衡量的证明对象要比赔偿数额确定的证明对象更复杂。《民法典》中规定了"相应的惩罚性赔偿",这导致惩罚性赔偿数额的确定程序与刑事诉讼中的"量刑"程序相似。我国《宪法》第 33 条第 2 款规定法律面前人人平等,从法律适用的平等原则来看,我国在民事制裁中需要与刑罚一样,在惩罚性赔偿案件审理中适用统一的确定惩罚性赔偿数额的标准。鉴于我国《民法典》中并未规定统一的惩罚裁量标准,因此在证明对象的衡量上就会存在巨大的法官自由裁量空间。为了防止这一司法实践中可能侵犯公民平等权现象的发生,我国司法机关需要对证明对象确立精确的范围,以便法官在惩罚性案件审理过程中能够对证明对象进行精确的界定和分析,也便于法官在证明对象与惩罚的数额之间构建法定的联系标准,以此来维护宪法中的平等原则。②

《民法典》第 1185 条规定"相应的惩罚性赔偿",与惩罚性赔偿数额确定的相关事实涉及与侵权行为相关的各个方面。与此相关联的证据不仅包括对损害后果的客观方面的证据,还包括侵权人的主观方面是直接故意还是间接故意的证据。共同侵权时,则包括证明侵权人在共同侵权行为中起

---

① 易延友:《刑事诉讼法:规则 原理 应用》,法律出版社,2019 年,第 5 版,第 215 页。

② 朱应平:《论平等权的宪法保护》,北京大学出版社,2004 年,第 1 版,第 126 页及以下。

到主要作用还是次要作用的证据。此外还有侵权人在侵权行为发生后的行为表现等等证据。因此,对于惩罚而言,需要证明的事实比纯粹的损害赔偿更多,而且证明对象也更复杂。

从我国《民事诉讼法》中对于损害赔偿的证据规则来看,主要涉及侵权行为客观方面的证据规则,这是为了以损害的事实来计算损害赔偿的数额。但是对于惩罚数额的确定而言这是远远不够的,因为惩罚数额的确定需要考虑的客观方面因素要多于赔偿数额确定需要考虑的客观方面因素,比如侵权行为发生的时间、地点,实施的手段、方式等涉及社会危害性的因素。[①] 此外,也需要考虑侵权主体主观方面的因素,这扩大了一般民事赔偿诉讼中待证事实的范围,比如侵权人在主观方面是直接故意还是间接故意,以及其侵权动机、侵权目的等关于侵权行为社会危害性方面的证据。这些关乎惩罚数额确定的特殊因素在我国既有的民事证据中一般并不涉及,因此关乎惩罚数额确定证据的法律问题需要在有关惩罚性赔偿诉讼中加以解决。对此,一方面需要法官在案件审理中综合判断证据的关联性,不可依据既有赔偿法中对赔偿数额确定的证据关联性来判断惩罚性赔偿案件中惩罚部分的证据关联性;另一方面需要法官在案件分析中对于侵权人主观方面、侵权行为的危害性、侵权人的事后表现等决定惩罚数额的证据进行综合判断。

### (三)证据合法性问题

民事诉讼法中的证据的合法性要求要比刑事诉讼法宽松,这体现在证据合法性标准上。刑事诉讼中之所以要求更高标准的证据规则,主要是因为国家公权力在收集证据时可能会侵害公民权益和对犯罪嫌疑人处以刑罚是对犯罪嫌疑人权利的剥夺,因此需要适用严格的标准来保障当事人的合法权益。[②] 民事诉讼中的证据合法性在理论上分为证据形成的合法性、证据形式的合法性和证据认定的合法性。[③]

证据形成的合法性主要涉及证据的调查收集必须符合法律规定的程序和要求。我国《民事诉讼法解释》第 106 条规定,“对以严重侵害他人合法权益、违反法律禁止性规定或者严重违背公序良俗的方法形成或者获取的

---

① 全国人大常委会法制工作委员会民法室编:《〈中华人民共和国侵权责任法〉条文说明、立法理由及相关规定》,北京大学出版社,2010 年,第 1 版,第 196 页及以下。

② 戴长林主编:《非法证据排除规定和规程理解与适用》,法律出版社,2019 年,第 1 版,第 2 页。

③ 最高人民法院民事审判第一庭编著:《最高人民法院新民事诉讼证据规定理解与适用》(下),人民法院出版社,2020 年,第 1 版,第 763 页。

证据,不得作为认定案件事实的依据”。与刑事诉讼不同,民事证据收集一般是私人行为,与公权力行使无关。但是在民事案件中,也存在人民法院依申请或依职权调查证据的情形,而且调查证据的主体是人民法院本身,这种情况下会出现权力滥用和证据调查程序上存在瑕疵的可能。最高人民法院在《新民事诉讼证据规定》中对于人民法院依职权或依申请调查证据的情形进行了严格的程序规定。据此,可能涉及人民法院调查证据时权力滥用的情形有:人民法院在审理案件过程中认为待证事实需要通过鉴定意见证明,但是并未向当事人释明;人民法院准许鉴定申请,但是没有组织双方当事人协商确定相应资格的鉴定人,而是直接指定了鉴定人;人民法院并未组织当事人对鉴定材料进行质证;等等。程序上的证据瑕疵情形有:人民法院收到鉴定书后并未及时将副本送交当事人;人民法院在勘验前并未将勘验的时间和地点通知当事人;人民法院对当事人提交书证的申请进行审查时,并未听取对方当事人的意见;摘录有关单位制作的与案件事实相关的文件、材料,并未注明出处,并未加盖制作单位或者报送单位的印章,摘录人和其他调查人员并未在摘录文件上签名或盖章;等等。

证据形式的合法性是指法律对证据形式有具体、明确的要求时,证据应该符合法律规定的要求,否则会影响其合法性认定。比如《继承法》第 17 条规定的公证遗嘱、自书遗嘱、代书遗嘱等形式要求。

证据认定的合法性指要求作为定案依据的证据,需要经过法律规定的程序进行认定,否则会影响证据的合法性。如《民事诉讼法》第 68 条对于质证的要求。①

我国民事诉讼学者毕玉谦认为,民事诉讼一般处理当事人之间的民事纠纷问题,这些纠纷问题反映了诉讼当事人之间的利益角逐,如果采取严格的非法证据排除标准,可能会导致主张权利的人难以得到救济,因而在证明力判断上要求较为宽松。② 对此,民事诉讼学者张卫平认为,虽然某些证据可能侵犯了当事人或者他人的隐私,但是如果该证据不被采用,则可能导致主张权利的人难以得到救济。在证据合法性是否可采用这一问题上,张卫平认为应综合考虑下列因素:第一,不法行为是否情节轻微;第二,是否不得已而采取了违法的取证方式;第三,是否为了自己的合法权益;第四,取证中被侵权人是否具有一定的过错。③ 至于民事案件审判中如何认定非法证据,

---

① 最高人民法院民事审判第一庭编著:《最高人民法院新民事诉讼证据规定理解与适用》(下),人民法院出版社,2020 年,第 1 版,第 763 页及以下。

② 毕玉谦:《论民事诉讼证明上的盖然性规则》,《法学评论》2000 年第 4 期,第 40—49 页。

③ 张卫平:《民事诉讼法》,法律出版社,2016 年,第 4 版,第 204 页。

我国最高人民法院民一庭认为,在判断非法证据排除时应当慎重,需要以利益衡量为标准。在利益衡量时需要考量取得证据方法的违法性所损害的利益与诉讼所保护的利益,此时需要忽略取证方法的违法性所能够保护的利益。如果取证方法的违法性对他人权益的损害明显弱于违法性所能够保护的利益,则不应判断该证据为非法证据。[①] 从我国民诉学者和最高人民法院的观点来看,民事诉讼中的非法证据排除标准所采用的是自由证明,使用的是弹性标准,在具体非法证据排除认定中需要法官进行必要的衡量。

与民事诉讼基于权利救济理念的非法证据排除规则不同,刑事诉讼中更注重对被告人的权利保护。因此,刑事诉讼中的非法证据排除要求要高于民事诉讼,使用的一般是严格证明,所采用的并非利益衡量的方法,而是硬性标准。[②] 对于刑事诉讼中的非法证据排除范围,我国刑事诉讼学者易延友认为,下列非法证据应予以排除:第一,因侵犯反对强迫自证其罪特免权获得的非法言词证据;第二,因侵犯住宅权隐私权获得的非法实物证据;第三,因侵犯人身权获得的非法证据;第四,因侵犯获得律师帮助权获得的非法证据。[③]

惩罚性赔偿的认定分为适用赔偿所需的待证事实和适用惩罚所需的待证事实两个部分。鉴于惩罚性赔偿包括对侵权人的惩罚,如果在对适用惩罚的待证事实证明中采用民事诉讼程序中的非法证据排除规定,那么当事人的合法权益可能会受到非法侵害。由于惩罚性赔偿中的惩罚部分并不仅仅涉及权利救济问题,而且对于被侵权人的权利救济可以通过对赔偿数额的认定来实现,对于损害恢复性赔偿之外的惩罚部分则包括对侵权人的惩罚,因此对侵权人的权利保护与对被侵权人的抚慰等相比较而言,被惩罚人的基本权利明显为更重要的法益。虽然惩罚性赔偿适用民事程序,但是并不可以以民事为由来降低对公民进行法律制裁的标准。对于惩罚而言,究竟适用民法上赔偿的证据规则,还是适用刑法上惩罚的证据规则或是行政法上行政处罚的证据规则,对于当事人的权益具有很大的影响,特别是对于侵权人的合法权益保护而言,否则就会与刑事诉讼一样,存在错误惩罚的可能,进而造成"冤案"。虽然是否需要将非法证据排除标准提高到刑诉中的非法证据排除标准尚待讨论,但是绝不可以适用与权利救济同等的非法证

---

① 最高人民法院民事审判第一庭编著:《最高人民法院新民事诉讼证据规定理解与适用》(下),人民法院出版社,2020 年,第 1 版,第 764 页。

② 罗海敏:《刑事诉讼严格证明探究》,北京大学出版社,2010 年,第 1 版,第 201 页。

③ 易延友:《刑事诉讼法:规则　原理　应用》,法律出版社,2019 年,第 5 版,第 402 页及以下。

据排除标准。基于对被惩罚人的权利保护，此时的程序法应该借鉴刑事诉讼法中对犯罪嫌疑人的权利保护规则，采取比一般损害赔偿程序中更高标准的证据规则，甚至需要与刑事诉讼中一样适用必要的非法证据排除标准，否则难以排除侵权人被不当惩罚的可能。[①] 此时惩罚性赔偿中对于惩罚部分证据能力的认定标准应当与赔偿部分证据认定的标准进行区分，并适用更高的非法证据排除标准。鉴于我国最高人民法院《新民事诉讼证据规定》中并未对惩罚性赔偿专门规定提高的非法证据排除标准，司法实践中可以参照《刑事诉讼法》中的相应标准，结合民事诉讼实际来相应地提高证据合法性认定标准。

**（四）证明标准问题**

对于惩罚性赔偿的证明标准问题，我国理论界亦存有争议。[②] 在当代证据裁判主义要求下，案件事实认定必须以证据为依据。从历史发展来看，证据制度经历了神示证据制度、法定证据制度和自由心证证据制度，一般采用自由心证证据制度。自由心证强调法官的心证自由，也强调法律对于法官心证进行必要的制约。[③] 在对证据的认定过程中，证据应达到能够证明案件事实的程度，这就涉及证明标准问题。证明标准在诉讼中用以衡量或评判法官对个案中待证事实是否获得内心确信的尺度或程度。[④] 对于证明标准，不管大陆法系还是英美法系都作了层次性的多元化划分。从民事证据的标准来看，德国法中的证明标准分类较为简单，总共分为三级：第一级为原则性证明标准，要求法官对真相形成全面心证，并达到很高的盖然性，这适用于一般实体事实的证明；第二级为降低的证明标准，要求达到令人相信的程度，这适用于程序性事实的证明，近似于英美法系国家中的盖然性占优的标准；第三级为提高的证明标准，要求达到显而易见的程度，适用于诸如对显失公平的证明。[⑤] 美国民事诉讼证明标准分为两级：第一级为优势证据标准，这属于民事诉讼的一般证据标准，适用于大部分民事实体事实的证明；第二级为清楚和具有说服力的证明标准，这属于特殊的证明标准，适用于民

---

① 劳东燕：《刑事推定、证明标准与正当程序：对20世纪70年代美国联邦最高法院判例的解读》，《中外法学》2010年第5期，第646页。

② 朱冬：《〈民法典〉第1185条（知识产权侵权惩罚性赔偿）评注》，《知识产权》2022年第9期，第125页。

③ 最高人民法院民事审判第一庭编著：《最高人民法院新民事诉讼证据规定理解与适用》（下），人民法院出版社，2020年，第1版，第746页。

④ 毕玉谦：《证据制度的核心基础理论》，北京大学出版社，2013年，第1版，第196页。

⑤ 最高人民法院民事审判第一庭编著：《最高人民法院新民事诉讼证据规定理解与适用》（下），人民法院出版社，2020年，第1版，第751页。

事欺诈以及可能涉及刑事行为的民事案件的主张。[①]

对于我国行政程序中的证明标准,我国有学者分为三类:合理证据标准、优势证据标准和确凿证据标准。合理证据标准适用于程序性事项之中。对于行政处罚则适用优势证据标准和确凿证据标准。但是优势证据标准只适用于轻微的行政处罚决定,非轻微的行政处罚适用确凿证据标准。确凿证据标准要求行政机关所认定的事实有充分的证据支持,且能够排除任何合理怀疑。[②] 有的学者将我国行政诉讼的证明标准分为两类,即优势证明标准和接近排除合理怀疑标准。行政诉讼中适用接近排除合理怀疑标准的主要原因是,行政行为中存在一些比刑事制裁更为严厉的行政行为,为了保障行政相对人的人身财产权或者其他合法权益,需要采用更严格的证明标准。[③] 在行政诉讼中,由于作为被告的行政机关一般具有较大的举证责任,因此在证据规则设计上,为了能够保障行政相对人的权利,证明标准会因举证责任主体而异。比如行政机关就关系到重大的人身权、财产权的特定事项承担举证责任时,对案件事实和法律真实采取接近排除合理怀疑的标准,这一证明标准接近刑事诉讼中的证明标准。[④] 因此,行政诉讼中更高的证明标准的设计依据在于保护行政相对人的权利。

前文已述,我国民事诉讼中的证明标准分为三级,即排除合理怀疑、盖然性标准和较大可能性标准。从我国目前的惩罚性赔偿案件审判实践来看,惩罚性赔偿完全遵照民事诉讼规则来进行,但是对于惩罚性赔偿这一具有惩罚性的民事责任来说,在案件审判中要区分赔偿和惩罚两个部分。基于证据证明标准高低设定是否有利于对被制裁一方的权利保护这一基本理念,对于惩罚部分的证据要求应该不同于赔偿部分的证据要求,且应该要高于赔偿部分的证据要求,否则会使得惩罚通过较低的赔偿的证据规则得以轻易地逃离法治原则的控制。从我国目前有关诉讼证据的规定来看,并没有针对惩罚性赔偿的特殊证据规定,这里需要在诉讼规则上进行改革,至少在诉讼中提高证据认定的标准。至于应该将惩罚部分提高到何种标准,是否适用公法上的证明标准,则有待进一步探讨。

美国法将证明程序分为九个等级:第一等级为绝对确定,但是局限于人

---

① 〔美〕罗纳德·J. 艾伦等:《证据法——文本、问题和案例》(第三版),张保生等译,高等教育出版社,2006 年,第 1 版,第 808 页。

② 何海波:《行政诉讼法》,法律出版社,2016 年,第 2 版,第 426 页及以下。

③ 江必新、梁凤云:《行政诉讼法理论与实务》(上),法律出版社,2016 年,第 3 版,第 807 页。

④ 江必新、梁凤云:《行政诉讼法理论与实务》(上),法律出版社,2016 年,第 3 版,第 803 页及以下。

类本身的认识论,事实上无法达到;第二等级为排除合理怀疑,这也是诉讼中能够达到的证明程度的最高标准,一般适用于刑事案件事实的认定;第三等级是清楚和有说服力的证据,适用于某些地区的特殊民事裁判;第四等级为优势证据,是民事案件审理的一般证据要求,此外还适用于肯定刑事辩护之时;第五等级是可能的原因,适用于签发令状无证逮捕搜查和扣押、提起大陪审团起诉书和检察官起诉书等情况;第六等级是有理由相信,适用于临时的拦截和搜身;第七等级是有理由怀疑,用以宣布被告无罪之时;第八等级为怀疑,适用于启动侦察;第九等级为无线索,用于否定采取任何法律措施。① 我国学者何家弘认为,美国刑事审判中的证明标准是排除合理怀疑(90%以上),民事审判中的证明标准是优势证据(51%以上)。② 从美国对惩罚性赔偿的审判实践来看,很多州对其要价的证明采取了更严格的标准,即清楚和有说服力的证据,这一标准要比民事裁判中一般所采取的优势证据标准高,但是比刑事诉讼中所要求的排除合理怀疑标准低,是一个处于二者之间的证明标准。这反映了美国的惩罚性赔偿程序并未采取完全的民事标准,而是借鉴了刑事诉讼中的刑事标准。③ 对此,夏威夷高院在 Masaki v. General Motors Corp. 一案判决中写道,惩罚性赔偿事实的证明程度要达到让案件事实的审判者确切相信或坚信原告的陈述是成立的,事实具有高度存在的可能。④

鉴于惩罚性赔偿中的惩罚部分与刑事责任中的罚金和行政法中的行政处罚都是一种法律制裁措施,惩罚性赔偿中的惩罚没有任何理由可以脱离法治规则。如果一种侵犯公民权利、对公民进行制裁的措施可以轻易逃离必要的法律约束,那么这势必会给公民造成权利上的损害,侵犯法治秩序,给法治秩序下的正义规则带来损害。因此,司法机关在案件审理中除了需要在实体法上审慎对待惩罚性赔偿,还需要在程序法上进行必要的规制,遵守正当程序规则的要求,以避免造成司法权的滥用,给公民带来权益上的损害。鉴于此,在对惩罚性赔偿的司法审判中,应提高惩罚性赔偿诉讼中对与惩罚数额确定有关的事实的证明标准。我国民事诉讼中的证明标准一共有三级,其中高于一般民事诉讼中盖然性标准的是排除合理怀疑标准。但是

---

① 宋英辉、汤维建主编:《我国证据制度的理论与实践》,中国人民公安大学出版社,2006 年,第 1 版,第 421 页。

② 何家弘:《司法证明方法与推定规则》,法律出版社,2018 年,第 1 版,第 180 页。

③ Piers, M., *Punitive Damages in Private International Law: Lessions for the European Union*, Dissertation, University Gent, 2015, p. 22.

④ Masaki v. General Motors. Corp., *Hawaii Reports (Haw.)*, vol. 71, no. 14, 1989.

从《民事诉讼法解释》第 109 条和《新民事诉讼证据规定》第 86 条的规定来看,提高的民事证明标准并未针对惩罚性赔偿。未来我国应该对提高的证明标准的适用范围加以扩大,使之能够适用于惩罚性赔偿案件,以维护民事诉讼中被惩罚者的合法权益,避免出现类似于刑事诉讼中的冤案、行政处罚中的不当处罚等情形,以尽可能地维护诉讼当事人的合法权益。

# 第七章　惩罚性赔偿适用中的民事公益诉讼问题

不同于私益诉讼，公益诉讼是指当公共利益受到侵害时，相关主体为了维护公共利益向人民法院提起的诉讼。当提起公益诉讼的主体可以与该诉讼没有直接利害关系时，为狭义的公益诉讼。当提起公益诉讼的主体既包括与该诉讼没有直接利害关系的主体，又包括与该诉讼具有直接利害关系的主体时，为广义的公益诉讼。[①] 我国《民事诉讼法》第58条规定的是狭义的公益诉讼。[②] 公益诉讼"具有诉讼的国家公权性、程序性、强制性、终局性和权威性等一般特征"[③]。在公益诉讼中应当区分公共利益和私人利益，公共利益主要指"社会或某一领域的共同利益"[④]。比如在云南省普洱市人民检察院诉某公司污染环境民事公益诉讼一案中，公诉人在案件中认为生态环境修复费用是对受损环境予以恢复的民事公益赔偿，污染企业与村民和解协议中的赔偿则属于对公民损害的赔偿，属于私益救济，二者应当作出区分。[⑤] 与私益诉讼的民事程序相比，提起公益诉讼的主体不是利益直接被侵害的主体，判决的效力具有扩张性。[⑥] 自2012年《民事诉讼法》第55条（2021年修正后该条中的公益诉讼内容规定于第58条）正式确立民事公益诉讼以来，我国法院审理了大量有关惩罚性赔偿的案件。[⑦] 对于惩罚性赔偿

---

① 全国人大常委会法制工作委员会民法室编著：《2012民事诉讼法修改决定条文释解》，中国法制出版社，2012年，第1版，第45页；江必新主编：《新民事诉讼法条文理解与适用》，人民法院出版社，2022年，第1版，第239页。

② 毕玉谦主编：《民事诉讼法学》，中国政法大学出版社，2022年，第3版，第348条。

③ 张嘉军主编：《公益诉讼法》，中国检察出版社，2022年，第1版，第16、18页。

④ 全国人大常委会法制工作委员会民法室编著：《2012民事诉讼法修改决定条文释解》，中国法制出版社，2012年，第1版，第45页。

⑤ 云南省普洱市人民检察院诉某公司污染环境民事公益诉讼案，载最高人民检察院法律政策研究室：《公益诉讼指导性案例实务指引》，中国检察出版社，2019年，第1版，第138页。

⑥ 常怡主编：《民事诉讼法学》，中国政法大学出版社，2016年，第4版，第274页。

⑦ 黄忠顺、刘宏林：《论检察机关提起惩罚性赔偿消费公益诉讼的谦抑性——基于990份惩罚性赔偿检察消费公益诉讼一审判决的分析》，《河北法学》2021年第9期，第77页。

是否适用公益诉讼,目前仍存有争议。[①] 最高人民法院在起草《生态环境侵权惩罚性赔偿解释》时对于惩罚性赔偿是否适用于环境民事公益诉讼这一问题专门与全国人大常委会法工委民法室进行沟通,“全国人大常委会法工委的书面反馈意见认为,采取的是有争议但未封死的态度”[②]。从我国惩罚性赔偿的公益诉讼案件来看,仍存在众多理论争议,比如惩罚性赔偿公益诉讼的诉讼主体问题、公益诉讼的特别程序问题,以及具体侵权领域中的特殊问题等。鉴于这一问题的复杂性,本章将进行专门研究。

## 一、提起公益诉讼的主体

我国学者毕玉谦认为,鉴于公益诉讼中原告的利益并未受到直接侵害,因此与所提起的诉讼之间本无直接的利害关系,只是法律对原告资格作了扩张。但是这一扩张也并非不受限制,提起公益诉讼的主体具有法定性的特征。[③] 从我国法律来看,目前提起公益诉讼的主体只包括“法律规定的社会组织、行政机关和检察机关”,公民个体现在尚被排除在提起公益诉讼的合法主体之外。[④] 2012 年《民事诉讼法》第 55 条在规定公益诉讼时并未明确规定具体的可以提起公益诉讼的主体,只规定了“法律规定的机关和有关组织”,排除了公民作为公益诉讼主体的可能,因为将公民作为公益诉讼主体可能会导致“滥诉”和“炒作”等问题。[⑤] 2017 年《民事诉讼法》修正时增加了第 2 款,明确规定了人民检察院可以提起环境侵权、消费者权益保护等领域的公益诉讼。[⑥] 因此,从立法来看,提起民事公益诉讼的主体主要有人民检察院和其他有关组织两大类。

### (一)检察机关

2015 年 7 月,全国人大常委会授权检察机关开始在全国 13 个省(自治区、直辖市)开始公益诉讼试点工作。[⑦] 2017 年,修正后的《民事诉讼法》规

---

① 彭峰:《惩罚性赔偿在生态环境损害赔偿中的适用限制》,《政治与法律》2022 年第 11 期,第 151 页。

② 最高人民法院环境资源审判庭编著:《最高人民法院生态环境侵权禁止令保全措施、惩罚性赔偿司法解释的理解与适用》,法律出版社,2023 年,第 1 版,第 168 页。

③ 毕玉谦主编:《民事诉讼法学》,中国政法大学出版社,2022 年,第 3 版,第 348 页。

④ 张嘉军主编:《公益诉讼法》,中国检察出版社,2022 年,第 1 版,第 16 页。

⑤ 全国人大常委会法制工作委员会民法室编:《2012 民事诉讼法修改决定条文释解》,中国法制出版社,2012 年,第 1 版,第 56 页。

⑥ 反对意见参见刘学在、尹思媛:《消费民事公益诉讼:实践困境与突破路径》,《广西社会科学》2022 年第 11 期,第 107 页。

⑦ 龙婧婧:《刑事附带民事公益诉讼的缘起、实践和完善》,载最高人民检察院法律政策研究室:《公益诉讼指导性案例实务指引》,中国检察出版社,2019 年,第 1 版,第 56 页。

定检察机关可以作为提起公益诉讼的主体。2018 年 1 月到 11 月间,"全国检察机关共立案公益诉讼案件 89 523 件,……提起诉讼 2560 件"[①]。从这些数据来看,检察机关在民事公益诉讼中扮演了重要的角色。2018 年"两高"联合发布的《关于检察公益诉讼案件适用法律若干问题的解释》(下文简称《检察公益诉讼解释》)明确将检察机关确定为"公益诉讼起诉人"。[②] 2020 年修正的《检察公益诉讼解释》对人民检察院提起公益诉讼制度作了详细规定。从我国检察机关过去的公益诉讼实践来看,检察机关提起公益诉讼的案件涉及食品药品安全领域消费者权益保护、安全生产、个人信息保护、无障碍环境建设、生态环境和资源保护、生物多样性保护等多个领域。[③] 2022 年 3 月最高人民检察院在《关于全面加强新时代知识产权检察工作的意见》中提出要稳步推动检察机关的公益诉讼工作,并且明确了知识产权公益诉讼中检察机关的法律地位。

**1. 检察机关提起公益诉讼的条件**

依据 2021 年修正后的《民事诉讼法》第 58 条第 2 款和《检察公益诉讼解释》第二部分的规定,人民检察院提起公益诉讼具有两个条件:

(1) 实体条件

《民事诉讼法》第 58 条第 2 款规定了人民检察院提起公益诉讼的两种情形,即"破坏生态环境和资源保护、食品药品安全领域侵害众多消费者合法权益等损害社会公共利益的行为"。比如山东省烟台市人民检察院对公益林被毁提起的公益诉讼一案的判决,即依据当时的《民事诉讼法》的规定作出。[④]《检察公益诉讼解释》第 13 条还规定了侵害英雄烈士相关人格权等损害社会公共利益的行为。

在涉及刑事附带民事公益诉讼中,鉴于刑事诉讼和附带民事公益诉讼中当事人的范围可能有所不同,对于刑事诉讼中的被告人和民事公益诉讼中的被告是否需要一致这一问题,学界和实务界存有争议。一种观点认为刑事诉讼和民事公益诉讼的主体一致性是刑事附带民事公益诉讼的逻辑起

---

① 《全国检察机关公益诉讼办案工作 2018 年 12 月份情况通报》,载中华人民共和国国务院新闻办公室网站:http://www.scio.gov.cn/xwfbh/xwbfbh/wqfbh/39595/39596/xgfbh39601/Document/1644730/1644730.htm,访问日期:2023 年 2 月 10 日,

② 杨雅妮:《检察民事公益诉讼制度研究》,社会科学文献出版社,2020 年,第 1 版,第 21 页。

③ 最高人民检察院第八检察厅编:《最高人民检察院公益诉讼检察典型案例汇编(2021 年度)》,中国检察出版社,2022 年,第 1 版,第 3 页及以下。

④ 山东省烟台市人民检察院对公益林被毁提起的公益诉讼案,山东省烟台市中级人民法院判决书(2021)鲁 06 民初 280 号。

点。[①] 但是由于案情的复杂性,无法在审判中实现绝对的同一,实践中出现一些"两诉"被告(人)不同一的案件。但是这一绝对的划分导致了实践中无法对被告(人)协调一致,也使得该制度本身的价值难以实现,"为了实现制度价值、协同刑民责任、有效维护公益,不宜将'两诉'被告不一致的案件排除在该类诉讼的适用范围之外"[②]。

(2)程序条件

《检察公益诉讼解释》第 13 条第 2 款规定了检察机关提起公益诉讼的顺位,即检察机关在提起公益诉讼的顺位上居于辅助地位,只有当《民事诉讼法》第 58 条第 1 款规定的机关和有关组织,或者该款中规定的机关和有关组织未提起诉讼时,检察机关才可以提起诉讼。因此,检察机关在提起公益诉讼之前需要履行一定的顺位确认程序,也即诉前公告程序。例如,在山东省烟台市人民检察院对公益林被毁提起的公益诉讼一案中,法院履行了《检察公益诉讼解释》第 13 条规定的公告程序,由于公告期间内并无法律规定的相关主体提起公益诉讼,因此认定山东省烟台市人民检察院可以作为公益诉讼起诉人。[③]

**2. 检察机关的公益诉讼权限**

检察机关在行使公益诉讼诉权时,基于其身份的特殊性,应在诸多方面受到限制。[④]《人民检察院公益诉讼办案规则》第 2 条规定,"人民检察院办理公益诉讼案件的任务,是通过依法独立行使检察权,督促行政机关依法履行监督管理职责,支持适格主体依法行使公益诉权,维护国家利益和社会公共利益,维护社会公平正义,维护宪法和法律权威,促进国家治理体系和治理能力现代化","是以诉的形式履行法律监督本职"[⑤]。在民事公益诉讼中,检察机关被赋予的是有限诉权。[⑥] 在此需要分析一些特殊的问题。

首先,人民检察院在民事公益诉讼中具有起诉人这一身份,在公益诉讼

① 江必新:《认真贯彻落实民事诉讼法、行政诉讼法规定,全面推进检察公益诉讼审判工作》,《人民法院报》2018 年 3 月 15 日,第 3 版。

② 杨雅妮:《刑事附带民事公益诉讼案件范围之界定》,《北京社会科学》2022 年第 9 期,第 79 页。

③ 山东省烟台市人民检察院对公益林被毁提起的公益诉讼案,山东省烟台市中级人民法院判决书(2021)鲁 06 民初 280 号。

④ 参照黄忠顺:《检察机关提起惩罚性赔偿消费公益诉讼的自由裁量问题研究》,《中州学刊》2022 年第 9 期,第 67 页。

⑤ 最高人民检察院第八检察厅编:《〈人民检察院公益诉讼办案规则〉理解与适用》,中国检察出版社,2022 年,第 1 版,第 25 页。

⑥ 最高人民检察院法律政策研究室:《公益诉讼指导性案例实务指引》,中国检察出版社,2019 年,第 1 版,第 132 页。

中需要依据《民事诉讼法》中的规定来参与民事诉讼，在此诉讼过程中享有相应的权利，并需要履行相应的义务。从有权提起公益诉讼的检察机关来看，《检察公益诉讼解释》第5条规定，有权提起第一审民事公益诉讼案件的检察院是市(分、州)人民检察院。因此，基层人民检察院无权提起民事公益诉讼。如果基层人民检察院发现存在侵犯公共利益的行为，可能涉及民事诉讼，应当将相关案件材料移送具有起诉权的上级检察院。比如在湖南省郴州市人民检察院诉某公司及黄某等人环境污染民事公益诉讼一案中，郴州市宜章县人民检察院在办理某公司及黄某等人污染环境犯罪刑事案件时，发现涉案人员的行为可能损害社会公共利益，于是将案件线索移送郴州市人民检察院，由后者提起公益诉讼。[①]

其次，《检察公益诉讼解释》在证据调查、出庭诉讼等方面对公益诉讼中检察机关的诉讼行为作了明确规定。

从证据调查来看，证据是否充分在民事诉讼中决定着诉讼成败。人民检察院在办理公益诉讼案件时，享有调查取证的权力。比如在江西省赣州市人民检察院诉郭某某等人生产、销售硫黄熏制辣椒民事公益诉讼一案中，赣州市人民检察院在对行政机关、公安机关提供的证据的“三性”存疑的情况下，通过询问当事人、证人、调查等方式搜集证据。[②] 在安徽省旌德县人民检察院诉某发电总站水污染侵权责任纠纷民事公益诉讼一案中，提起诉讼的旌德县人民检察院在调查证据中受到了阻碍，有的行政机关不愿配合调查取证，检察机关不得不借助“外脑”，即委托专业的第三方机构提供鉴定意见。对此问题，《检察机关公益诉讼解释》第6条进行了专门规定，当人民检察院向有关行政机关、组织或个人调查收集证据材料时，相关行政机关、组织或个人应当予以配合。此外，该解释还规定，人民检察院还可以采取证据保全措施，但是需要依据民事诉讼法中的规定来实施。

从庭审过程来看，检察机关需要履行以下几方面职责：第一，在庭审中对公益诉讼的起诉书进行宣读；第二，出示调查收集的证据，并予以说明，对有关证据进行质证；第三，参与法庭调查，进行辩论并发表相关意见；第四，依法从事其他诉讼活动。

---

① 湖南省郴州市人民检察院诉某公司及黄某等人环境污染民事公益诉讼案，参见最高人民检察院法律政策研究室：《公益诉讼指导性案例实务指引》，中国检察出版社，2019年，第1版，第130页。

② 江西省赣州市人民检察院诉郭某某等人生产、销售硫黄熏制辣椒民事公益诉讼案，参见最高人民检察院法律政策研究室：《公益诉讼指导性案例实务指引》，中国检察出版社，2019年，第1版，第110页。

检察机关在公益诉讼中并非受损利益的所有人,而是国家利益和社会公共利益的代表者,检察机关参与公益诉讼的行为实质上是一种职务行为。因此,人民检察院在民事公益诉讼中可以作出的一些行为也是职责,人民检察院必须作出,不得放弃,否则无法实现维护国家利益和社会公共利益的目的。但是从另一角度来看,人民检察院参与公益诉讼,实质是处于民事诉讼原告的地位,与被告的诉讼地位在法律上是平等的。[①] 因此,检察机关参与公益诉讼是法律赋予的权力,行使的是国家权力,但是在公益诉讼中与被告享有平等的诉讼权利和义务。

**(二)其他机关和组织**

我国《民事诉讼法》第 58 条规定:"对污染环境、侵害众多消费者合法权益等损害社会公共利益的行为,法律规定的机关和有关组织可以向人民法院提起诉讼。"《民事诉讼法》在此确立了提起公益诉讼主体的法定性,即必须是法律规定的机关和组织才可以提起公益诉讼。

从我国的相关规范性文件,特别是司法解释来看,"机关和有关组织"主要是指行政机关和社会组织。

**1. 行政机关**

我国《海洋环境保护法》第 114 条第 2 款规定了海洋监督管理部门提起海洋保护公益诉讼的权利。张嘉军认为这一特殊规定主要是考虑到海洋问题的复杂性、专业性,检察机关和社会组织提起海洋环境公益诉讼会增加办案成本,降低司法效率,因此规定了海洋监督管理行政部门作为提起海洋公益诉讼的唯一适格主体。[②] 但是认为海洋监督管理行政部门作为提起海洋公益诉讼唯一主体的观点受到质疑,最高人民法院环境资源审判庭认为,"海洋生态环境损害赔偿的原告资格并非仅限于'行使海洋环境监督管理权的部门'",应该"以海洋环境监督管理部门为优先顺位,环保组织为辅,最后将检察机关作为起诉的'安全阀'"。[③]

此外,最高人民法院在《关于审理生态环境损害赔偿案件的若干规定(试行)》第 1 条中规定,"省级、市地级人民政府及其指定的相关部门、机构,或者受国务院委托行使全民所有自然资源资产所有权的部门",具有提起生态环境损害赔偿诉讼的资格。

---

① 江必新主编:《新民事诉讼法条文理解与适用》,人民法院出版社,2022 年,第 1 版,第 144 页。

② 张嘉军主编:《公益诉讼法》,中国检察出版社,2022 年,第 1 版,第 26 条。

③ 最高人民法院环境资源审判庭编著:《最高人民法院生态环境侵权禁止令保全措施、惩罚性赔偿司法解释的理解与适用》,法律出版社,2023 年,第 1 版,第 307 页。

**2. 社会组织**

《消费者权益保护法》第47条规定，“对侵害众多消费者合法权益的行为，中国消费者协会以及在省、自治区、直辖市设立的消费者协会，可以向人民法院提起诉讼”，这意味着并非所有的消费者协会都有权针对侵害众多消费者合法权益的行为提起诉讼。2016年《最高人民法院关于审理消费民事公益诉讼案件适用法律若干问题的解释》（下文简称《消费民事公益诉讼解释》）第1条也作出了同样的规定。以此为依据的条例，比如，江苏省消费者权益保护委员会向无锡市中级人民法院提起侵害消费者权益民事公益诉讼，并主张3倍的惩罚性赔偿。[①] 2023年，上海市消保委决定针对“隐性侵权”问题突出的行业和领域提起公益诉讼，以解决少数商家利用信息不对称来误导消费者，获得竞争优势，导致市场中出现“劣币驱逐良币”“低价低质”的问题。[②]

有权提起公益诉讼的组织和机关在公益诉讼中并非独立的，比如在保护消费者权益公益诉讼中，检察机关会配合其他消费者权益保护组织，支持消费者权益保护组织提起公益诉讼。检察机关也会督促消费者权益保护组织积极提起公益诉讼，并在证据调查、出席法庭等方面支持消费者权益保护组织。检察机关在民事公益诉讼中注重支持起诉的方式，在消费者权益保护公益诉讼中主要是配合消费者权益保护组织起诉，发挥对公共利益保护的兜底性作用。[③] 比如在邓秋城、双善食品（厦门）有限公司等销售假冒注册商标的商品案中，由于涉及众多消费者合法权益，无锡市新吴区人民检察院认为被告损害了社会公共利益，遂提出检察建议，建议江苏省消费者权益保护委员会提起公益诉讼。[④]

除了消费者权益保护组织外，在环境污染、生态环境破坏案件中，环境保护组织也常常提起民事公益诉讼。比如在江苏常隆农化有限公司等六家公司环境污染公益诉讼案中，泰州市环保联合会就作为原告提起了环境公益诉讼。[⑤] 在最高人民法院第132号指导案例，即中国生物多样性保护与绿

---

① 邓秋城、双善食品（厦门）有限公司等销售假冒注册商标的商品案，最高人民检察院第二十六批指导性案例检例第98号。

② 上海市消保委：《1整周1度电？1度电全屋40℃？上海市消保委将对误导消费者的电暖器网店启动公益诉讼》，载上海市消保委官方微信公众号，2023年3月13日发布。

③ 最高人民检察院第八检察厅编：《最高人民检察院公益诉讼检察典型案例汇编（2021年度）》，中国检察出版社，2022年，第1版，第45页。

④ 邓秋城、双善食品（厦门）有限公司等销售假冒注册商标的商品案，最高人民检察院第二十六批指导性案例检例第98号。

⑤ 江苏常隆农化有限公司等六家公司环境污染公益诉讼案，江苏省高级人民法院民事判决书（2016）苏民终1357号。

色发展基金会诉秦皇岛方圆包装玻璃有限公司大气污染责任民事公益诉讼案中,提起公益诉讼的主体是中国生物多样性保护与绿色发展基金会。[①] 在最高人民法院第134号指导性案例中,提起公益诉讼的主体为重庆市绿色志愿者联合会。[②]

## 二、公益诉讼中的特别程序

鉴于公益诉讼与自益诉讼之间存在一定的差异,因此公益诉讼在程序上存在一些特别的地方,这些程序主要是根据公益诉讼中起诉人与被侵害的利益之间并无直接关系而确定的,在程序上会受到一些特别原则的限制,比如有限处分原则。据此原则,公益诉讼当事人在处分实体权利和程序权利时会受到限制,不得损害公共利益。[③] 这些特别程序主要具有哪些内容?下面将专门加以分析。

### (一)公告程序

公益诉讼中的公告程序按照公告的主体不同,分为人民检察院的诉前公告程序和人民法院的诉中公告程序。

#### 1. 诉前公告程序

从公益诉讼中提起诉讼的人与被侵犯的利益之间的关系来看,二者并无直接的利害关系,因此被侵害的利害关系人一般可以直接提起民事诉讼,公益诉讼在此居于次要顺位。此处存在各个适格主体之间的诉权顺位问题,以便合理地对各个适格主体的诉讼资源进行合理的分配,避免诉权冲突和诉讼资源浪费。[④] 对于检察机关在公益诉讼中的诉权,存在优先顺位说和补充顺位说。从我国的立法和司法实践来看,我国采取的是补充顺位说。[⑤]

对于诉前公告程序是否适用于刑事附带民事公益诉讼,存在否定说和肯定说。否定说认为,刑事附带民事公益诉讼容易导致审查起诉期限延长,影响刑事公诉和民事公益诉讼的协同办理,出现“社会国家化”,影响罪行法定,有悖法的安定性等问题。肯定说认为,不得以办案效率等理由剥夺社会

---

① 《最高人民法院指导性案例(2018年1月—2020年12月)》,人民出版社,2021年,第1版,第117页。

② 《最高人民法院指导性案例(2018年1月—2020年12月)》,人民出版社,2021年,第1版,第188页。

③ 张嘉军主编:《公益诉讼法》,中国检察出版社,2022年,第1版,第70页。

④ 陈殿栋:《检察机关提起环境公益诉讼的诉权顺位研究》,《太原理工大学学报》(社会科学版)2017年第3期,第33—37页。

⑤ 最高人民法院环境资源审判庭编著:《最高人民法院 最高人民检察院检察公益诉讼司法解释理解与适用》,人民法院出版社,2021年,第1版,第186页。

组织的诉权，保障程序公正。[①] 2019年《关于人民检察院提起刑事附带民事公益诉讼应否履行诉前公告程序问题的批复》中采取了肯定说。这一程序还规定于《检察公益诉讼解释》第13条，依据该条，人民检察院在计划提起公益诉讼时需要进行公告。

上述公告制度的具体内容主要包括以下几个方面：第一，有关社会公共利益被侵害的事实，此处与惩罚性赔偿相关的适用领域为破坏生态环境和资源保护、食品药品安全领域侵害众多消费者利益。第二，应当告知适格主体可以向人民法院提起诉讼。公告期间届满，直接利害关系人和法律规定的机关和有关组织不起诉的，检察机关才可以提起公益诉讼。第三，公告期间为30天。[②]

该公告制度符合公益诉讼的特点，也体现了检察机关在诉权顺位中的补充性地位，它的功能在于保障社会公众的知情权和参与权，保障其他适格主体的诉权。这一程序是人民检察院提起公益诉讼的前置性程序，也是必须履行的法定程序。[③]

公告的效力在于两个方面。一方面，如果公告期内法律规定的机关和有关组织提起诉讼，那么人民检察院就不得作为公益诉讼人提起诉讼，但是可以支持起诉。另一方面，只有法律规定的机关和有关组织不提起诉讼，人民检察院才可以提起公益诉讼。公告期届满后开始计算审查起诉期限，一般为3个月。如果检察机关已经履行诉前公告程序，人民法院立案后就不再进行公告。[④] 从“两高”的《检察公益诉讼解释》来看，诉前公告程序还有督促其他相关适格主体积极行使公益诉讼权的作用。[⑤]

**2. 诉中公告程序**

诉中公告程序是指人民法院受理案件后的公告程序，作出这一公告程序的主体是人民法院。这在各国的公益诉讼立法实践中都存在，其设计的理论依据在于程序参与原则，目的在于避免代表人诉讼中的不法行为，并确保诉讼所保护的公共利益的实现。[⑥]

---

① 张嘉军主编：《公益诉讼法》，中国检察出版社，2022年，第1版，第339、340页。

② 张嘉军主编：《公益诉讼法》，中国检察出版社，2022年，第1版，第260页。

③ 最高人民法院环境资源审判庭编著：《最高人民法院　最高人民检察院检察公益诉讼司法解释理解与适用》，人民法院出版社，2021年，第1版，第188、189页。

④ 张嘉军主编：《公益诉讼法》，中国检察出版社，2022年，第1版，第261页。

⑤ 最高人民检察院第八检察厅编：《〈人民检察院公益诉讼办案规则〉理解与适用》，中国检察出版社，2022年，第1版，第133页。

⑥ 最高人民法院环境资源审判庭编著：《最高人民法院　最高人民检察院检察公益诉讼司法解释理解与适用》，人民法院出版社，2021年，第1版，第190页。

《最高人民法院关于审理环境民事公益诉讼案件适用法律若干问题的解释》(下文简称《环境民事公益诉讼解释》)第10条规定,人民法院受理环境民事公益诉讼后应当公告案件受理情况,需要在立案之日起5日内将起诉状副本发送给被告;有权提起诉讼的其他主体需要在公告之日起30日内申请参加诉讼。《消费民事公益诉讼解释》第6条亦规定了公告程序,具体要求为立案之日起10日内书面告知相关行政部门;第7条还规定了其他机关和社会组织申请参加诉讼的相关权利。

对于诉前公告和诉中公告之间的关系,有学者认为二者存在重复,浪费了司法资源。虽然二者都是为了保障各类适格主体的诉权,保护公众的知情权和参与权,但是二者的程序性质存在不同,人民检察院的诉前公告程序具有明确检察院诉权顺位的功能,诉中公告则是保障社会各界对于人民法院诉讼活动的监督功能。尽管二者存在实质性差异,考虑到诉讼经济和效率,我国《检察公益诉讼解释》第17条第2款作了简化规定,即检察院已经履行诉前公告程序的,在立案后审理法院无需再次公告。对于非检察机关提起的公益诉讼,则不存在重复公告问题,审理法院应当履行诉中公告程序。

### (二)释明权

释明权是法院所享有的一种职权,在诉讼中对于当事人的主张或陈述不明确或不当的地方,法院可以对当事人进行发问、提醒,以使得当事人能够把不明确、不当的地方加以澄清。但是2012年我国《民事诉讼法》并未规定释明权。2019年,最高人民法院在《新民事诉讼证据规定》第2条中确立了法院的释明权。据此,人民法院应当向当事人说明举证的要求以及法律后果,以使得当事人能够在合理期限内妥善地完成举证。释明权的行使原则有二:一是以探求当事人真意为原则;二是中立原则。[①]

鉴于诉讼中立原则,对于公益诉讼中是否应当规定释明权则存有争议。反对意见认为,提起公益诉讼的主体一般具有相应的专业知识,所以为了诉讼中立,无需动用释明权来加以干预。赞成意见则认为,提起公益诉讼的主体的专业知识未必全面,且未必是法律专业认识,因此难免有疏漏。此外,如果原告在案件中提起的诉讼请求不全面,将会导致其他机关和社会组织因同一侵权事由重复起诉,浪费司法资源。而且提起公益诉讼的主体有时

---

① 最高人民法院民事审判第一庭编著:《最高人民法院新民事证据规定理解与适用》(上),人民法院出版社,2020年,第1版,第82页及以下。

处于弱势地位，不利于实现维护公共利益这一目的。①基于以上理由，《环境民事公益诉讼解释》《消费公益诉讼解释》和《检察公益诉讼解释》都规定了释明权。

虽然我国的相关司法解释中明确规定了释明权，但是释明权的适用具有一定的限制。首先，司法解释释明权主要体现了预防性责任，即停止侵害、排除妨碍和消除危险等责任。这在环境侵权中可以体现为替代性的修复责任，在消费者公益诉讼中可以体现为及时制止加害行为等。其次，对于赔偿性责任，特别是惩罚性赔偿责任，法院的释明权应受到限制。②赔偿责任的范围应当以能够弥补侵权责任所造成的损失为限，对于超出侵权责任所造成的损失的部分的惩罚性赔偿，法院对此的释明应当受到限制。

在法院行使释明权后提起诉讼的主体是否必须依据法院释明的内容改变其诉讼请求？对此司法解释并未作出规定。有的意见认为，应当突破既有的民事诉讼中不告不理原则，全面维护公共利益。有的意见则认为，应当尊重民事诉讼主体的起诉权。鉴于公益诉讼本身所适用的民事诉讼程序，对于法律没有明确规定的例外，应当适用民事诉讼的一般性规定。③从我国现有的法律规定和司法解释来看，目前仍不具有突破不告不理原则的规范基础。因此，提起公益诉讼的主体在法院作出释明权后可以依据私法自治原则来决定是否增加或改变自己的诉讼请求。

## 三、具体领域中的公益诉讼问题

按照案件类型来分，公益诉讼存在个人信息保护公益诉讼、消费者权益保护公益诉讼、环境保护公益诉讼、英烈保护公益诉讼、未成年权益保护公益诉讼等类型。④从《民法典》中的惩罚性赔偿条款来看，主要涉及消费者权益保护公益诉讼、环境保护公益诉讼和知识产权保护公益诉讼。下文将结合《民法典》条文来分析具体领域中的公益诉讼问题。

### （一）产品责任中的公益诉讼

#### 1. 适用条件

对于产品责任侵权公益诉讼的适用条件，依据《民事诉讼法》第 58 条之

---

① 最高人民法院环境资源审判庭编著：《最高人民法院　最高人民检察院检察公益诉讼司法解释理解与适用》，人民法院出版社，2021 年，第 1 版，第 254 页。

② 最高人民法院环境资源审判庭编著：《最高人民法院　最高人民检察院检察公益诉讼司法解释理解与适用》，人民法院出版社，2021 年，第 1 版，第 255 页及以下。

③ 最高人民法院环境资源审判庭编著：《最高人民法院　最高人民检察院检察公益诉讼司法解释理解与适用》，人民法院出版社，2021 年，第 1 版，第 263 页。

④ 毕玉谦主编：《民事诉讼法学》，中国政法大学出版社，2022 年，第 3 版，第 347 页。

规定,适用公益诉讼的前提是侵犯众多消费者的合法权益,只有这样检察院、法律规定的机关和有关组织才可以向人民法院提起公益诉讼。这里主要强调的是侵犯的利益具有社会公共性,并非个人的私益。在浙江省杭州市余杭区人民检察院诉蔡某某等销售伪劣口罩民事公益诉讼一案中,蔡某某购买“三无”口罩,冒充 N95 口罩通过互联网向他人出售,销售金额达 274 500 元。如何界定公共利益?在这个案件中,余杭区人民检察院认为在新冠疫情期间蔡某某通过互联网向不特定消费者出售伪劣口罩,危害了社会公众的生命安全和身体健康,蔡某某的行为已经损害了社会公益,遂提起公益诉讼。法院经审理支持了检察院的诉讼请求,其中包括要求被告承担 3 倍惩罚性赔偿的诉讼请求。①

上述案件反映了侵害不特定主体的生命安全和身体健康情形中的公共利益问题,至于公共利益包括哪些具体的方面,需要从我国的司法解释中来寻找答案。《消费民事公益诉讼解释》第 2 条详细规定了可以适用消费者保护公益诉讼的情形。对于这些适用情形,结合《民法典》第 1207 条来看,要满足第 1207 中的适用条件,即在主观上是“明知”状态,在行为要件上要生产、销售缺陷产品,或者没有依照规定采取补救措施,在结果上要求造成他人死亡或者健康严重损害。对于可能对社会造成严重危害,但是没有造成他人死亡或者健康严重损害的,无法依据本条提起惩罚性赔偿诉讼。比如在余杭区人民检察院诉蔡某某等销售伪劣口罩民事公益诉讼一案中,由于该案件只是对不特定消费者的生命健康造成了潜在危险,因此并不符合《民法典》第 1207 条的规定。② 本条规定的另一个要件是,要满足具有缺陷的产品侵害了众多不特定消费者的合法权益这一侵害后果上的条件,只有这样才可以体现出具有缺陷的产品侵犯了社会公共利益。对于何为“众多”,《最高人民法院关于适用〈中华人民共和国民事诉讼法〉的解释》第 75 条规定,人数众多一般指人数达到十人以上。此处的人数规定只是参照性规定,在司法实践中需要法官根据案情作出裁量。对于“不特定”的消费者,则并非依据事后具体受侵害的消费者数量是否特定来判断,而是依据侵害行为是否可以导致不特定消费者的损害来确定。③

---

① 浙江省杭州市余杭区人民检察院诉蔡某某等销售伪劣口罩民事公益诉讼案,参见最高人民检察院第八检察厅编:《最高人民检察院公益诉讼检察典型案例汇编(2021 年度)》,中国检察出版社,2022 年,第 1 版,第 344 页。

② 参见最高人民检察院第八检察厅编:《最高人民检察院公益诉讼检察典型案例汇编(2021 年度)》,中国检察出版社,2022 年,第 1 版,第 345 页。

③ 俞健:《浅析办理民事公益诉讼案件若干问题》,载最高人民检察院法律政策研究室:《公益诉讼指导性案例实务指引》,中国检察出版社,2019 年,第 1 版,第 74 页。

由于《民法典》第 1207 条中规定的是产品，这属于一般法的规定，当案件中存在食品、药品等特殊的产品时，会涉及《食品安全法》《消费者权益保护法》等特别法中的构成要件，此时需要依据特别法优于一般法规则，优先适用特别法中的规则。比如在浙江省松阳县人民检察院诉刘某某等生产、销售有毒、有害食品刑事附带民事公益诉讼一案中，检察机关针对生产、销售有毒、有害食品这一违法行为提起了刑事附带民事的公益诉讼，并依据《食品安全法》第 148 条第 2 款之规定提起支付销售价款 10 倍的惩罚性赔偿。[①] 在新疆维吾尔自治区伊犁哈萨克自治州人民检察院诉某气体制造有限公司非法销售假药民事公益诉讼一案中，新疆某气体制造有限公司将工业氧冒充医用氧非法销售，伊犁哈萨克自治州人民检察院认为该行为侵害了患者的知情权及健康权，并认为该行为可能侵犯社会公共利益，遂提起公益诉讼，依据《消费者权益保护法》第 55 条主张 3 倍的惩罚性赔偿。[②] 哪些情形下可以提起惩罚性赔偿诉讼请求？2021 年 4 月，最高法、最高检等七部门形成了《探索建立食品安全民事公益诉讼惩罚性赔偿制度座谈会会议纪要》，其中提出，实践中要综合考虑“行为人主观过错程度、违法次数和持续时间、受害人次数、损害类型、经营状况、获利情况、财产状况、行政处罚和刑事处罚等因素”，来决定是否提起惩罚性赔偿诉讼请求。[③]

**2. 资金管理**

不同的公益诉讼是为了实现不同的政策目的，而在消费者权益保护民事公益诉讼中，惩罚性赔偿诉讼请求的一个法政策目的就是让违法者“痛到不敢再犯”，加大违法者的违法成本，有效震慑和警示潜在违法者。[④] 其中一个重要的环节是使用赔偿金。正确地使用惩罚性赔偿金有利于政策目的的实现，同时，惩罚性赔偿法政策目的的实现需要正确地使用惩罚性赔偿金。

消费者保护公益诉讼的资金管理主要存在的问题有：第一，资金权属定性不明，这导致资金的归属存有争议，即究竟应该收缴国库，还是支付消费

---

① 浙江省松阳县人民检察院诉刘某某等生产、销售有毒、有害食品刑事附带民事公益诉讼案，参见最高人民检察院第八检察厅编：《最高人民检察院公益诉讼检察典型案例汇编（2021 年度）》，中国检察出版社，2022 年，第 1 版，第 338 页。

② 新疆维吾尔自治区伊犁哈萨克自治州人民检察院诉某气体制造有限公司非法销售假药民事公益诉讼案，参见最高人民检察院第八检察厅编：《最高人民检察院公益诉讼检察典型案例汇编（2021 年度）》，中国检察出版社，2022 年，第 1 版，第 340 页。

③ 最高人民检察院第八检察厅编：《〈人民检察院公益诉讼办案规则〉理解与适用》，中国检察出版社，2022 年，第 1 版，第 143 页。

④ 最高人民检察院第八检察厅编：《最高人民检察院公益诉讼检察典型案例汇编（2021 年度）》，中国检察出版社，2022 年，第 44、45 页。

者赔偿,或者作为消费者维权资金。这三种方法都存在理论上的不足,无法实现保护公益与保护具体被侵权人利益之间的平衡。[①] 第二,资金使用过程、方法不透明,资金监管不到位,对于消费者公益诉讼赔偿资金的最终应该如何使用并无确定的方案。[②] 从消费者权益保护的实践来看,维护消费者权益需要大量的资金,这要求资金管理措施规范化。比如 2022 年抖音电商平台发布的《2021 抖音电商消费者权益保护年度报告》中提到,抖音电商 2021 年全年为消费者权益保护支付约 1.8 亿元。由此可以看出,社会上仍存在不少消费者侵权事件,需要大量的消费者权益保护资金,并需要对资金使用进行有效的管理。但消费者公益诉讼赔偿金的管理仍存在不足,有待进一步完善。

首先,应该建立特定的消费者保护公益诉讼基金,以便对消费者保护公益诉讼赔偿金进行专门的管理。[③] 这一消费者保护公益诉讼基金应当确定特定的用途。消费者保护公益诉讼的法政策目的是保护消费者权益,因此通过公益诉讼所获得的赔偿金应当用来实现这一诉讼设立所追求的政策目的:一方面可以用于赔偿在相关公益诉讼案件中被侵权的消费者的损失,另一方面可以专项用于消费者权益保护。

其次,对于消费者保护公益诉讼基金的收入、使用和支出设立严格的程序,建立严格的合规体系,以使得消费者保护公益诉讼的赔偿金能够有效地被用于消费者权益保护。这需要设立相应的资金使用预算、资金使用申请、资金使用划拨、资金使用报销、资金使用公示制度。这些详细的流程设置目的在于:一方面确保资金被有效地使用,另一方面使得资金使用透明化。

最后,设立必要的资金使用监管机制,例如可以设立外部监管机制和内部监管机制两套体系。外部监管机制主要由司法机关来行使,内部监管机制则要求基金会内部在合规、会计等方面设定严格的制度。内外结合的监管体系可以使得消费者权益保护公益诉讼资金的使用得到严格的监管,保障资金使用的公正性和廉洁性,防止滥用资金和腐败的发生。

总之,消费者保护公益诉讼中赔偿金的正确使用关系到这一公益诉讼制度是否能够实现政策目的,只有确立有效的资金管理体系,才能够真正实

---

① 俞健:《浅析办理民事公益诉讼案件若干问题》,载最高人民检察院法律政策研究室:《公益诉讼指导性案例实务指引》,中国检察出版社,2019 年,第 1 版,第 77 页。

② 赖红军、唐昕:《民事公益诉讼惩罚性赔偿金的性质和管理路径》,《人民检察》2020 年第 23 期,第 24 页。

③ 任世丹主编:《公益诉讼案例教程》,知识产权出版社,2022 年,第 1 版,第 143 页;张嘉军:《消费民事公益诉讼惩罚性赔偿司法适用研究》,《河南财经政法大学学报》2022 年第 6 期,第 130 页。

现消费者权益保护的目的，特别是为消费者公益诉讼的长期有效实施提供后续保障。[①]

## （二）环境侵权中的公益诉讼

### 1. 学说论争

自2014年12月8日最高人民法院审判委员会第1631次会议通过《关于审理环境民事公益诉讼案件适用法律若干问题的解释》以来，有关环境污染的公益诉讼发展较快。但是从理论来看，《民法典》第1232条确定环境侵权领域的惩罚性赔偿制度后，学界对于环境侵权中的惩罚性赔偿制度是否可以适用公益诉讼制度一直存有争议。[②] 房绍坤认为，不管是民事权益遭受侵害的私主体，还是生态环境损害中提起公益诉讼的主体，都可以提起惩罚性赔偿诉讼。[③] 王利明则认为，《民法典》第1232条中的惩罚性赔偿的规定，原则上不适用于公益诉讼。[④] 学者们的观点可概括为否定说和肯定说。否定说主要基于规范、功能、后果等角度加以分析。[⑤] 从规范角度来看，本条中规定的是“私益”，此处排除了其他主体提起民事诉讼的可能。这一观点受到当事人适格理论和狄骥（Léon Duguit）的主观诉讼理论的影响。[⑥] 从功能角度来看，主要认为生态救济的功能在于恢复，而非惩罚。从后果角度来看，若支持惩罚，则会给企业带来难以承受的负担，不利于企业的发展。[⑦] 肯定说也基于规范、功能和后果等角度作了分析。从规范角度来看，环境与生态属于公益，对之侵犯也损害了公益，因此出于保护公益的需要，此处适用公益诉讼是环境民事公益诉讼的应有之义。这一学说受到当事人适格理论扩展学说和狄骥的客观诉讼理论的影响。[⑧] 从功能角度来看，引入惩罚性赔

---

① 颜卉：《消费公益诉讼惩罚赔偿金归属研究》，《兰州大学学报》（社会科学版）2020年第3期，第82页。

② 彭峰：《惩罚性赔偿在生态环境损害赔偿中的适用限制》，《政治与法律》2022年第11期，第150页；吴卫星、何钰琳：《论惩罚性赔偿在生态环境损害赔偿诉讼中的审慎适用》，《南京社会科学》2021年第9期，第91页。

③ 房绍坤、张玉东：《论〈民法典〉中侵权责任规范的新发展》，《法制与社会发展》2020年第4期，第155页。

④ 王利明：《〈民法典〉中环境污染和生态破坏责任的亮点》，《广东社会科学》2021年第1期，第221页。

⑤ 李智卓、刘卫先：《惩罚性赔偿不应适用于环境民事公益诉讼的法理辨析》，《中州学刊》2022年第3期，第48页。

⑥ 张嘉军主编：《公益诉讼法》，中国检察出版社，2022年，第1版，第29页。

⑦ 王利明：《〈民法典〉中环境污染和生态破坏责任的亮点》，《广东社会科学》2021年第1期，第221页；秦天宝、袁野阳光：《论惩罚性赔偿在环境民事公益诉讼中的限制适用》，《南京工业大学学报》（社会科学版）2022年第1期，第35页及以下。

⑧ 张嘉军主编：《公益诉讼法》，中国检察出版社，2022年，第1版，第29页。

偿制度在于弥补政府功能的不足,而公益诉讼可以在民事诉讼领域弥补该不足。从后果角度来看,惩罚性赔偿具有抑制和预防功能,检察机关及社会团体参与公益诉讼可以有效地实现惩罚性赔偿制度的这两大功能。① 以上各种观点反映了我国理论界对于惩罚性赔偿是否适用公益诉讼分歧较大。

尽管理论界存有争议,实务界仍在积极探索环境侵权领域惩罚性赔偿的公益诉讼制度。2021 年 7 月,最高人民检察院公布施行的《人民检察院公益诉讼办案规则》中规定,人民检察院在办理破坏生态环境和资源保护领域案件时,可以提出惩罚性赔偿的诉讼请求。2021 年 12 月,最高人民法院颁布了《生态环境侵权惩罚性赔偿解释》,其中规定审理法院应当处理公益诉讼主体提起的惩罚性赔偿请求权,还规定了环境侵权适用惩罚性赔偿制度时的公益诉讼规则。至于何为该解释中的"作为被侵权人代表",全国人大法工委民法室在该解释制定时回复最高人民法院的征询意见中认为,此处的"代表"有别于私益诉讼中的代表人诉讼,而是类似于《海洋环境法》第 114 条第 2 款规定的代表制度,即"由依照本法规定行使海洋环境监督管理权的部门代表国家对责任者提出损害赔偿要求"这一制度。②

**2. 裁量基准**

环境公益诉讼与环境自益诉讼的起诉人是否可以基于自己的不同立场而提起不同的诉讼请求?法官在审理此类案件中是否应体现裁量标准上的差异?特别是在适用惩罚性赔偿时,法官面对公益诉讼起诉人和自益诉讼起诉人依据不同的立场所提起的不同的惩罚性赔偿要求,是否应当具有统一的裁量基准?还是法官在案件裁判中应当基于起诉人诉讼请求的差异来进行裁判?对于此类问题,需要对公益诉讼中的裁量标准问题进行探讨。

此处首先面临的问题是:环境公益诉讼的诉讼提起人是否可以依据自己的立场来确定诉讼请求,特别是在惩罚性赔偿数额的确定上依据自己选择的标准?要回应此问题,首先应当探讨我国民事诉讼中提起诉讼的主体是否享有相应的权利。此处涉及的是《民事诉讼法》第 13 条第 2 款之规定,"当事人有权在法律规定的范围内处分自己的民事权利和诉讼权利"。这就是诉讼法中的处分原则,这一原则体现了私法中的意思自治,是该实体法中

---

① 秦天宝、袁野阳光:《论惩罚性赔偿在环境民事公益诉讼中的限制适用》,《南京工业大学学报》(社会科学版)2022 年第 1 期,第 35 页及以下;李智卓、刘卫先:《惩罚性赔偿不应适用于环境民事公益诉讼的法理辨析》,《中州学刊》2022 年第 3 期,第 48 页及以下。

② 刘竹梅、刘牧晗:《〈关于审理生态环境侵权纠纷案件适用惩罚性赔偿的解释〉的理解与适用》,《人民司法》2022 年第 7 期,第 53 页。

的原则在程序法中的自然延伸和体现。[①] 从我国《民事诉讼法》的规定来看，享有处分权的主体是当事人和相当于当事人的人。提起公益诉讼的主体是否可以为相当于当事人的人？此处相当于当事人的人是指具有类似当事人地位的人，主要是法定诉讼代理人、经当事人特别授权的委托诉讼代理人。我国《民事诉讼法》第 58 条规定了特定机关和组织具有提起公益诉讼的资格，以法定的方式确立了相关主体在公益诉讼中诉讼当事人的法定地位。因此，提起公益诉讼的主体应当为具有类似当事人地位的人。

具有提起诉讼资格的主体是否可以任意处分诉讼权利，则有待分析。我国《宪法》第 51 条规定，我国公民在行使权利的时候，不得损害国家的、社会的、集体的利益和其他公民的合法的权利和自由。公益诉讼的主要依据就是保护社会公共利益，因此公益诉讼的当事人在诉讼中并不可以随意行使处分权，而是应当以维护社会公共利益为基准。此外，我国《民法典》第 154 条规定，恶意串通、损害他人合法权益的民事法律行为无效。因此，提起公益诉讼的主体对权利的处分也不得损害他人的利益。[②] 因此，公益诉讼的诉讼提起人在诉讼中不可以任意地处分诉讼权利，而是受到社会公共利益的严格限制，这与私益诉讼起诉人的处分权利有重大区别。鉴于公益诉讼中所涉及的主要是社会公共利益，因此提起公益诉讼的起诉人应当严格依据法定的损害赔偿标准来提起诉讼，如果低于法定的损害赔偿标准来提起诉讼请求，则有可能损害相应的社会公共利益。

至于法官审理的惩罚性赔偿的裁量基准问题，亦需要加以讨论。公益诉讼是否需要依据与私益诉讼同样的裁量基准？比如在江西省浮梁县人民检察院诉浙江海蓝化工集团有限公司环境侵权公益诉讼议案中，法院认为"被告海蓝公司按照环境功能性损失费用的 3 倍承担环境污染惩罚性赔偿 171 406. 35 元"[③]。此处涉及惩罚性赔偿数额的计算基数为"环境功能性损失费用"，以及相应的计算方法"3 倍"。在山东省青岛市人民检察院诉青岛市崂山区意象空间艺术鉴赏中心生态破坏公益诉讼一案中，审理法院"酌情判令其承担惩罚性赔偿 99 050 元"，此处并无惩罚性赔偿裁量的基数和倍数。[④] 这些案件所涉及的问题是，法院对于惩罚性赔偿数额的确定是否需要

---

① 毕玉谦主编:《民事诉讼法学》，中国政法大学出版社，2022 年，第 3 版，第 77 页及以下。

② 江必新主编:《新民事诉讼法条文理解与适用》，人民法院出版社，2022 年，第 1 版，第 49 页及以下。

③ 江西省浮梁县人民检察院诉浙江海蓝化工集团有限公司环境侵权公益诉讼议案，江西省浮梁县中级人民法院民事判决书(2020)赣 0222 民初 796 号。

④ 山东省青岛市人民检察院诉青岛市崂山区意象空间艺术鉴赏中心生态破坏公益诉讼案，山东省青岛市中级人民检察院民事判决书(2021)鲁 02 民初 69 号。

执行统一的标准。最高人民法院在《生态环境侵权惩罚性赔偿解释》第 9 条中规定了惩罚性赔偿金数额的计算基数,即环境污染、生态破坏造成的人身损害赔偿金、财产损失数额。此外,第 10 条还规定了综合考虑的因素,即侵权人的恶意程度、侵权后果的严重程度、侵权人因污染环境、破坏生态行为所获得的利益或者侵权人所采取的修复措施及其效果等。同时该条还规定了最高限额,即一般不超过人身损害赔偿金、财产损失数额的 2 倍。在湖南省茶陵县人民检察院对段某云提起的破坏生态公益诉讼案件中,审理法院即据此作出了判决,认定被告应当承担破坏生态环境惩罚性赔偿金 16 680 元,计算依据即为生态环境受到破坏至修复完成期间主要服务功能损失费 8340 元的 2 倍。[①] 该解释第 12 条在惩罚性赔偿金数额的确定标准上进行了区分,即"国家规定的机关或者法律规定的组织作为被侵权人代表,请求判令侵权人承担惩罚性赔偿责任的,人民法院可以参照前述规定予以处理。但惩罚性赔偿金数额的确定,应当以生态环境受到损害至修复完成期间服务功能丧失导致的损失、生态环境功能永久性损害造成的损失数额作为计算基数"。永久性损害的计算方法在实践中存有差异,这导致了计算基数的不确定性。比如在四川省汉源县人民检察院对龚某强提起的破坏生态公益诉讼一案中,审理法院在缺乏对生态环境功能永久性损失评估的情况下,以个体价值为依据,计算永久性损害损失。[②] 另外,虽然法律上对计算基数作了区分,但是实践中法院是否应区分公益诉讼和私益诉讼而选用不同的裁量因素?可能影响法院作出不同裁判的因素主要有:与单纯的环境侵权领域的私益诉讼相比,公益诉讼侵犯的是公共利益,主观恶性可能会更大,社会影响也会更大,因此法院可能作出较重的惩罚。但是如果排除法定的裁量因素,单纯因为公益和私益的区分作出不同的裁量,并无确切的法律依据,这也是不合理的,有违司法的统一性。

**3. 金额抵扣**

在司法实践中,民法中的惩罚性赔偿数额、行政罚款和刑事罚金之间的关系一直较为复杂。从惩罚性赔偿角度来看,主要涉及两个方面的问题:第一,惩罚性赔偿数额与行政罚款、刑事罚金之间的折抵关系;第二,行政罚款、刑事罚金作出后对惩罚性赔偿数额确定的影响。

对于第一个问题,即行政罚款、刑事罚金作出后是否可以折抵相应的惩

---

① 湖南省茶陵县人民检察院对段某云提起的破坏生态公益诉讼案,湖南省茶陵县人民法院刑事附带民事判决书(2022)湘 0224 刑初 26 号。

② 四川省汉源县人民检察院对龚某强提起的破坏生态公益诉讼案,四川省汉源县人民法院刑事附带民事判决书(2022)川 1823 刑初 16 号。

罚性赔偿数额，从我国法律来看，有明确规定的是行政罚款和刑事罚金之间的折抵，即《行政处罚法》第 35 条第 2 款规定了刑事罚金可以折抵行政罚款。至于行政罚金、刑事罚金作出后是否可以折抵相应的惩罚性赔偿数额，法律则无明确规定。那么，在没有明确法律规定的情形下，行政罚款、刑事罚金是否可以折抵相应的惩罚性赔偿数额？有的学者认为，公益惩罚性赔偿诉讼并非私法上的债权，其具有惩戒性质，与行政罚款、刑事罚金性质相同，应当属于公法上的惩罚性债权。因此，惩罚性赔偿金与行政罚款、刑事罚金之间可以进行折抵。[①] 由于这一问题涉及对惩罚性赔偿金性质的判断，如果将之归入私法赔偿范围，则并无折抵问题，如果认为存在公法性质，则有折抵问题。惩罚性赔偿主要包括赔偿和惩罚两个部分，赔偿部分无疑属于私法债权，惩罚部分则属于惩罚债权，这涉及公法上的惩罚，同时这一惩罚实际上是依据法律作出的，是法定的惩罚债权，法院对于是否要作出惩罚并无自由裁量权，因此具有强制性。从被惩罚者角度来看，惩罚性赔偿属于国家机关对其财产的强制剥夺，因此与行政罚款、刑事罚金具有同等的性质，应当与行政罚款、刑事罚金之间存在折抵关系。但是从规范性文件来看，这一观点似乎并不被认可。《生态环境侵权惩罚性赔偿解释》第 10 条已经作了明确规定，即“因同一污染环境、破坏生态行为已经被行政机关给予罚款或者被人民法院判处罚金，侵权人主张免除惩罚性赔偿责任的，人民法院不予支持”。虽然此处只规定国家权力机关可以对一事作出再罚，国家权力机关之前作出的行政罚款、刑事罚金并不影响惩罚性赔偿金的作出，但可以得出，这一规定的基础在于最高人民法院并不认同惩罚性赔偿金的公法债权性质，司法解释实际上肯定了惩罚性赔偿金的私法惩罚性质。因此从这一角度来看，最高人民法院并不认同行政罚款、刑事罚金可以折抵相应的惩罚性赔偿金。

第二个问题则涉及作出行政罚款、刑事罚金后对惩罚性赔偿数额的确定是否具有影响。对于这一问题，《生态环境侵权惩罚性赔偿解释》第 10 条已经作了明确规定，即虽然审理法院不支持侵权人免除惩罚性赔偿责任的请求，“但在确定惩罚性赔偿金数额时可以综合考虑”。这意味着人民法院在惩罚性赔偿数额确定时可以将已经作出的行政罚款和刑事罚金作为参考因素，但是至于作为加重因素考虑还是作为减轻因素考虑则并未有明确规定。从体系解释来看，此处应当解释为可以作为减轻因素来考虑。理由在

---

① 赖红军、唐昕：《民事公益诉讼惩罚性赔偿金的性质和管理路径》，《人民检察》2020 年第 23 期，第 23 页。

于,惩罚作为一种对被惩罚者不利的措施,在法条解释不明确时应当作出对相关人有利的解释。而且从行政处罚、刑事罚金之间的折抵关系来看,当作出刑事罚金后,行政罚款应当相应减少,这是基于一事不再罚的思想,目的在于避免被处罚者因同一行为而遭受过重的负担。因此,综合考虑,此处应当作出对被处罚者有利的解释,即应当作为减轻惩罚性赔偿的判断因素来解释。

**4. 劳务代偿**

在山东省青岛市人民检察院诉青岛市崂山区某空间艺术鉴赏中心民事公益诉讼一案的判决中,法院判决被告惩罚性赔偿 99 050 元,其中惩罚性赔偿数额的 25%以公益劳动劳务代偿折抵。[①] 这一以劳务代偿的责任承担方式引起了理论界的争议。劳务代偿的积极意义在于,可以解决执行难问题,而且在侵权人具有赔付能力的前提下,经原被告之间自愿协商,让被告提供公益劳动以折抵惩罚性赔偿,使侵权人以身说法,既可以警醒侵权人自己,更可以警醒具有潜在侵权可能的同业者,这对于社会来说更具有教育警示意义。[②]

当然,上述青岛市中级人民法院裁判中的劳务代偿规则并非孤例。从比较法来看,这类似于美国的执行替代环境项目(Supplemental Environment Project,简称 SEP)。因破坏环境被处罚的企业在美国可以申请代替性的环境保护项目,以实际行动来保护环境,并以此来请求折抵相应的金钱处罚。从目前美国环境保护署的规定来看,最高可以申请罚金 80%的数额抵扣。这一制度也逐渐被引入了我国的立法和司法实践之中,比如《水土保持法》第 49 条中规定的“采取退耕、恢复植被等补救措施”。这一规定可以实现责任承担方式的多元化,减轻侵权责任人的经济负担,更切实有效地恢复环境生态。

但是这一代偿的责任模式也存在缺陷,即难以对代偿的效果加以量化,容易导致劳务代偿流于形式而成为侵权人逃避责任的缺口。[③] 对此,在执行过程中需要建立监督机制、量化机制和评估机制,以便切实有效地对劳务代偿的实际效果进行评估和验收,确保侵权人的劳务代偿达到了法院裁判所

---

① 山东省青岛市人民检察院诉青岛市崂山区某空间艺术鉴赏中心民事公益诉讼案,山东省青岛市中级人民法院(2021)鲁 02 民初 69 号民事判决书。

② 最高人民检察院第八检察厅编:《最高人民检察院公益诉讼检察典型案例汇编(2021 年度)》,中国检察出版社,2022 年,第 1 版,第 411 页。

③ 张锋、孙萧宇:《环境公益诉讼惩罚性赔偿制度适用研究——兼评〈最高人民法院关于审理生态环境侵权纠纷案件适用惩罚性赔偿的解释〉》,《山东法官培训学院学报》2022 年第 2 期,第 29 页。

期望的实际效果，以切实地维护环境和生态，发挥该制度应有的积极效果，让该制度有效地持续执行下去，创造良好的制度条件。

**5. 资金管理**

在公益诉讼中，由于提起诉讼的主体为非权利被侵犯的主体，在公益诉讼胜诉后，如何管理和适用赔偿资金成为难题。[①] 对于惩罚性赔偿金的性质，存在以下不同认知：有的观点认为是与行政罚款、刑事罚金类似，应当参照公法罚金来进行规制。有的观点认为公益诉讼中的惩罚性赔偿金为无主财产，应当上交国家。[②] 王利明则认为，惩罚性赔偿金一部分用于弥补受害人的损失，另一部分用于修复被破坏的生态。[③]

从实践来看，2020 年 3 月财政部出台了《生态环境损害赔偿资金管理办法（试行）》，安徽省、云南省、青岛市等省市也依据这一管理办法出台了相应的实施细则。这些管理办法和实施细则对生态环境损害赔偿资金的适用范围、资金管理流程和使用方法作了详细规定。从适用范围来看，这些管理办法既适用于私益诉讼，又适用于公益诉讼。《生态环境损害赔偿资金管理办法（试行）》第 15 条明确规定，环境公益诉讼中所产生的损害赔偿资金适用该管理办法。该管理办法依据生态环境是否需要恢复分两种情况，并分别予以规定。一种情况是，在民事公益诉讼中赔偿义务人未履行义务或者未完全履行义务时应当支付的生态环境修复费用、生态环境无法修复或者无法完全修复时的损害赔偿资金，可参照该办法规定管理。另一种情况是，需要修复生态环境的，人民法院应当及时移送省级、市地级人民政府及其指定的相关部门、机构组织实施。

从该管理办法所适用的资金范围来看，管理办法排除了由赔偿义务人委托具备修复能力的社会第三方机构进行修复或者自行修复的情况下发生的生态环境损害修复费用，而仅仅适用生态环境损害事件发生后，在生态环境损害无法完全修复或者无法修复以及赔偿义务人不完全履行义务或者不履行义务的情况下，由造成损害的赔偿义务人主动缴纳或者按照磋商达成的赔偿协议、法院生效判决缴纳的资金。

对于资金的管理主体，该管理办法规定了生态环境损害赔偿资金权利

① 郑少华、王慧：《环境侵权惩罚性赔偿的司法适用》，《上海大学学报》（社会科学版）2022 年第 3 期，第 12 页。

② 赖红军、唐昕：《民事公益诉讼惩罚性赔偿金的性质和管理路径》，《人民检察》2020 年第 23 期，第 23 页。

③ 王利明：《〈民法典〉中环境污染和生态破坏责任的亮点》，《广东社会科学》2021 年第 1 期，第 222 页。

人管理制度。生态环境赔偿权利人是指按照国务院授权的本行政区域内的省级、市地级人民政府。比如在最高人民法院第133号指导案例中,山东省烟台市中级人民法院判决被告将赔偿资金支付至烟台市环境公益诉讼基金账户。[①] 如果涉及省域内跨市地的生态环境损害,需要由省级人民政府管辖;其他工作范围划分由省级人民政府根据本地区实际情况确定。对于跨省域的生态环境损害,则由生态环境损害地的相关省级人民政府协商开展生态环境损害赔偿工作。国务院直接行使全民所有自然资源资产所有权的,则由受委托代行该所有权的部门作为赔偿权利人,赔偿权利人及其指定的相关部门、机构应当积极履行自己的义务。

对于损害赔偿资金的使用和管理方法,管理办法要求赔偿权利人负责生态环境损害赔偿资金的使用和管理。赔偿权利人指定的相关部门、机构负责执收生态环境损害赔偿协议确定的生态环境损害赔偿资金;人民法院负责执收由人民法院生效判决确定的生态环境损害赔偿资金。《生态环境损害赔偿资金管理办法(试行)》第6条第2款规定了国库管理制度。该管理办法并未规定环境公益诉讼基金制度,虽然这一制度在美国的一些州被采纳。我国的贵州省在实践中与中国绿色发展基金会合作设立了专项救济基金,给予环境公益诉讼资金支持。[②] 但是从公益诉讼的生态环境赔偿资金的收入管理来看,财政部并未采用这一模式,而是采用了集中收缴国库,纳入一般公共预算管理这一模式。

以上财政部和相关省市的管理规定内容在资金适用范围、资金管理的分类、资金管理主体和资金管理的具体方法等方面作了详细规定,为公益诉讼中生态环境赔偿资金的管理提供了制度保障,有效地提高了生态环境资金的使用效率,规避了生态环境资金使用中的浪费和腐败问题,使得公益诉讼所要实现的保护生态环境这一目的能够落实。因此,公益诉讼中生态环境赔偿资金的有效、正确管理也是促进公益诉讼有效、可持续进行的保障,否则公益诉讼这一制度设计的目的最终就会落空。

**(三)知识产权保护中的公益诉讼**

从我国目前的法学研究来看,知识产权保护公益诉讼领域的研究成果比消费者权益保护和环境保护领域公益诉讼的研究成果要少,呈现出“数量

---

① 《最高人民法院指导性案例(2018年1月—2020年12月)》,人民出版社,2021年,第1版,第185页。

② 张锋、孙萧宇:《环境公益诉讼惩罚性赔偿制度适用研究——兼评〈最高人民法院关于审理生态环境侵权纠纷案件适用惩罚性赔偿的解释〉》,《山东法官培训学院学报》2022年第2期,第30页。

不多,篇幅不大”的特点。[①] 从实践角度来看,知识产权领域的司法案例亦比较少见,我国的知识产权保护公益诉讼尚在探索和发展之中。下文将对知识产权保护公益诉讼中涉及的惩罚性赔偿适用问题作出专门分析。

**1. 法律依据**

与消费者权益保护和环境保护领域的公益诉讼相比,对于知识产权保护的公益诉讼还没有明确的立法。比如对于版权保护中的公益诉讼问题,我国《著作权法》中并没有作出具体规定。[②] 但是我国《著作权法》《专利法》《商标法》等知识产权法律法规已经对保护公共利益作出了一些原则性规定。比如《著作权法》第 4 条规定,著作权人行使著作权不得损害公共利益。《专利法》第 5 条规定,对妨害公共利益的发明创造,不授予专利权。《商标法》第 10 条明确规定,商标使用不得有害于社会主义道德风尚或者有其他不良影响。从这些规定来看,知识产权保护也涉及公共利益,这为知识产权保护的公益诉讼提供了可能。

虽然我国《著作权法》《专利法》和《商标法》中并未明确赋予检察机关提起公益诉讼的起诉资格,[③]最高人民检察院 2022 年在《关于全面加强新时代知识产权检察工作的意见》中要求检察机关要通过办理典型案件回应社会关切,维护社会公共利益。这一意见从各个方面细致地规定了公益诉讼中检察机关需要研究和推动的工作领域,虽然并未涉及知识产权保护公益诉讼的具体规则,但是也为我国检察机关的公益诉讼提供了司法解释层面的指引。对于具体的领域问题,有学者提出检察机关提起公益诉讼的领域应当主要涉及“滥用公有领域作品谋利的行为”“侵害技术创新的‘专利流氓’行为”“限制消费者使用常见技术的垄断行为”等领域范围。检察机关介入知识产权公益诉讼,应当“把有限的办案资源投入到社会公共利益最容易被忽视的地方”。[④]

**2. 公益诉讼的主体资格**

对于知识产权公益诉讼主体资格的讨论早已存在。从 2005 年北京大学教授张平向国家知识产权局专利复审委员会提出公益无效申请这一所谓的知识产权公益诉讼第一案时起,我国对知识产权保护公益诉讼的主体资

① 杨雅妮:《刑事附带民事公益诉讼案件范围之界定》,《北京社会科学》2022 年第 9 期,第 75 页。

② 胡志斌:《论公益诉讼在版权保护中的引入》,《出版发行研究》2019 年第 12 期,第 68 页。

③ 姜伟:《聚焦反垄断:知识产权检察公益诉讼的新进路》,《中国检察官》2022 年第 5 期,第 75 页。

④ 姜伟:《聚焦反垄断:知识产权检察公益诉讼的新进路》,《中国检察官》2022 年第 5 期,第 74 页。

格就存有争议。有的学者认为这一公益诉讼的申诉主体资格缺乏法律依据。公益诉讼需要实现司法救济的利益,因此需要发展社会团体作为其主体,但是检察机关缺乏解决知识产权纠纷的专业能力,不适合作为知识产权保护公益诉讼的主体。[①] 不过,认为检察机关不宜作为知识产权保护公益诉讼主体的说法也遭到了反对。反对的观点认为,检察机关作为民事公益诉讼的主体在国外司法实践中具有普遍性,在我国司法实践中作为公益诉讼主体的例子也较多,因此完全可以作为知识产权保护公益诉讼的主体。此外,还有观点认为社会团体、公益组织、律师群体和个人也适合作为公益诉讼的主体。[②]

以上公益诉讼主体地位之争涉及检察机关是否应当作为知识产权保护公益诉讼的主体,反对者认为检察机关在面对知识产权这一专业性较强的领域时可能无法实现知识产权保护的目标。依据我国《宪法》《人民检察院组织法》,检察机关是诉讼中的监督机关。[③] 知识产权领域的公益诉讼也是检察机关监督的范围,是检察机关的职责。虽然检察机关的主要专业领域是刑事司法,但是其完全可以通过专业学习、招聘专业人员来增强自身在知识产权侵权领域的业务能力。因此,专业知识欠缺并不足以支持检察机关不适合作为知识产权保护公益诉讼主体这一观点。值得质疑的反而是不具有相关法律专业知识的社会组织和社会公益人士,由于民事诉讼中存在"一事不再理"规则,如果这些缺乏专业知识的社会组织和人员无法在民事诉讼中全面地提出相应的诉讼请求,可能带来社会公益保护不力的后果。此外,由于在组织动员、资源投入等方面比较薄弱,我国还未形成一个体系化、常态化的社会组织层面的公益救济机制。[④] 权衡之下,如果将检察机关设定为知识产权公益诉讼的主体,反而可以通过其专业的职能有效地保护公益。

实践中,我国检察机关自己在公益诉讼领域进行了扩张。同时,学者也建议检察机关参与知识产权领域的公益诉讼。[⑤] 当然,检察机关在知识产权公益诉讼领域具有优势,比如其法律专业性较强。但是,知识产权公益诉讼主体资格在设定时不应局限于检察机关,还要注重公益诉讼主体多元化的

---

① 刘友华:《我国知识产权公益诉讼制度之构建——从知识产权公益诉讼"第一案"谈起》,《知识产权》2007 年第 2 期,第 17 页及以下。

② 颜运秋、周晓明:《知识产权滥用的公益诉讼制度之构想》,《知识产权》2007 年第 3 期,第 69 页。

③ 最高人民检察院法律政策研究室:《公益诉讼指导性案例实务指引》,中国检察出版社,2019 年,第 1 版,第 145 页。

④ 戚永福:《知识产权公益诉讼的必要性和可能空间》,《检察风云》2020 年第 22 期,第 58 页。

⑤ 胡志斌:《论公益诉讼在版权保护中的引入》,《出版发行研究》2019 年第 12 期,第 69 页。

发展，这可以防止公益诉讼中产生怠于提起诉讼的问题，提高公益诉讼的效率。[①] 比如在被称为“全国首例民间艺术作品著作权纠纷”的黑龙江省饶河县四排赫哲族乡政府诉歌唱家郭松一案中，提起诉讼的主体即为政府机关。[②] 从国外实践经验来看，律师常常作为知识产权保护公益诉讼的主体，这一职业群体凭借自身的专业知识，在知识产权诉讼中发挥了重要的作用。因此有的学者认为律师也是提起知识产权保护公益诉讼的合适主体，律师可以凭借自己的专业知识和社会责任在知识产权的公共利益保护方面发挥重要作用。[③] 此外，关心知识产权保护的各种公益组织，比如版权协会、文艺协会、作家协会等社会公益组织也可以参与知识产权保护公益诉讼。

**3. 资金管理**

从上文对产品责任的公益诉讼和环境保护的公益诉讼的分析可以得知，有效的资金管理对于公益诉讼目的的实现和发展具有重要意义。对于知识产权公益诉讼中惩罚性赔偿金归属及应用问题，我国学界尚未有深入研究。惩罚性赔偿金是适用“谁起诉，谁受益”规则？还是起诉与受益独立，实施惩罚性赔偿资金的公益效用最大化规则？抑或其他规则？对此问题，需要从以下角度分析。

“谁起诉，谁受益”规则的优点是可以最大限度地激发有权提起公益诉讼者的积极性，促进知识产权保护公益诉讼的推动，特别是社会组织的积极参与。但是这一规则容易导致的问题是使得资金无法体现对公益损失的弥补，因此无法实现制度本身的价值。比如胡志斌认为，不应由检察院承担任何诉讼费，理由在于公益诉讼涉及公权力机关履行公务行为。[④]

惩罚性赔偿资金公益效用最大化规则的优点是可以将相应的惩罚性赔偿运用于公共利益损害的弥补，但是也容易导致公共利益起诉积极性不高，最终有损于知识产权公益保护的效率。因此，绝对的惩罚性赔偿资金公益效用最大化也并非最佳的方法。

以上两种规则下的资金管理都不是妥当的资金管理方案，因此需要寻找一种更加合适的方案。

知识产权保护领域惩罚性赔偿公益诉讼的政策目的是实现对知识产权领域公益的保护，实现对被损害社会公益的弥补，这就需要将一部分惩罚性

---

① 黄汇：《论知识产权公益诉讼制度的构建》，《江西社会科学》2008 年第 6 期，第 189 页。

② 余翔、孙彩虹：《公益诉讼与传统知识的知识产权保护的新思路》，《河北法学》2009 年第 6 期，第 68 页。

③ 徐家力：《律师与知识产权公益诉讼》，《中国司法》2010 年第 4 期，第 53 页。

④ 胡志斌：《论公益诉讼在版权保护中的引入》，《出版发行研究》2019 年第 12 期，第 69 页。

赔偿资金用于损害的弥补。此外,由于提起公益诉讼的主体并非都是利益相关人,因此需要对提起公益诉讼的主体进行一定的激励:一方面需要弥补提起公益诉讼主体因提起诉讼投入的相应成本;另一方面需要在该成本之外给予相应的激励资金。只有兼顾公益损失和提起公益诉讼主体自身的损失,才可以实现该制度本身的政策目的和长期发展。

为了实现以上目的,需要构建科学的资金管理机制,包括委托专门的资金管理部门进行惩罚性赔偿资金的收取、保管和使用。如何构建这一专门的资金管理部门?鉴于检察机关是提起公益诉讼的主要主体,适宜的方案是在检察机关内部设立专门的公益诉讼资金管理部门,委托该部门统一进行管理,这样可以提高效率、节约资源,并具有一定的权威性和公信力。

# 第八章　惩罚性赔偿适用中的一事不再罚问题

从惩罚制度的法律体系来看,惩罚性赔偿的适用可能导致与刑罚、行政处罚之间的重复适用问题。惩罚性赔偿是否适用一事不再罚原则,对这一问题我国学界存有争议,支持和反对的声音尖锐地对立着。[①]

从法律适用角度来看,对于一事不再罚原则在惩罚性赔偿中适用的可能性,首要需要从我国的立法中寻找依据。一般认为,一事不再罚原则源自刑法,是刑事法治的基本原则。[②] 该原则已经被多个国家在立法中采纳。[③] 与国际通行做法不同,我国《宪法》《刑事诉讼法》中并没有明确规定这一原则。[④] 但是有的学者从我国的两审终审制原则出发,承认判决的效力和终局性。然而,这一原则无法排除审判监督程序的适用。我国《刑事诉讼法》第 254 条第 4 款规定:"人民检察院抗诉的案件,接受抗诉的人民法院应当组成合议庭重新审理,对于原判决事实不清楚或者证据不足的,可以指令下级人民法院再审。"此外,《最高人民法院关于执行〈中华人民共和国刑事诉讼法〉若干问题的解释》第 117 条第(三)项还规定:"人民检察院可以依据新的事实、证据材料对案件重新起诉,此时人民法院应当受理。"由此观之,一事不再罚原理在我国刑事立法中并未形成规范。[⑤]

从行政处罚的适用来看,《行政处罚法》中规定了一事不再罚原则。但

---

① 吕英杰:《惩罚性赔偿与刑事责任的竞合、冲突与解决》,《中外法学》2022 年第 5 期,第 1299 页及以下;王承堂:《论惩罚性赔偿与罚金的司法适用关系》,《法学》2021 年第 9 期,第 150 页及以下。

② 江必新、夏道虎:《中华人民共和国行政处罚法条文解读与法律适用》,中国法制出版社,2021 年,第 1 版,第 95 页。

③ 练育强:《行刑衔接视野下的一事不再罚原则反思》,《政治与法律》2017 年第 3 期,第 126 页。

④ 宋英辉、李哲:《一事不再理原则研究》,《中国法学》2004 年第 5 期,第 128 页及以下。

⑤ 姚剑波:《终局性规则下的利益平衡——关于刑事诉讼一事不再理原则的比较研究》,《比较法研究》2000 年第 4 期,第 368 页及以下。

是该原则并不适用于所有的处罚种类,《行政处罚法》对适用的种类进行了限缩,即仅适用于罚款。[①]《行政处罚法》第29条规定了一事不再罚款原则,据此"对当事人的同一个违法行为,不得给予两次以上罚款的行政处罚"。

由于缺乏立法依据,一事不再罚原则难以直接适用于惩罚性赔偿。在司法中如何处理惩罚性赔偿与刑罚、行政处罚的关系问题,仍需要进一步加以探讨。至于司法实践中如何处理惩罚性赔偿与刑罚、行政处罚之间的关系,这一问题涉及法律体系的冲突和调和,特别是是否应禁止重复惩罚这一问题。我国理论界对此问题的研究集中于刑罚和行政处罚的重复惩罚问题。不过,对于一事不再罚原则是否适用于我国《民法典》中的惩罚性赔偿,以及如何适用,我国理论界也有所讨论,比如王承堂认为:"公诉机关(检察机关)对同一行为同时或先后主张罚金与惩罚性赔偿时,……要么可能违反一事不再罚原则,要么可能与罪刑相适应原则相悖。""在私人当事人主张惩罚性赔偿时,对同一行为判处的罚金可以作为惩罚性赔偿裁决的加重或减轻因素。"但是鉴于该问题的复杂性,王承堂在此只是给出了不确定的猜测性结论。[②]

从我国司法实践来看,我国法院一般支持惩罚性赔偿与罚金的重复适用。[③]《知识产权惩罚性赔偿解释》第6条第2款规定,"因同一侵权行为已经被处以行政罚款或者刑事罚金且执行完毕,被告主张减免惩罚性赔偿责任的,人民法院不予支持,但在确定前款所称倍数时可以综合考虑"。该条内容提出了重复惩罚的问题,单从该条司法解释的内容来看存在矛盾之处:一方面,前半句否定了禁止重复惩罚在惩罚性赔偿中的适用;另一方面,后半句又实际上肯定了重复惩罚对于惩罚性赔偿数额确定的影响。

我国司法解释中的矛盾性规定主要涉及程序性规定和实体性规定,如何正确认识并处理二者之间的关系,并找出惩罚性赔偿与刑罚、行政处罚之间的合适关系,本章将加以分析。

---

① 江必新、夏道虎:《中华人民共和国行政处罚法条文解读与法律适用》,中国法制出版社,2021年,第1版,第95页。

② 王承堂:《论惩罚性赔偿与罚金的司法适用关系》,《法学》2021年第9期,第150页及以下。

③ 例如浙江省松阳县人民检察院诉刘某某等生产、销售有毒、有害食品刑事附带民事公益诉讼案,新疆维吾尔自治区伊犁哈萨克自治州人民检察院诉某气体制造有限公司非法销售假药民事公益诉讼案。参见最高人民检察院第八检察厅编:《最高人民检察院公益诉讼检察典型案例汇编(2021年度)》,中国检察出版社,2022年,第1版,第338—341页。

## 一、一事不再罚的制度发展和理论基础

### （一）制度发展

当代学者对于一事不再罚的渊源一般会追溯到罗马法时代。古罗马早期，对侵犯宗教、私人的利益一般采取神明裁判、决斗复仇等方式。随着罗马国家的强盛，国家权力开始介入民事纠纷处理，将一些侵权行为视为侵犯国家利益，并定为犯罪。[①] 因此，罗马对于纠纷的处理一般有三种途径：侵犯宗教利益的，一般通过宗教上的程序来解决纠纷；侵犯私人利益的，则有私人通过复仇方式解决和执法官主持解决两种途径。基于社会秩序安宁的需要，罗马法认为一部分侵权行为也侵犯了国家利益，对此类行为通过刑事诉讼程序加以解决。[②] 随着国家权力的介入，对于案件的审理就涉及程序、事实审理的权威性问题，此时会出现对案件的重复审理问题。[③] 罗马法起初对于重复起诉并无禁止性规定，所以当诉讼一方当事人对于裁决不满意时，其可以基于同一案件事实再次主张自己的诉权。重复起诉导致裁决缺乏公信力，也导致公共资源的浪费。对此，优士丁尼在《法学阶梯》第 I. 4，13，5 条提出了既判力抗辩，即当某人已经在法院对诉讼一方当事人提出过对物或对人诉讼，且该债依然持续，但是又就同一物起诉时，对方当事人可以提出既判力抗辩。据此，既有判决具有合法性，可被当作真理接受。[④] 由此诞生了罗马法中的重要原则，即不得对同一标的提起两次诉讼，后来演变为不得根据同一法律事实再次提起诉讼。但是这一原则以终局判决为基础，并不排斥上诉程序。[⑤] 对于拒不执行裁决的行为，乌尔比安认为，所有执法官都可以针对拒不服从司法者提起刑事诉讼，拒不服从司法者因此可能会受到惩罚。[⑥]

在大陆法系的实践中，1791 年法国将一事不再理原则写入宪法。《法国刑事诉讼法典》第 368 条规定："任何在法律上无罪释放的人，不得因同一

---

① 〔意〕彼德罗·彭梵得：《罗马法教科书》，黄风译，中国政法大学出版社，2018 年，第 1 版，第 76 页。

② 〔意〕朱塞佩·格罗索：《罗马法史》，黄风译，中国政法大学出版社，2018 年，第 1 版，第 100 页及以下。

③ 姚剑波：《终局性规则下的利益平衡——关于刑事诉讼一事不再理原则的比较研究》，《比较法研究》2000 年第 4 期，第 368 页。

④ 徐国栋：《优士丁尼〈法学阶梯〉评注》，北京大学出版社，2011 年，第 1 版，第 586 页。

⑤ 〔意〕彼德罗·彭梵得：《罗马法教科书》，黄风译，中国政法大学出版社，2018 年，第 1 版，第 88 页。

⑥ D. 2, 3, 1pr-2，转引自〔拜占庭〕优士丁尼：《学说汇纂·第二卷：司法管辖》，陈晓敏译，中国政法大学出版社，2017 年，第 1 版，第 25 页。

事实再次被重新扣押或起诉,也不得以其他罪名立案。”“二战”后,《日本宪法》第39条规定:“所有人在行为之时合法或被认定为无罪,则不得被追究刑事责任。对同一犯罪,不得再次追究刑事责任。”《德国基本法》第103条第3款规定了禁止重复刑事处罚原则。该原则不仅仅禁止多重刑事处罚,还禁止基于同一行为再次启动新的刑事程序。[①] 在德国,禁止重复处理主要基于完结原则,即当同一人作出的同一违法行为已经在法律上作出处理后,不再启动程序进行处理。禁止重复处理主要是程序上对重复处罚的限制。

从欧盟法层面来看,《欧洲人权公约》之《附加协议7》第4条规定,如果一个人的犯罪行为已经被依法判决有罪或无罪,则其在该国不得再次因同一行为被刑事追诉或判决承担刑事责任。在欧盟法中,一事不再理原则也是裁判中确认的原则,并被视为欧盟法中的一般原则。此外,《欧盟基本权利宪章》第50条规定,如果某人在欧盟内已经被依法作出有效判决,则其不得基于同一行为在刑事诉讼中被重新审理或作出处罚。从程序法来看,虽然《欧盟基本权利宪章》第50条从字面意义来看是“刑事程序”,但是只要求前一程序和后一程序具有刑罚特征即可,因此这也涉及作出惩戒的行政违法程序。[②]

在英美法系的实践中,1791年美国通过了《联邦宪法第五修正案》。据此,“受同一罪行处分之犯罪不得令其处于两次生命或身体之危境”[③]。《联邦宪法第五修正案》中的禁止双重危险条款不仅在程序上禁止对同一行为的二次审理,而且在实体上反对对同一行为的多重惩罚。[④] 美国的禁止双重危险条款首先从程序上反对对同一行为进行二次审判。[⑤] 在Hudson v. U. S. 一案判决中,美国最高法院认为,禁止双重危险条款规定,任何人不得因同一行为被置于生命或身体的两次危险之中。长期以来,我们认为禁止双重危险条款并不禁止所有后来施加的制裁(sanction),即“一般”所指的惩罚(punishment)。该条款只禁止对同一行为施加多重的刑事惩罚,但是立法并未明确规定何种具体措施为刑事的。[⑥] 依据美国裁判中的观点,刑事程序并非判断禁止双重危险适用的绝对条件,审理法院亦可以依据禁止双重危险条款对民事程序中作出的具有刑罚性责任的裁判进行审查,并基于此

---

① BeckOK GG/Radtke, *GG*, Art. 103 Rn. 47.

② Meyer, Jürgen/Hölscheidt, Sven, *Charta der Grundrechte der Europäischen Union*, Nomos, 2019, 5. Auflage, Art. 50 Rn. 7.

③ 《美国宪法及其修正案》,朱曾汶译,商务印书馆,2014年,第1版,第18页。

④ Wahlen v. U. S., 100 S. Ct. 1423(1980).

⑤ Wahlen v. U. S., 100 S. Ct. 1423(1980).

⑥ Hudson v. U. S., 118 S. Ct. 488 (1997).

决定是否适用禁止双重危险条款。[①]

从国际法层面来看,联合国《公民权利和政治权利国际公约》第 14 条第 7 款亦规定了一事不再理原则,"任何人如果依据某国的法律和刑事程序被最终定罪或者宣告无罪,则不得就同一罪名被再次审判或惩罚。该条款禁止的是缔约国依据国内法对任何人的同一行为进行重复追诉,但是这一一事不再理的效力并不及于第三国"[②]。迄今为止,虽然一事不再罚原则为众多国家采纳,但是仍非国际法上的通用原则,该原则在国际社会的使用仍需要国际主体的承认。[③]

总体看来,一事不再罚已经直接或间接影响到当代各国和国际的法秩序,具体而言体现在程序和实体两个方面。在程序制度方面,比如美国宪法中规定的禁止双重危险条款。在实体制度方面,主要是禁止国家权力机关作出重复的惩罚措施。实体方面的一事不再罚一般会与程序相结合加以规定,比如联合国《公民权利和政治权利国际公约》。

### (二)理论基础

一事不再罚的制度为何能够产生与发展?其理论基础究竟是什么?对此问题,学界从不同的角度进行了分析。比如我国有学者认为有人性尊严、自由权、比例原则、法的安定性原则、诚实信用原则、信赖保护原则等。[④] 学界一般从以下三个角度来探讨一事不再罚的理论基础。

#### 1. 法的安定性

法的安定性属于法治国原则的关键要素之一,其功能在于保障法秩序的可信赖性。法的安定性要求国家行为应当清楚、确定和稳定,以便公民对之产生充分的信赖。没有该信赖的最低标准,则国家行为对公民而言就是不可预见、不可估量且不稳定的,这样会导致公民成为恣意的国家行为的客体。对于公民而言,法的安定首先意味着信赖保护。[⑤]

从一事不再罚制度的发展来看,罗马法时期基于既判力来禁止重复起诉,德国基于完结原则来禁止重复处理,主要侧重程序上对同一行为的再次评价。欧盟法院在判决中认为,从实体法来看,一事不再罚原则适用的三要件是事实、行为人和法益的同一性。基于此,该原则禁止同一人因同一违法

---

① U. S. v. HALPER, 109 S. Ct. 1892(1989).

② 卢建平等:《国际人权公约与中国刑事法律的完善》,中国人民公安大学出版社,2010 年,第 1 版,第 373 页。

③ Ambos, Kai, *Münchner Kommentar zum StGB*, 4. Auflage 2020, Vorbemerkung zu §3, Rn. 74.

④ 晏山嵘:《行政处罚实务与判例释解》,法律出版社,2019 年,第 2 版,第 53 页及以下。

⑤ Maunz, Theodor/Dürig, Günter/Grzeszick, Bernd, 93. EL Oktober 2020, *GG* Art. 20 Rn. 50.

行为基于保护同一法益而被再次制裁。[①] 基于法律所保护的法益同一性理论,在同一法律秩序中,当不同的法律所保护的法益相同时,在对同一法益的侵害行为作出惩罚后,不得再次作出惩罚,因为法律已经对该法益作了有效保护。依据完结原则,法律对于侵犯该法益的行为已经作了处理,因此无需基于法律再次处理该行为。[②]

德国学者索尔兹(Marquier Soltész)认为,任一制裁的意义都是对既有违法行为的惩罚与对未来类似行为的威慑。任一惩罚都处于指向不法的关系之中。一事不再罚的根源关系到法的安定性和个案正义。[③] 法的安定性一方面确认判决和行政行为的效力,另一方面也限制了公权力,避免公权力机关反复撤销自己的行为,公民沦为被任意处置的公权力客体。法的安定性在一定意义上具有比实质正义更高的位阶。[④] 在这一问题上,立法者在对个案正义与法的安定性这两种宪法价值进行衡量时,最终选择了法的安定性这一价值。[⑤]

**2. 权利保障**

从一事不再罚的思想基础来看,该原则还立足于对被惩罚者的权利保障——主要是人权保障,使得行为人避免因同一行为陷入被重复惩罚的危险之中。[⑥] 因此,对于是否适用一事不再罚这一原则,应当从被惩罚者的角度加以分析,而非惩罚者的角度。[⑦] 德国学者阿姆波斯(Kai Ambos)认为,追诉程序本身即为对一般人格权的侵犯,特别是对名誉的侵犯。因此,基于同一事实的再次追诉从宪法层面来看是不被允许的。[⑧] 欧盟法院在对后一国家机关作出制裁时,对前一国家机关作出罚款的数额进行了考量,后一国家机关据此对罚款的数额作了相应的削减。欧盟法院认为这并不符合一事不再理原则的要求。此外,欧盟法院还认为该原则并非程序规则,亦非作为比

---

① EuGH, Slg. 2004, I-123 Rn. 338.

② Soltész, Marquier, "Hält ‘doppelt bestraft’ wirklich besser? —Der ne bis in idem Europäischen Netzwerk der Kartellbehörden", *EuZW*, 2006, S. 103.

③ Soltész, Marquier, "Hält ‘doppelt bestraft’ wirklich besser? —Der ne bis in idem Europäischen Netzwerk der Kartellbehörden", *EuZW*, 2006, S. 102.

④ 晏山嵘:《行政处罚实务与判例释解》,法律出版社,2019 年,第 2 版,第 55 页。

⑤ Maunz, Theodor/Schmidt-Bleibtreu, Bruno/Klein, Franz/Bethge, Herber/Bethge, Herber, 60. EL Juli 2020, *BVerfGG* § 79 Rn. 2.

⑥ 吕英杰:《惩罚性赔偿与刑事责任的竞合、冲突与解决》,《中外法学》2022 年第 5 期,第 1310 页。

⑦ EuGH, Slg. 2004, I-123 Rn. 338.

⑧ Ambos, Kai, *Münchner Kommentar zum StGB*, 4. Auflage 2020, Vorbemerkung zu § 3, Rn. 74.

例原则适用时的削减方法，而是对公民权利的根本保障。[①]

就联合国《公民权利和政治权利国际公约》而言，一事不再理原则的价值和功能已经超出了单纯诉讼原则的意义，成为保障人权的重要措施。不管是英美法系的禁止双重危险原则，还是大陆法系的一事不再理原则，从人权保障角度来看，由于刑事制裁手段的严厉性、刑事法律在人权保障方面的特殊性，一事不再理原则能够抑制审判权滥用，防止司法专横，保证诉讼参与人得到公正对待。[②]

**3. 比例原则**

比例原则又称禁止过度原则。比例原则的思想基础在于，国家行为原则上并非不受限制和没有依据的，比例原则可以保护公民的各种权益免于不受限制和恣意的国家行为侵害。从比例原则的教义结构来看，对于国家机关行为需要从目的的合法性、手段的合适性和必要性三个层次加以分析。[③] 依据比例原则，国家权力机关采取的措施与所要实现的目的要相称，不得过度。比例原则一方面要求立法机关对于各种惩罚措施的累积适用要适当；另一方面要求对于已经被作出惩罚的行为人再次施加惩罚时，对既已作出的惩罚措施进行评估，适当减少再次惩罚措施的强度。

## 二、一事不再罚的跨部门法适用

在一事不再罚原则的适用中存在的一个争议是，一事不再罚中的惩罚是否只适用于同一部门法的惩罚之间，也就是说是否只适用于刑法中规定的刑罚之间，或者是行政法中规定的行政处罚之间，还是可以跨越同一部门法的惩罚，扩大到不同部门法的惩罚，特别是扩大到私法领域，即对同一行为作出刑罚或者作出行政处罚后是否影响到惩罚性赔偿的适用。[④]

### （一）跨部门法适用的争议

从一事不再理的制度现状来看，对于一事不再罚是否可以和如何跨部门法适用这一问题，各国立法具有不同的规定，大陆法系与英美法系存在差异。

《德国基本法》第 103 条第 3 款规定了禁止重复惩罚原则，从该条文的

---

① EuGH, Slg. 2004, I-123 Rdnrn. 88 ff.

② 卢建平等：《国际人权公约与中国刑事法律的完善》，中国人民公安大学出版社，2010 年，第 1 版，第 371 页及以下。

③ Maunz, Theodor/Dürig, Günter/Grzeszick, Bernd, *Grundgesetz Kommentar*, C. H. Beck, 2022, Art. 20 Rn. 107.

④ 吕英杰：《惩罚性赔偿与刑事责任的竞合、冲突与解决》，《中外法学》2022 年第 5 期，第 1310 页。

内容来看,不可因为同一行为基于普通刑事法律对任何人作出多次惩罚。德国学者拉德克(Henning Radtke)认为,此处的惩罚仅为一般刑事法律中的制裁措施,并不包括行政法律中的制裁措施。据此,并不禁止基于同一事实的不同制裁措施,只禁止基于同一事实的重复的刑事制裁。① 德国学者毛恩茨(Theodor Maunz)也认为,《德国基本法》第 103 条第 3 款中规定的惩罚是指普通刑事法律中规定的惩罚。依据立法资料,此处的普通刑事法律并不包括治安管理法、警察法和公务员法中的刑罚。就此处规范的字面意义而言,禁止刑事法律,单指《德国刑法典》和单行刑法。由于行政制裁、职业性制裁并非普通刑法中的惩罚,因此并不适用《德国基本法》第 103 条第 3 款。② 从宪法规定来看,一事不再罚无法跨部门法适用。为了实现一事不再罚的跨部门法适用,需要作出专门规定。德国《违反秩序法》第 21 条规定了同一行为既违反行政法又违反刑法时的惩罚适用问题,并原则上禁止双重惩罚。

在欧盟,虽然《欧盟基本权利宪章》在各个成员国内生效需要经过国内的程序,但是各个成员国如果已经同意《欧盟基本权利宪章》在国内生效,则一事不再罚原则在该成员国就具有直接效力。该条款中的禁止重复处罚原则并不仅仅针对刑事处罚,还包括具有准刑罚特征的行政制裁。德国学者亚拉斯(Hans D. Jarass)认为,《欧盟基本权利宪章》第 50 条中规定的禁止重复刑罚中刑罚(Strafe)的概念应当从广义理解,即还包括准刑罚性措施以及行政法上的制裁措施。③ 至于某项行政制裁是否具有准刑事特征,则取决于国内法的规定,取决于制裁措施的种类和严重程度。这些行政制裁措施涉及针对自然人和法人的抑制性制裁,比如竞争法中的罚金。④ 从反垄断法来看,欧盟成员国可以基于国内的反垄断法对企业的垄断进行调查并作出处罚,这会带来其他成员国和欧盟对同一垄断行为的重复调查和惩罚问题。对于在各成员国之间以及欧盟层面是否适用一事不再理原则,欧盟反垄断法并未作出明确规定。实践中,各成员国的调查机构认为可以对同一垄断行为进行重复制裁。此处涉及所谓的"惩罚偏轻"问题,比如某个反垄断机构仅仅对该垄断行为在自己管辖范围内的影响作出调查,并据此作出制裁,或者一个成员国法对反垄断行为只规定了较低的罚款数额,如果否定受到

---

① BeckOK GG/Radtke, Henning, *GG* Art. 103 Rn. 45 ff.

② Maunz, Theodor/Dürig, Günter/Grzeszick, Bernd, *Grundgesetz Kommentar*, C. H. Beck, 2022, GG Art. 104, Rn. 55 ff.

③ Jarass, Hans D., *Charta der Grundrechte der EU*, C. H. Beck, 4., 2021., Art. 50 Rn. 8.

④ Jarass, Hans D., *Charta der Grundrechte der EU*, C. H. Beck, 4., 2021., Art. 50 Rn. 1 ff.

该垄断行为较大影响的国家对此企业进行处罚的权力，则是不公平的。因此，可以基于同一行为对该企业作出多重处罚。但是学界越来越多的观点认为应当适用一事不再理原则。德国学者绍尔特斯(Marquier Soltész)认为，不管是欧盟执法机构还是成员国的执法机构都受到禁止重复处罚原则的限制。当对企业作出罚款或者免于处罚后，欧盟内的其他任何反垄断执法机构都不得再次基于同一行为对同一企业作出制裁。[①]

美国对于禁止双重危险条款是否适用于不同部门法的惩罚存有争议，特别是惩罚性赔偿。《联邦宪法第五修正案》中的禁止双重危险条款明确地限制适用于具有刑事本质的程序。适用禁止双重危险条款的传统论证认为，“确认刑事惩罚是一项实现公共正义的行动”，是基于它的目的和潜在后果，以及国家的本质和权利，该程序提供了严重的压制和负担——心理、身体和经济上的。但是美国最高法院逐渐将该条款扩大适用于法律规定刑事和具有“准刑事”性质的民事制裁程序之中，以及法律授权政府针对被告采取的刑事和民事程序之中。[②] 因此美国法院在判断是否适用禁止双重危险条款时会对具体惩罚措施进行实质分析，但是对是否具有刑事性的判断依据存有争议。比如美国最高法院在 Hudson v. U. S. 一案中认为，不管是作出财产惩罚还是限制性制裁措施，都是在威慑其他人不要作出同样的行为，这是一个传统的刑事惩罚目的。但是仅仅存在这一目的不足以认定一个制裁措施是刑事的，因为威慑“既是民事的也是刑事的目的”。比如虽然没收具有威慑目的，但不具有刑事目的。虽然本案中的制裁措施既具有预防将来错误行为的目的，也具有服务于提高银行业稳定性的目的，但是仅仅依据威慑目的来界定某项制裁为禁止双重危险条款中“刑事的”目的，会严重贬损政府运用诸如银行等有效统治机构的能力。总之，审理法院很难认为美国货币监理署(OCC)的财产处罚和相关限制性措施是刑事的。因此法院认定禁止双重危险条款并不影响案件审理，诉讼可以继续推进。[③] 从以上分析可以得知，虽然《联邦宪法第五修正案》将危险限定于“刑事”范围，但是某项制裁是否具有刑事性并非依据该制裁所在的部门法来确定，而是依据该制裁本身的性质来确定。只要该制裁措施在内容上具有刑事性，则不论该制裁位于何部门法，都可以适用禁止双重危险条款。

德国法通常将刑法之外的一事不再罚问题规定于部门法之中，一般并

---

① Soltész, Marquier, “Hält ‘doppelt bestraft’ wirklich besser? —Der ne bis in idem Europäischen Netzwerk der Kartellbehörden”, *EuZW*, 2006, S. 102, 104.

② Juzwin v. Amtorg Trading Corp., 705 F. Supp. 1053 (D. N. J. 1989).

③ Hudson v. U. S., 118 S. Ct. 488 (1997).

不禁止刑罚与非刑罚之间的重复适用。英美法系对于刑法之外的适用则一般依据法院的扩大解释,即惩罚措施是否具有刑事性。从以上分析可以得知,一事不再罚原则在当代通常规定在宪法之中,且一般适用于具有刑罚特征的制裁措施。虽然美国、德国、欧盟等立法将一事不再罚限于刑事制裁,但是会通过扩大解释适用到行政处罚,甚至惩罚性赔偿金。[①] 至于一事不再罚原则在不同部门法的影响具体如何,则有待进一步加以分析。

**(二)重责优先原则**

刑事制裁、行政制裁、民事制裁相较而言,由于刑罚中包括了生命刑、自由刑,以及刑罚给被惩罚者带来的耻辱,因此一般认为刑罚比其他处罚更重。民事制裁一般只包括财产惩罚,一般被认为最轻。[②] 因此,当存在竞合时,一般适用刑罚优先原则。依据该原则,在一事不再罚原则之下,当同一行为既违反刑法又违反行政法时,优先适用刑法,此时司法机关具有运用刑法对该违法行为作出刑罚的优先性。

采用刑罚优先原则的典型代表是德国法,依据德国《违反秩序法》第 21 条的规定,如果一个行为同时违反了刑法和行政法,则只适用刑法。但是这里涉及的是同一程序中处罚的累积适用问题。依据《违反秩序法》第 84 条的规定,如果行政罚款的决定已经生效,或者法院已经对某行为作出违反行政法或刑法的裁判,则该行为不得被再次认定为违反行政法。因此,当有特别法规定时,一事不再罚原则也具有跨部门法的适用性。但是一事不再罚的跨部门法适用需要有单行法作为规范基础,且不得扩大惩罚的种类,比如《违反秩序法》第 86 条第 1 款规定,如果已经对相关人作出了行政罚款的决定,则在后来的刑事程序中不得基于同一行为再次作出罚款的决定。此时惩罚的种类仅限于财产处罚。对于其他处罚,如果没有明确法律限制,则可以重复适用,但是适用时一般受到信赖保护原则和比例原则影响。[③]

我国《行政处罚法》第 27 条亦采用了刑罚优先原则。据此,当违法行为涉及犯罪时,行政机关应当及时将案件移送司法机关,以便追究刑事责任。刑罚优先原则主要为了实现法的安宁,更好地恢复法秩序的状态。对于已经涉嫌犯罪的行为人而言,对之施以行政处罚已经不足以实现惩罚目的,这会破坏法律的威严。为了更好地矫正违法行为,并弥补其对社会秩序造成

---

① 袁雪石:《中华人民共和国行政处罚法释义》,中国法制出版社,2021 年,第 1 版,第 200 页。

② 〔日〕佐伯仁志:《制裁论》,丁胜明译,北京大学出版社,2018 年,第 1 版,第 87 页。

③ Maunz, Theodor/Dürig, Günter/Grzeszick, Bernd/Mehde, Weith, *Grundgesetz Kommentar*, C. H. Beck, 2022, GG Art. 104, Rn. 58 ff.

的损害或破坏，必须对之施以刑罚。[①]

重责优先原则与民事责任优先原则有何区别？重责优先处理的是对各种责任进行裁判阶段的选择问题，而非认定后的责任执行问题。据此原则，私法一般无法阻止公法的优先适用。重责优先与《民法典》第187条中规定的民事责任优先履行原则存有差异，该条规定的具体内容是“民事主体的财产不足以支付的，优先用于承担民事责任”，所指的是对已经确定的民事责任的优先履行。[②]

### （三）辅助原则

司法机关在适用刑罚时，对于与刑罚具有同一功能、目的的行政处罚应当排除适用。但是刑罚优先原则并非绝对排除所有行政处罚的适用，对于与刑罚功能、目的不同的相关行政处罚，可以基于辅助原则加以适用，比如吊销驾驶证、营业执照等，此时并不为一事不再罚原则所禁止。

德国《违反秩序法》第21条规定了辅助原则，即当二者存在法条竞合时，行政法相对刑法而言处于辅助地位。对于可能涉及的刑罚之外的其他行政处罚，依据辅助原则仍需要科处行政处罚。这一原则在该行政处罚比刑罚更能实现惩罚目的之时具有特殊意义，比如依据《道路交通法》作出吊销驾驶证的处罚。[③]

一方面，辅助原则在同一部门法的惩罚中贯彻了一事不再罚的原则，据此辅助原则并未对同一部门法中的惩罚提供重复适用的可能，比如重复的财产处罚。另一方面，辅助原则主要为非同一部门法中的惩罚提供了适用的理论基础。据此，在基于同一行为被作出刑罚后，非同一部门法中的行政处罚具有了适用的理论依据。

### （四）小结

从不同部门法之间的法律制裁的冲突适用规则来看，对于一事不再罚的跨部门法的规制主要适用重责优先原则和辅助原则。重责优先原则的功能在于确保违法者不会因制裁的竞合而向轻微制裁逃逸；辅助原则的功能则在于确保违法者受到全面的制裁。依据此二原则，惩罚性赔偿一般无法阻止公法的优先适用。但是这两个原则不同于我国《民法典》第187条中规定的民事责任优先履行原则，该原则以公法责任和私法责任已经重复适用

---

① 江必新、夏道虎：《中华人民共和国行政处罚法条文解读与法律适用》，中国法制出版社，2021年，第1版，第90页。

② 黄薇：《中华人民共和国民法典总则编释义》，法律出版社，2020年，第1版，第496页。

③ Mitsch, Wolfgang, *Karlsruher Kommentar zum Gesetz über Ordnungswidrigkeiten*, C. H. Beck, 5. Aufl. 2018, OWiG § 21, Rn. 1, 15.

为前提。至于公法责任与私法责任之间的财产罚的重复适用问题需要运用何原理加以解决,仍有待进一步分析。

## 三、惩罚性赔偿领域的程序问题

我国的惩罚性赔偿诉讼可以分为两类:一类为利益被侵犯而提起的私益诉讼;另一类为其他主体基于公共利益被侵犯而提起的公益诉讼,可能涉及基于公共利益提起惩罚性赔偿诉讼的国家权力机关。一事不再罚原则是否适用于惩罚性赔偿程序?我国学者对此问题存有争议,特别是针对公益诉讼中的适用问题。①

### (一)私益诉讼

从以上分析可以得知,一事不再罚主要适用于公法程序,即主要涉及国家权力对公民权利产生影响的程序。虽然惩罚性赔偿在我国适用民事程序,但是鉴于惩罚性赔偿本身所具有的惩罚性,对于私人提起的惩罚性赔偿诉讼是否具有适用性,需要进一步分析。

在美国1984年的Hansen v. Johns-Manville Products Corp.一案中,被告佳斯迈威集团(Johns-Manville Products Corp.)认为在此大规模侵权案件中判决惩罚性赔偿涉及违宪,因为惩罚性赔偿类似于刑事罚金。因此,佳斯迈威集团辩称,宪法需要对多次的、不确定的惩罚性赔偿进行限制。实际上佳斯迈威集团是针对禁止双重危险条款适用的前提条件进行辩论。美国最高法院认为,《联邦宪法第五修正案》反对双重危险,避免对同一行为作出双重惩罚。但是《联邦宪法第五修正案》中所指的危险专指程序中"实质上具有刑事性的"。在Breed v. Jones一案中,审理法院认为惩罚性赔偿由原告个人提起的私益诉讼作出,并非"实质上具有刑事性的"程序,因此并不涉及禁止双重危险条款所针对的对象。陪审团裁定认为,因重大过失致人死亡需要承担惩罚性赔偿并非基于违反刑法作出。此外,在Breed v. Jones一案中,法院并非基于"实质上具有刑事性的"程序得出相应裁决。因此,法院认为此案的程序并未达到禁止双重危险条款的必要标准,此前也没有任何非国家发起的程序适用禁止双重危险条款加以保护的案例。据此,审理法院不认为Hansen v. Johns-Manville Products Corp.一案适用于违反《联邦宪法第五修正案》中的双重危险。②

① 彭峰:《惩罚性赔偿在生态环境损害赔偿中的适用限制》,《政治与法律》2022年第11期,第150页。

② Hansen v. Johns-Manville Products Corp., 734 F. 2d 1036(1984).

此外,在 Leonen v. Johns-Manville Corp. 一案中,被告辩称,禁止双重危险条款并不局限于刑事程序。程序是“刑事的”还是“民事的”并不重要,重要的是制裁措施中的刑事目的。既然惩罚性赔偿被设置用于惩罚违法者,并对他人作出预防,则其具有刑罚性质。因此,被告辩称,在诉讼中判决双重惩罚性赔偿即为双重危险,有违《联邦宪法第五修正案》。但是该案审理法院认为,该观点在美国最高法院的 U. S. v. Halper 一案判决中已被驳斥。在该案中,最高法院认为,依据禁止双重危险条款,美国政府不得对一个被告先通过刑事程序判以刑罚,再基于同一行为对其提起民事诉讼,并判以与实际损失不相称的赔偿责任。因此,在特定条件下民事罚金的确会构成禁止双重危险条款中所指的惩罚,被告提出禁止双重危险条款也适用于民事程序,如果诉讼中涉及政府作出的制裁,则被告的观点是正确的。虽然美国最高法院以提出民事罚金的一方是政府为由驳回了起诉,但是它也同时确认,“禁止双重危险条款并不适用于私主体间的诉讼”。美国最高法院认为,私主体可以基于已判刑罚所基于的行为提起民事诉讼请求赔偿,这并不违反禁止双重危险条款,即使民事制裁具有刑事性。[①] 同样,在 United States v. James Daniel Beszborn 一案中,美国最高法院认为,适用禁止双重危险条款必须是针对政府行为作出的双重危险。禁止双重危险条款并不适用于私人提出的诉讼。鉴于资产重组信托公司以私人身份参与了诉讼,该诉讼是纯私人的行为,政府并未提起惩罚性赔偿诉讼,所以并未违反禁止双重危险条款。此后的刑事控告并未违反《联邦宪法第五修正案》中的禁止双重危险条款,地方法院认为违反存在错误。[②]

这一要求对程序是否具有刑事实质性的判定标准在 1989 年 Juzwin v. Amtorg Trading Corp. 一案中得到了进一步发展。法院否定了适用禁止双重危险条款的传统论证,即“确认刑事惩罚以实现公共正义的行动”,鉴于它的目的和潜在后果,以及国家的本质和权力,刑事程序造成了严重的心理、身体和经济上的压制和负担。禁止双重危险条款的目的在于对“同一侵犯行为”只作一次惩罚。此处,被告并未违反刑事法律,与刑事指控相比,该案中的惩罚性赔偿诉讼本身是私益诉讼,并不涉及国家机关对私人的完全否定,因此并不涉及美国《联邦宪法第五修正案》中禁止双重危险条款所规定的危险来源即公权力主体。法院最终认为惩罚性赔偿诉讼并不具有“刑事实质

---

① Leonen v. Johns-Manville Corp., 717 F. Supp. 272 (D. N. J. 1989).

② United States v. James Daniel Beszborn, 21 F. 3d. 62 (5th Cir. 1994).

性",因此重复判定惩罚性赔偿并不违反禁止双重危险条款。[①]

从美国的司法实践可以得知,美国宪法中禁止双重危险条款禁止的是来自公权力的危险,制裁措施适用何种程序并非适用该条款的决定因素。对于惩罚性赔偿而言,如果提起诉讼的一方为私主体,则绝对排除禁止双重危险条款的适用,但是如果提起惩罚性赔偿诉讼的一方为国家权力机关,则有可能适用禁止双重危险条款。美国禁止双重危险条款主要针对来自公权力的危险这一思想亦为当代一事不再罚原则的立法思想。对于一事不再罚原则的适用,须以防止公民在程序中遭受来自公权力的危险为前提。

在我国的惩罚性赔偿诉讼中,提起民事诉讼的主体一般是私主体,因此依据一事不再罚主要为公民抵御来自公权力的危险,并不涉及私主体之间诉讼这一思想,可以排除一事不再罚的适用。这一规定也体现在我国《知识产权惩罚性赔偿解释》第 6 条第 2 款,"因同一侵权行为已经被处以行政罚款或者刑事罚金且执行完毕,被告主张减免惩罚性赔偿责任的,人民法院不予支持"。《生态环境侵权惩罚性赔偿解释》第 10 条第 2 款亦不支持折抵。[②] 虽然这些规定主要是从实体上作出的,且限于知识产权民事案件中适用惩罚性赔偿,但是此规则所基于的原理可以扩大适用到所有由私人提起的惩罚性赔偿诉讼。

**(二)公益诉讼**

公法程序是否为适用禁止双重危险条款的绝对领域?民事程序是否为排除一事不再罚适用的绝对理由?在 U. S. v. Halper 一案中,美国最高法院认为,禁止双重危险条款本质上是针对自然人的,对之违反只可能是国家机关对个人施加的实际制裁措施,这需要对具体民事制裁的实际目的进行评估,而非依据作出制裁的程序的性质。美国最高法院认为,政府不可以在刑事上控告被告承担刑事责任,然后再基于同一行为在独立的民事程序中寻求与弥补政府损失不相称的目的,这有违禁止双重危险条款。[③]

与私人提起的惩罚性赔偿诉讼不同,在公益诉讼中提起诉讼的一方也可能是国家权力机关。公益诉讼"具有诉讼的国家公权性、程序性、强制性、终局性和权威性等一般特征"[④]。我国《最高人民法院关于审理生态环境损害赔偿案件的若干规定(试行)》第 1 条规定,"省级、市地级人民政府及其

---

① Juzwin v. Amtorg Trading Corp., 705 F. Supp. 1053 (D. N. J. 1989).

② 最高人民法院环境资源审判庭编著:《最高人民法院生态环境侵权禁止令保全措施、惩罚性赔偿司法解释的理解与适用》,法律出版社,2023 年,第 1 版,第 174 页。

③ U. S. v. Halper, 109 S. Ct. 1892(1989).

④ 张嘉军主编:《公益诉讼法》,中国检察出版社,2022 年,第 1 版,第 18 页。

指定的相关部门、机构，或者受国务院委托行使全民所有自然资源资产所有权的部门”，可以在一定条件下“作为原告提起生态环境损害赔偿诉讼”。2021 年最高人民检察院颁布了《人民检察院公益诉讼办案规则》，其第 2 条规定，人民检察院办理公益诉讼是行使检察权的体现，通过支持适格主体依法行使公益诉权，维护国家利益和社会公共利益，并以此来促进国家治理体系和治理能力现代化。人民检察院提起公益诉讼的方式有三种：提出检察建议、提起诉讼和支持起诉。2021 年 1 月 29 日，青岛市人民检察院起诉的崂山区某中心非法收购、出售珍贵、濒危野生动物民事公益诉讼一案，法院判决被告以劳务代偿的方式承担生态环境损害惩罚性赔偿责任的民事公益诉讼案件。[①] 由此产生的问题是：当提起惩罚性赔偿公益诉讼的一方为国家权力机关时，比如此案中的检察机关，一事不再罚原则对此类公益诉讼具有何种影响？

我国立法并未在程序上对可能涉及一事不再罚的公益诉讼作出相关限制。有学者认为，“我国《民法典》第 1232 条规定的惩罚性赔偿不应适用于环境民事公益诉讼”[②]。从《最高人民法院关于审理生态环境损害赔偿案件的若干规定（试行）》来看，公益诉讼主要包括三种情形。其一，公益诉讼与私益诉讼同时被提起时产生的竞合情形。依据《最高人民法院关于审理生态环境损害赔偿案件的若干规定（试行）》第 17 条，“人民法院受理因同一损害生态环境行为提起的生态环境损害赔偿诉讼案件和民事公益诉讼案件，应先中止民事公益诉讼案件的审理，待生态环境损害赔偿诉讼案件审理完毕后，就民事公益诉讼案件未被涵盖的诉讼请求依法作出裁判”。其二，生态环境损害赔偿诉讼案件裁判生效后再次提起公益诉讼的情形。《最高人民法院关于审理生态环境损害赔偿案件的若干规定（试行）》第 18 条第 1 款规定，“生态环境损害赔偿诉讼案件的裁判生效后，有权提起民事公益诉讼的国家规定的机关或者法律规定的组织就同一损害生态环境行为有证据证明存在前案审理时未发现的损害，并提起民事公益诉讼的，人民法院应予受理”。其三，民事公益诉讼案件的裁判生效后再次提起公益诉讼的情形。《最高人民法院关于审理生态环境损害赔偿案件的若干规定（试行）》第 18 条第 2 款规定，“民事公益诉讼案件的裁判生效后，有权提起生态环境损害

---

① 《青岛市人民检察院提起全国首例生态环境损害惩罚性赔偿适用劳务代偿公益诉讼案件当庭宣判》，2021 年 1 月 30 日，青岛市人民检察院网，http://www.qdjcy.gov.cn/html/gxjd/20210130/1/2370.html。

② 李智卓、刘卫先：《惩罚性赔偿不应适用于环境民事公益诉讼的法理辨析》，《中州学刊》2022 年第 3 期，第 48 页。

赔偿诉讼的主体就同一损害生态环境行为有证据证明存在前案审理时未发现的损害,并提起生态环境损害赔偿诉讼的,人民法院应予受理”。

“人民检察院办理公益诉讼案件是行使法律监督职能的检察权,而非行使普通民事、行政诉讼原告的诉权。”[①]最高人民检察院《“十四五”时期检察工作发展规划》中提出,公益诉讼检察机关是以诉的形式履行法律监督本职。鉴于一事不再罚主要涉及国家权力对于同一违法行为的重复处理,以免在程序上给公民带来名誉、财产等损害,当国家权力机关已经对某一行为作出法律上的惩罚后,需要限制国家权力机关再次提起惩罚性赔偿的公益诉讼。以上三种情形中,前两种情形都只有一次涉及国家权力机关提起的公益诉讼,因此并不适用一事不再罚原理。[②] 第三种情形则有两次公益诉讼,因而当提起公益诉讼的一方都为国家权力机关时,则有违一事不再罚原理,存在予以限制的条件。我国实践中出现较多的情形是刑事附带民事公益诉讼案件,比如在浙江省杭州市余姚区人民检察院诉蔡某某等销售伪劣口罩民事公益诉讼案中,检察机关提起了刑事附带民事诉讼,法院在判处姚某某、蔡某某有期徒刑 1 年,缓刑 1 年,并分别判处罚金之外,还判处了二人承担 3 倍的惩罚性赔偿。[③] 由于检察机关对于刑罚和惩罚性赔偿都是在同一程序中提起的,在程序上并不存在对民事主体的先后惩罚问题,因此并不会出现二次危险问题。

我国《行政处罚法》第 27 条规定了行政处罚与刑事司法的协调制度。据此,如果违法行为涉嫌犯罪,则行政机关需要及时将案件移送相关司法机关,以便依法追究刑事责任。若司法机关认为不需要追究刑事责任或者认为需要依法免予刑事处罚,则司法机关应当及时将案件移送有关行政机关,由行政机关作出相应的处罚。但是这一规定主要是为了贯彻《中共中央关于全面推进依法治国若干重大问题的决定》中提出的“克服有案不移、有案难移、以罚代刑现象,实现行政处罚和刑事处罚无缝对接”。

一方面,这一规定并非禁止国家权力机关对同一行为的重复追诉。虽然该条对此并未明确规定,但是从《行政处罚法》第 35 条中规定的刑罚的折抵规则来看,我国立法已经在实体上对重复处罚的适用规则作了相关规定,

---

① 最高人民检察院第八检察厅编:《〈人民检察院公益诉讼办案规则〉理解与适用》,中国检察出版社,2022 年,第 1 版,第 25 页。

② 反对意见参见蔡虹、王瑞祺:《刑事附带民事公益诉讼惩罚性赔偿之否定与替代方案》,《山东社会科学》2022 年第 1 期,第 166 页。

③ 浙江省杭州市余姚区人民检察院诉蔡某某等销售伪劣口罩民事公益诉讼案,参见最高人民检察院第八检察厅编:《最高人民检察院公益诉讼检察典型案例汇编(2021 年度)》,中国检察出版社,2022 年,第 1 版,第 344 页。

因此我国并未在程序上禁止国家司法权力和行政权力对于私主体的重复追诉。[①] 由此可以推定,我国实际上并未限制不同性质程序对同一违法行为的重复处理。因此,即使针对某一违法行为司法机关已经判以刑罚或者行政机关已经作出行政处罚,有权提起公益诉讼的国家权力机关仍可以基于同一违法行为提起惩罚性赔偿的公益诉讼。从一事不再罚的基础理论特别是权利保障理论来看,此种条件下国家权力机关再次提起惩罚性赔偿诉讼,明显属于国家权力对公民权利的再次侵犯,有违一事不再罚原则,应当从制度上加以限制。[②] 国内其他学者也得出了类似结论。比如蔡虹等认为,在公益诉讼中,鉴于惩罚性赔偿金并不归私人所有,所以其更接近刑事罚金。[③] 王承堂认为检察机关对同一行为同时或者先后主张罚金和惩罚性赔偿金可能违反一事不再罚原则。[④]

另一方面,我国并不存在国家权力机关在对惩罚性赔偿案件审查是否提起公益诉讼时的案件移送规则。此时应适用重责优先原则,参照《行政处罚法》第 27 条规定的原理,当国家权力机关审查案件发现可能涉及行政违法和犯罪时,应当将案件材料移送相关机关,并中止提起公益诉讼。若行为人已经被作出行政处罚或刑罚,则应终止公益诉讼程序。

## 四、惩罚性赔偿领域的实体问题

一事不再罚原则并不仅仅影响到程序规则,还影响到实体规则。在惩罚性赔偿诉讼中,一事不再罚原则对惩罚性赔偿数额的确定会产生何种影响？首先需要回答的问题是是否可以直接依据惩罚性赔偿的形式来决定或排除一事不再罚原则的适用。对此进行分析是为了解决惩罚性赔偿是否可以直接依据自身所在的私法领域来排除一事不再罚原则这一问题。其次需要回答的问题是如果惩罚性赔偿制度无法依据其形式来排除一事不再罚原则的适用,那么惩罚性赔偿与其他惩罚措施之间的关系如何。对此进行分析是为了解决在适用刑罚或行政处罚后是否还可以适用惩罚性赔偿,以及适用惩罚性赔偿后刑罚和行政处罚的适用问题。基于以上问题,此处将从一事不再罚原则适用于惩罚性赔偿的理论争议着手来分析,并试图寻找相

---

① 江必新、夏道虎主编:《中华人民共和国行政处罚法条文理解与法律适用》,中国法制出版社,2021 年,第 1 版,第 88 页及以下。

② 彭峰:《惩罚性赔偿在生态环境损害赔偿中的适用限制》,《政治与法律》2022 年第 11 期,第 150 页。

③ 蔡虹、王瑞祺:《刑事附带民事公益诉讼惩罚性赔偿之否定与替代方案》,《山东社会科学》2022 年第 1 期,第 168 页。

④ 王承堂:《论惩罚性赔偿与罚金的司法适用关系》,《法学》2021 年第 9 期,第 163 页。

应的适用规则。

## (一) 惩罚性赔偿适用中的争议

我国学者对于惩罚性赔偿是否适用一事不再罚原则存在争议,既有支持,又有反对。[1] 相关争论主要涉及惩罚性赔偿的形式与实质问题。从形式来看,我国《民法典》中的惩罚性赔偿制度属于侵权责任,具有私法的外观。因此,惩罚性赔偿与刑罚或行政处罚在形式上存在区别。但是惩罚性赔偿是否可以基于自身所具有的私法责任外观来绝对地排除一事不再罚原则的适用? 对此问题的分析涉及一事不再罚原则中所指的惩罚的形式与实质问题。因此需要对惩罚性赔偿的形式与实质如何影响一事不再罚原则的适用进行分析。

从比较法视野来看,对于惩罚性赔偿是否适用禁止双重危险条款,美国司法一开始从形式上加以否定,但是这一形式标准在后来受到了挑战。美国最高法院在 1989 年 U. S. v. Halper 一案判决中认为,"刑事的"或"民事的"标签并不具有决定意义。一般认为,民事程序既可实现救济目的,又可促进刑罚目的。反之,刑事罚金既可实现刑罚目的,又可实现救济目的。惩罚(punishment)这一概念在通常意义上是横跨民法和刑法的,且在对某个制裁是否构成违反禁止双重危险条款的重复惩罚的分析中,我们必须探寻该术语指向何处。为此,在决定一个民事制裁是否构成相关语境中的惩罚时,需要对其内在刑罚性和该惩罚所追求的目的进行评价。简言之,当民事制裁和刑事制裁在具体案件中都服务于惩罚之目的时,则这些制裁都构成惩罚。因此,美国最高法院认为,地方法院将调查和起诉被告虚假医疗保险索赔的政府成本估算为 16 000 美元,而被告被判 65 项违反刑事虚假索赔法案的实际损害赔偿和民事责任为 585 美元,每违反一次就作出 2000 美元的民事罚金(共计 13 万美元),是十分不相称的,这导致该法授权的民事罚金构成违反禁止双重危险条款的第二次处罚。[2]

简言之,美国司法中对于民事罚金是否适用禁止双重危险条款,一方面会从实体上分析民事罚金的目的和功能,进而判定该民事罚金的刑罚性;另一方面会从提出该民事罚金的主体角度加以判定,如果所提出的一方主体为国家,则有可能违反禁止双重危险条款。

再看欧盟法,德国学者亚拉斯认为,《欧盟基本权利宪章》第 50 条中规

---

① 吕英杰:《惩罚性赔偿与刑事责任的竞合、冲突与解决》,《中外法学》2022 年第 5 期,第 1299 页。

② U. S. v. HALPER, 109 S. Ct. 1892(1989).

定的禁止重复处罚规制中的处罚并不针对主要以恢复或者预防为目的的制裁措施,但是一个抑制性的(repressive)制裁措施如果追求预防性目的,则仍具有可适用性。① 某项责任是否适用一事不再罚,一个实质上的区分标准是,是否具有制裁特征。这一区分特征体现在欧洲人权法院的司法裁判中。欧洲人权法院认为,禁止双重惩罚原则不仅适用于依据经典刑法对同一行为的多重制裁,比如罚金刑和自由刑,而且适用于应用行政程序作出的制裁措施,特别是作出罚款。此处主要是基于对裁判实体内容来作出判断,即是否具有制裁特征。②

从以上分析可以得知,制裁的外在形式并不必然阻止一事不再罚的适用,在具体案件中会对具体制裁措施的实质进行分析,进而判断一事不再罚原则的适用性。

首先,从物权变动角度来看,导致被惩罚者物权产生变动的是国家行政机关的处罚决定或司法机关的裁判。不管是刑事案件中检察机关提起公诉,还是公民提起自诉,案件最终都需要由法院作出裁判。这与检察机关提起公益诉讼和私主体提起诉讼在程序中扮演的角色并无关系,此时直接导致被惩罚一方财产所有权的变动的原因是司法裁判,而非提起诉讼的主体。因此,不管是刑事程序还是民事程序中的财产惩罚,都是国家权力机关依法作出的法律文书对公民财产的强制剥夺,而且这一强制剥夺并非基于对私主体损害的弥补。刑事程序和民事程序在财产惩罚上的差异只是导致国家对被惩罚者财产剥夺后的分配主体不同,而对于国家权力剥夺财产分配主体的不同只是法律对于财产的再分配问题。惩罚性赔偿将剥夺后的财产分配给私人,在制度上具有激励私人提起诉讼的功能。这样,基于维护社会秩序的需要,私人参与惩罚程序并承担了国家的一部分职能。③

其次,具体制裁措施的功能、目的对于其实质判断具有重要作用。与民事赔偿不同的是,惩罚性赔偿判决所引起的财产变动并非基于弥补损失的救济目的,而是通过剥夺被惩罚者的财产来达到惩罚目的。因此,惩罚性赔偿即使由私人提起,亦无法改变国家运用权力对私人进行惩罚的本质。鉴于惩罚性赔偿本身所具有的惩罚性以及预防功能,无法完全摆脱制裁特征,这一点上与刑罚和行政处罚并无差异。一事不再罚不适用惩罚性赔偿的私

---

① Jarass, Hans D., *Charta der Grundrechte der EU*, C. H. Beck, 4., 2021., Art. 50 Rn. 5a.

② Soltész, Marquier, "Hält 'doppelt bestraft' wirklich besser? —Der ne bis in idem Europäischen Netzwerk der Kartellbehörden", *EuZW*, 2006, S. 102.

③ 比较蔡虹、王瑞祺:《刑事附带民事公益诉讼惩罚性赔偿之否定与替代方案》,《山东社会科学》2022 年第 1 期,第 168 页及以下。

益诉讼只是从起诉主体上否定来自国家权力机关的风险,但是从法的安定性、权利保障和比例原则等角度来看,与刑罚和行政处罚一样,一事不再罚原则在实体上对于惩罚性赔偿具有适用的基础。

### (二)我国惩罚性赔偿的适用分析

#### 1. 重复的财产罚问题

有学者认为,"通常来讲,民事赔偿与公法上的金钱制裁互不影响"[①]。但是也有学者认为,"惩罚性赔偿与罚金都属于财产性罚则,不能重复适用"[②]。从我国的司法实践来看,行政罚款和惩罚性赔偿的适用呈现三条进路:择一适用、重复适用不折抵和重复适用折抵。[③] 纵观世界,虽然各国并不完全禁止刑罚、行政处罚之间的重复处罚,但是一般禁止重复作出财产处罚。比如德国《违反秩序法》第 86 条第 1 款即规定,如果已经对行政相对人作出了行政罚款决定,则在后来的刑事程序中应当相应地撤销该行政罚款的决定,审理法院需要重新作出罚金的决定。[④] 德国法不禁止非财产性刑罚和非财产性行政处罚的并列适用,但是禁止刑事罚金和行政罚款的共同适用,理由在于不管是刑事罚金还是行政罚款,都是同一性质的处罚,其目的和功能也具有一致性,因此重复适用有违信赖原则和比例原则。[⑤]

我国《行政处罚法》并未从程序规定上完全禁止重复罚款的问题,但是在实体法上作了相关规定。《行政处罚法》第 35 条对不同种类惩罚之间的重复适用规定了重责优先的原则。据此,如果违法行为构成犯罪,人民法院在判处刑事罚金时行政机关已经对当事人给予了行政罚款,则应当用行政罚款折抵相应的刑事罚金。但是如果判处罚金在先,行政机关尚未对当事人给予罚款,则不得再给予罚款。其立法理由在于,行政处罚和刑罚都属于公法领域,都具有制裁性,但是在性质、形式和功能上存有差异,因此并不绝对禁止重复适用。但是基于行政处罚与刑罚适用的合理性和必要性,依据比例原则,为防止对当事人同一性质权益的过度剥夺,需要加以限制。[⑥] 不

---

① 朱冬:《〈民法典〉第 1185 条(知识产权侵权惩罚性赔偿)评注》,《知识产权》2022 年第 9 期,第 126 页。

② 吕英杰:《惩罚性赔偿与刑事责任的竞合、冲突与解决》,《中外法学》2022 年第 5 期,第 1310 页。

③ 韩利楠:《论惩罚性赔偿与行政罚款的适用规则》,《湖湘法律评论》2022 年第 4 期,第 41 页。

④ BeckOK OWiG/Ganter, Alexander, G, 30. Ed. 1.4.2021, OWiG § 86 Rn. 11-13.

⑤ Mitsch, Wolfgang, *Karlsruher Kommentar zum Gesetz über Ordnungswidrigkeiten*, C. H. Beck, 5. Aufl. 2018, OWiG § 86 Rn. 1.

⑥ 江必新、夏道虎主编:《中华人民共和国行政处罚法条文理解与法律适用》,中国法制出版社,2021 年,第 1 版,第 88 页及以下。

过《行政处罚法》第35条对于刑事罚金和行政罚款的禁止重复适用只是单向的，即只当人民法院对犯罪行为已经判处罚金时，行政机关不得再次作出罚款的行政处罚。理由在于，罚款和罚金在内容和目的上相同，都是通过对当事人财产的剥夺来实现经济制裁的目的。但是从制裁性质来看，罚金的制裁性要比罚款更为严厉，如果通过人民法院的罚金已经实现了制裁目的，那么再次基于同一行为对当事人作出罚款已无必要。①

对于同种类的财产处罚，我国《行政处罚法》第29条还规定了一事不再罚款原则。据此，行政机关不得基于同一行为对当事人作出两次以上罚款的行政处罚。从此规定来看，我国《行政处罚法》将一事不再罚原则仅仅限定在罚款这一行政处罚种类中，并未排除其他行政处罚种类的重复适用。② 从惩罚性赔偿与罚金、罚款的关系来看，最高人民法院在《关于审理侵害知识产权民事案件适用惩罚性赔偿的解释》第6条第2款中规定，因同一侵权行为已经被处以行政罚款或者刑事罚金且执行完毕，被告主张减免惩罚性赔偿责任的，人民法院不予支持，但在确定前款所称倍数时可以综合考虑。这一规定否定了对行为人不得作出重复财产惩罚，但是从罚金、罚款对于惩罚性赔偿的影响确立了相应的数额确定规则。从该条内容来看，似乎认同惩罚性赔偿与罚金、罚款的重复适用。这一司法解释中的规定与我国刑罚和行政处罚规定中禁止重复财产罚的立法理念相冲突。

从形式上看，私人提起的惩罚性赔偿请求权似乎是私人间的意思自治在起主导作用，并不涉及国家权力。与损害赔偿数额确定不同的是，惩罚性赔偿数额由司法机关依据法律规定的标准来确立，这与罚金和行政罚款的确立标准的强制性相同。王泽鉴认为，惩罚性赔偿"乃穿着民事请求权衣服的刑事制裁"③。与典型的私法责任中的意思自治相异，请求权人对于惩罚性赔偿数额并无实质性的决定权，惩罚性赔偿数额由法院依据相应的裁量标准来作出，反映的是国家司法权力的强制意志，私人自治的范围只限于对法律规定惩罚数额的处分。从权利保障角度来看，在罚金、罚款之后作出惩罚性赔偿，属于国家权力机关基于同一违法行为对行为人财产的重复剥夺。④ 至于被司法机关剥夺后的财产归于国家还是归于个人，是法律对于被

---

① 江必新、夏道虎主编：《中华人民共和国行政处罚法条文理解与法律适用》，中国法制出版社，2021年，第1版，第121页。

② 江必新、夏道虎主编：《中华人民共和国行政处罚法条文理解与法律适用》，中国法制出版社，2021年，第1版，第96页。

③ 王泽鉴：《损害赔偿》，北京大学出版社，2017年，第1版，第1302页。

④ 吕英杰：《惩罚性赔偿与刑事责任的竞合、冲突与解决》，《中外法学》2022年第5期，第1310页。

剥夺财产的分配问题,从公民角度来看二者并不改变司法机关对自己财产剥夺的实质。比如在美国,佐治亚州的法律规定,惩罚性赔偿金扣除包括律师费在内的诉讼费后,剩余的四分之三要归入州一般财产。[①] 在我国,在惩罚性赔偿民事诉讼中被惩罚者被剥夺的财产亦并非完全归于私主体,比如在特定国家权力机关提起公益诉讼的场合,惩罚性赔偿金就并不归于私主体。例如在杭州市余杭区人民检察院诉蔡某某等销售伪劣口罩民事公益诉讼案中,法院判令两名被告承担 3 倍惩罚性赔偿,并分别判处罚金 40 万元和 7 万元。这一裁判的目的在于"制止、惩罚、威慑设疑口罩售假行为"[②]。惩罚性赔偿的公益诉讼案件进一步说明惩罚性赔偿并非完全履行私权救济和私人报复的功能,也具有公法上的惩罚功能。如果惩罚性赔偿金进入国家财政,或者由国家相关部门管理,则与行政罚款、刑事罚金一样,这就为各项费用之间的抵扣提供了可能。[③]

因此,从国家权力对被惩罚者财产剥夺的角度来看,禁止惩罚性赔偿与刑事罚金、行政罚款的重复适用完全符合《行政处罚法》第 29 条一事不再罚款中保护当事人的信赖利益、维护法的安定性之目的。[④] 日本学者田中英夫等也认为,惩罚性赔偿具有制裁性,应避免与刑事制裁重复适用。[⑤] 结合上文程序法部分的分析,基于同一行为已经对行为人作出了刑事罚金或行政罚款之后提起的惩罚性赔偿的公益诉讼中应当适用一事不再罚款原则。

**2. 折抵原则的适用分析**

比例原则强调国家权力对公民权利干预时手段与目的之间的关系要具有适度性。[⑥] 因此,当国际组织或者其他国家已经基于同一行为对某主体作出惩罚时,国内执法机构或者司法机构会基于比例原则在制裁措施的种类选择或者数量选择上将已经作出的惩罚裁决纳入考量。此处需要考量的因素主要包括已经作出制裁的种类、惩罚的强度以及惩罚是否已经执行等。[⑦]

---

① O. C. G. A. §51-12-5.1(e)(2).

② 最高人民检察院第八检察厅编:《最高人民检察院公益诉讼检察典型案例汇编(2021 年度)》,中国检察出版社,2022 年,第 1 版,第 345 页。

③ 吴卫星、何钰琳:《论惩罚性赔偿在生态环境损害赔偿诉讼中的审慎适用》,《南京社会科学》2021 年第 9 期,第 98 页。

④ 袁雪石:《中华人民共和国行政处罚法释义》,中国法制出版社,2021 年,第 1 版,第 200 页。

⑤ 〔日〕田中英夫、竹内昭夫:《私人在法实现中的作用》,李薇译,法律出版社,2006 年,第 1 版,第 156 页。

⑥ 梅扬:《比例原则的原旨与适用》,中国社会科学出版社,2022 年,第 1 版,第 84 页及以下。

⑦ 最高人民法院环境资源审判庭编著:《最高人民法院生态环境侵权禁止令保全措施、惩罚性赔偿司法解释的理解与适用》,法律出版社,2023 年,第 1 版,第 271 页;韩利楠:《论惩罚性赔偿与行政罚款的适用规则》,《湖湘法律评论》2022 年第 4 期,第 50 页。

当一国在作出惩罚的各种程序上并不适用一事不再罚原则，或者当国际法上的一事不再罚原则对一国并无强制效力时，有的国家会将既已作出裁判中的惩罚数额纳入新裁判数额的考量，依据折抵原则加以相应地削减。折抵原则是指，当国家权力机关二次作出剥夺财产的处罚时，应当考虑上一次作出剥夺财产惩罚的数额，并将相应的数额在新的惩罚数额中扣除。折抵原则的理论基础在于比例原则和效率原则。德国学者阿姆波斯认为，虽然一事不再罚原则并非国际法原则，但是对于国外判决，一国仍可以基于完结原则对外国裁判的效力作出认可，以提高一国国内的司法效率。此外，对于外国裁判中已经作出的处罚，国内法亦可以基于折抵原则在判决执行中予以抵扣。[①]

我国《行政处罚法》第35条规定了适用于国内的折抵原则。我国《行政处罚法》中规定的折抵原则只适用于同种类的处罚，不同种类的处罚不得适用。当违法行为构成犯罪，行政机关已经基于该行为对当事人作出了罚款时，人民法院在判处罚金时应当将罚款折抵罚金。但是从我国立法来看，刑罚和行政罚款之间的折抵是单向的，当人民法院已经基于同一行为对当事人作出刑事罚金时，行政机关不得再次作出罚款，也就不存在折抵问题。如果涉及先作出罚金和行政罚款，然后再作出惩罚性赔偿的判决，则会出现请求权人的私权问题。刘长兴认为，“出于统一的目的、对同一违法行为的惩罚，仍应当相互协调，以避免过重的不当惩罚”[②]。邱帅萍认为，“基于罚金与惩罚性赔偿之间的同质性，以及责罚均衡原则、法律惩罚措施协调统一等要求，应该允许罚金与惩罚性赔偿之间的折抵”[③]。吕英杰认为，“允许在行为人构成犯罪时适用惩罚性赔偿，但要折抵”[④]。私人提起的惩罚性赔偿虽然也包含对被惩罚者财产的剥夺，但是剥夺后的财产并非支付给国家，而是支付给私人。当被剥夺的财产支付给国家时，罚金和罚款的财产所有权都是归给国家，折抵原则的适用对于国家而言并无影响。当惩罚性赔偿判决已经作出时，在作出罚金和行政罚款时应将惩罚性赔偿金作价，在相应数

---

① Ambos, Kai, *Münchner Kommentar zum StGB*, 4. Auflage 2020, Vorbemerkung zu §3, Rn. 74.

② 刘长兴：《超越惩罚——环境法律责任的体系重整》，法律出版社，2022年，第1版，第219页。

③ 邱帅萍：《论罚金与惩罚性赔偿的折抵》，《湖南科技大学学报》（哲学社会科学版）2021年第1期，第151—157页。

④ 吕英杰：《惩罚性赔偿与刑事责任的竞合、冲突与解决》，《中外法学》2022年第5期，第1316页。

额范围内折抵应当作出的罚金数额和行政罚款数额。①

当所剥夺的财产所有权是归给私人时,折抵原则会带来国家和私人之间所有权的变化。刑事罚金、行政罚款和惩罚性赔偿中的财产都来自被惩罚者,是国家权力对公民财产的剥夺,所不同的是剥夺后的财产分配。罚金和行政罚款是将财产支付给国家,惩罚性赔偿中的惩罚数额则是支付给私人。当刑事罚金、行政罚款先于惩罚性赔偿金判决作出,且被惩罚者已经缴纳罚金和行政罚款时,应当由国家将所收缴的罚金和行政罚款的相应数额转移支付给私人。此时如果对罚金或罚款的数额进行作价并加以扣除,则惩罚性赔偿请求权人的财产无疑就会相应地减少,因此适用折抵原则对于作为私人权利的惩罚性赔偿请求权会产生不利。因此,此时应适用私益优先于公益的规则。如果罚金、罚款先于惩罚性赔偿判决作出,则惩罚性赔偿数额的确定并不受影响,有所区别的是,被惩罚者只需要缴纳超出罚金或罚款数额的部分,其余部分应当由国家向惩罚性赔偿请求权人转移相应的刑事罚金和行政罚款的财产所有权。这种情况下,事实上适用的是民事惩罚优先原则和折抵原则。

① 孙佑海、张静雪:《生态环境损害惩罚性赔偿的证成与适用》,《中国政法大学学报》2022年第1期,第36、37页。

# 结　语

现代民事责任的诞生得益于刑法的现代化，这打破了古代制裁手段民刑合一这一混合模式桎梏。“刑罚的诞生”则受益于中世纪席卷欧洲各国的“和平运动”。“和平运动”亦为造法运动，其间产生了大量立法，主要是向传统的制裁体系进行“宣战”，并逐步瓦解了旧的制裁体系。现代刑罚的诞生意味着与民事制裁体系的脱离，这使得侵权法现代化成为可能，并成就了侵权法中自然恢复思想的独立发展，塑造了当代侵权损害赔偿的基本思想。

从大陆法系的现代民事责任体系发展史来看，自然法思想提供了民事责任现代化的思想基础，其中经院哲学中的赎罪论、矫正正义对于世俗制度的发展具有重大意义。勃兴于启蒙运动和文艺复兴期间的世俗自然法，特别是西班牙的萨拉曼卡学派的自然法思想深刻影响了世俗法的民事责任架构设计。我国《民法典》吸纳了这一成果，同时也借鉴了英美法系中的惩罚性赔偿制度，这就导致我国《民法典》中的平等秩序继续受到私法刑罚化的挑战。

自人类出现早期制度文明以来便背负了“私刑”之“原罪”的惩罚性赔偿制度，在遵循先例的英美法系中得到继受。但大陆法系却对其进行了不同阶段学说和立法的狙击，并以法典革命为契机，对旧的制度进行了重新审视并加以现代化。自《消费者权益保护法》实施以来，我国继受英美法传统，并赋予该法“惩罚”与“奖励”等公法功能。今天，这一趋势在《民法典》中得到强化，并使赔偿制度呈现出“诸法合体”的特征，加剧了私法中不平等的等级秩序，产生了经济上非效率性和抑制社会活力的问题。因此，须通过立法将具有公权力性质的惩罚权配置给公权力机关，以符合当代私法“去刑罚化”的发展趋势，也使该制度的定位与功能得以匡正。

针对惩罚性赔偿制度的理论依据，我国学界多从法教义学、法经济学、法社会学、比较法和实证法分析方法角度加以分析。但是在我国的立法实践中，惩罚性赔偿制度是作为在消费者权益保护、食品安全、知识产权保护和环境保护等领域的政策工具而被引入的，从法政策学的角度加以分析，能够更契合我国引入惩罚性赔偿制度的立法实践的需求。依据法政策学基本原理,惩罚性赔偿制度这一政策工具的确立需要经过政策合理化、当代法治的程序价值和实体价值符合性等多方面的衡量。

鉴于惩罚性赔偿与生俱来的刑罚异味,我国《民法典》中的惩罚性赔偿制度的条文适用应该区别于其他民事责任条文。具体表现为:应该限制惩罚性赔偿规范的溯及力,排除当事人对该责任的选择,并禁止类推;在惩罚性赔偿数额的确定上应区分赔偿数额和惩罚数额两个部分,适用不同的计算方法,惩罚数额应体现主客观归责的统一,注重惩罚的平等适用方法;应提高证明标准,在合议庭组成中引入刑事法官。基于法治国原则,需要对惩罚性赔偿的内容和程序进行法定化,构建惩罚性赔偿裁量基准制度,确立科学的惩罚性赔偿裁量基准,并在适用中贯彻平等原则和比例原则,在司法中对被适用者给予程序上的保障,以此实现惩罚性赔偿适用中的权力限制和权利保护。

惩罚性赔偿作为民事惩罚制度,需要具有相应的适用方法。从行政处罚的适用角度来看,行政处罚法规定了处罚法定原则、处罚均衡原则和权利保障原则。处罚法定原则包括了内容法定和程序法定两部分。处罚均衡原则包括对裁量基准的确定、对平等原则和比例原则的贯彻。权利保障原则是保障被处罚人相应的权利。上述行政处罚法中的各原则可以进行转化适用,基于对惩罚性赔偿内容和程序的法定、惩罚性赔偿裁量基准的确认以及平等原则和比例原则的贯彻,在司法中对被使用者予以程序上的保障。

我国理论界和实务界对于如何在贯彻该制度的惩罚功能的同时限制司法裁量权滥用并保障侵权人的合法权益仍未给予必要关注。惩罚性赔偿诉讼与一般赔偿诉讼不同,其涉及对被告的惩罚,这需要对惩罚性赔偿的侵权事实成立要件和影响惩罚性赔偿数额确定的事实情节进行查明。处分原则是民事诉讼的基本原则之一,但是处分原则适用于惩罚性赔偿程序中会导致被告因缺乏必要的陈述而受到不当处罚,因此应该确立更严格的标准,以适应民事诉讼中对被告的权利保障需要。鉴于一般赔偿的证据规则在于对被侵权人的权利救济,而惩罚性赔偿是对当事人的制裁,基于对被惩罚者的权利保护,在惩罚性赔偿案件审理过程中要提高相应的证据合法性标准和证明标准。

提起公益诉讼的主体主要包括检察机关和法律规定的其他主体。公益诉讼中存在着一些特殊的程序,如公告程序,可分为检察机关的公告程序和人民法院的公告程序,这些公告程序主要是为了保障私益主体的权利。此外,在案件审理中,在释明权上应对法院作出必要限制。从实体法来看,惩罚性赔偿在具体的公益诉讼领域会存在不同的问题,既有一般性问题,又有特殊性问题。在产品责任的公益诉讼中,其适用条件主要涉及是否侵犯了作为不特定主体的消费者的利益。在资金管理问题上,则涉及资金使用时是否能够实现消费者权益保护的法政策目的。在环境侵权领域,主要涉及裁量基准问题、金额抵扣问题、劳务代偿问题和资金管理问题,这些问题对于环境保护的政策目的实现具有重要意义。在知识产权保护领域,则涉及知识产权保护公益诉讼的法律依据问题和提起公益诉讼的主体资格问题,这两个问题都属于法政策问题,最终需要通过立法来解决。

当代一事不再罚制度具有法的安定、权利保障和比例原则这三方面的理论基础。从程序法来看,当同一部门法和不同部门法中存在惩罚的重复适用问题时,会运用重责优先原则和辅助原则,据此在竞合时私法中的制裁无法优先于公法制裁。在惩罚性赔偿的程序方面,纯私人之间的诉讼并不受一事不再罚的限制;当涉及公益诉讼时,会基于禁止重复危险原则对重复惩罚作出相应限制。从实体法来看,主要涉及财产惩罚时的禁止重复适用问题,包括禁止罚金、行政罚款和惩罚性赔偿的重复适用。另外,依据折抵原则,在惩罚性赔偿数额计算时应依据既有的财产惩罚数额作出相应的折抵。

# 参考文献

## 一、中文论文


白江:《我国应扩大惩罚性赔偿在侵权责任法中的适用范围》,《清华法学》2015 年第 3 期,第 111—134 页。

毕玉谦:《论民事诉讼证明上的盖然性规则》,《法学评论》2000 年第 4 期,第 40—49 页。

蔡虹、王瑞祺:《刑事附带民事公益诉讼惩罚性赔偿之否定与替代方案》,《山东社会科学》2022 年第 1 期,第 166—174 页。

蔡宏伟:《作为限制公权力滥用的比例原则》,《法制与社会发展》2019 年第 6 期,第 127—143 页。

陈殿栋:《检察机关提起环境公益诉讼的诉权顺位研究》,《太原理工大学学报》(社会科学版)2017 年第 3 期,第 33—37 页。

陈兴良:《罪刑法定主义的逻辑展开》,《法制和社会发展》2013 年第 3 期,第 50—60 页。

陈宗波、黄术:《论知识产权侵权惩罚性赔偿基数与倍数的认定》,《广西社会科学》2022 年第 5 期,第 122—129 页。

高秦伟:《论行政裁量的自我拘束》,《当代法学》2014 年第 1 期,第 39—49 页。

关淑芳:《论我国立法中的惩罚性赔偿制度》,《当代法学》2004 年第 3 期,第 82—88 页。

郭锋:《〈民法典〉实施与司法解释清理制定》,《上海政法学院学报》2021 年第 1 期,第 20—33 页。

韩利楠:《论惩罚性赔偿与行政罚款的适用规则》,《湖湘法律评论》2022 年第 4 期,第 39—52 页。

何荣功:《社会治理"过度刑法化"的法哲学批判》,《中外法学》2015 年第 2 期,第 523—547 页。

河山:《论"缺一赔十"的惩罚性赔偿思想》,《法律适用》1993 年第 3 期,第 12—13 页。

胡志斌:《论公益诉讼在版权保护中的引入》,《出版发行研究》2019 年第 12 期,第 66—73 页

华国庆、黄大芬:《〈民法典〉视域下环境健康损害惩罚性赔偿的适用研究》,《法学论坛》2022 年第 5 期,第 16—25 页。

黄东东:《民事法律援助范围立法之完善》,《法商研究》2020 年第 3 期,第 127—140 页。

黄汇:《论知识产权公益诉讼制度的构建》,《江西社会科学》2008 年第 6 期,第 186—

189页。

黄忠顺:《检察机关提起惩罚性赔偿消费公益诉讼的自由裁量问题研究》,《中州学刊》2022年第9期,第67—94页。

黄忠顺、刘宏林:《论检察机关提起惩罚性赔偿消费公益诉讼的谦抑性——基于990份惩罚性赔偿检察消费公益诉讼一审判决的分析》,《河北法学》2021年第9期,第75—92页。

姜明安:《论行政裁量的自我规制》,《行政法研究》2012年第1期,第5—12页。

姜伟:《聚焦反垄断:知识产权检察公益诉讼的新进路》,《中国检察官》2022年第5期,第72—76页。

赖红军、唐昕:《民事公益诉讼惩罚性赔偿金的性质和管理路径》,《人民检察》2020年第23期,第23—25页。

劳东燕:《刑事推定、证明标准与正当程序》,《中外法学》2010年第5期,第646—666页。

李响:《我国食品安全法"十倍赔偿"规定之批判与完善》,《法商研究》2009年第6期,第42—49页。

李友根:《美国惩罚性赔偿制度的宪法争论——过重罚金条款与我国的惩罚性赔偿制度》,《法学论坛》2013年第3期,第12—18页。

李友根:《惩罚性赔偿制度的中国模式研究》,《法制与社会发展》2015年第6期,第109—126页。

李智卓、刘卫先:《惩罚性赔偿不应适用于环境民事公益诉讼的法理辨析》,《中州学刊》2022年第3期,第48—64页。

梁志文:《知识产权侵权损害赔偿计算方法的制度重构》,《法治研究》2023年第2期,第60—72页。

刘超:《〈民法典〉环境侵权惩罚性赔偿制度之功能剖辨》,《政法论丛》2022年第1期,第86—96页。

刘荣军:《惩罚性损害赔偿与消费者保护》,《现代法学》1996年第5期,第33—39页。

刘学在、尹思媛:《消费民事公益诉讼:实践困境与突破路径》,《广西社会科学》2022年第11期,第98—108页。

刘银良:《知识产权惩罚性赔偿的比较法考察及其启示》,《法学》2022年第7期,第131—148页。

刘友华:《我国知识产权公益诉讼制度之构建——从知识产权公益诉讼"第一案"谈起》,《知识产权》2007年第2期,第17—23页。

龙婧婧:《刑事附带民事公益诉讼的缘起、实践和完善》,载最高人民检察院法律政策研究室:《公益诉讼指导性案例实务指引》,中国检察出版社2019年版,第56—66页。

鲁竑序阳:《知识产权惩罚性赔偿制度的适用与完善——基于体系化的视角》,《苏州大学学报》(法学版)2022年第4期,第103—114页。

罗莉:《论惩罚性赔偿在知识产权法中的引进及实施》,《法学》2014年第4期,第22—32页。

吕英杰:《惩罚性赔偿与刑事责任的竞合、冲突与解决》,《中外法学》2022 年第 5 期,第 1299—1319 页。
马新彦:《内幕交易惩罚性赔偿制度的构建》,《法学研究》2011 年第 6 期,第 112—125 页。
梅杨:《比例原则的适用范围和限度》,《法学研究》2020 年第 2 期,第 57—70 页。
彭峰:《惩罚性赔偿在生态环境损害赔偿中的适用限制》,《政治与法律》2022 年第 11 期,第 150—160 页。
戚永福:《知识产权公益诉讼的必要性和可能空间》,《检察风云》2020 年第 22 期,第 58—59 页。
邱帅萍:《论罚金与惩罚性赔偿的折抵》,《湖南科技大学学报》(哲学社会科学版)2021 年第 1 期,第 151—158 页。
瞿灵敏:《精神损害赔偿惩罚性与惩罚性赔偿补偿性之批判——兼论精神损害赔偿与惩罚性赔偿的立法完善》,《东方法学》2016 年第 2 期,第 32—44 页。
税兵:《惩罚性赔偿的规范构造——以最高人民法院第 23 号指导性案例为中心》,《法学》2015 年第 4 期,第 98—108 页。
宋亚辉:《追求裁判的社会效果:1983—2012》,《法学研究》2017 年第 5 期,第 18—34 页。
宋英辉、李哲:《一事不再理原则研究》,《中国法学》2004 年第 5 期,第 128—137 页。
孙佑海、张静雪:《生态环境损害惩罚性赔偿的证成与适用》,《中国政法大学学报》2022 年第 1 期,第 26—37 页。
唐珺:《我国专利侵权惩罚性赔偿的制度构建》,《政治与法律》2014 年第 9 期,第 82—88 页。
王承堂:《论惩罚性赔偿与罚金的司法适用关系》,《法学》2021 年第 9 期,第 150—163 页。
王雷:《民法典适用衔接问题研究动态法源观的提出》,《中外法学》2021 年第 1 期,第 87—101 页。
王利明:《惩罚性赔偿研究》,《中国社会科学》2000 年第 4 期,第 112—122 页。
王利明:《美国惩罚性赔偿制度研究》,《比较法研究》2003 年第 5 期,第 1—15 页。
王然、王崇敏:《威慑理论视角下知识产权惩罚性赔偿的规则完善》,《海南大学学报》(人文社会科学版)2022 年第 1 期,第 135—141 页。
王竹、龚健:《我国缺陷产品惩罚性赔偿责任研究——以〈民法典 · 侵权责任编〉第 1207 条为中心》,《山东大学学报》(哲学社会科学版)2021 年第 1 期,第 119—130 页。
吴锦标:《行政处罚法定原则及其法律价值》,《法律适用》2005 年第 9 期,第 95—96 页。
吴卫星、何钰琳:《论惩罚性赔偿在生态环境损害赔偿诉讼中的审慎适用》,《南京社会科学》2021 年第 9 期,第 91—100 页。
吴宇:《论生态环境侵权中惩罚性赔偿的适用——基于环境私人执法的视角》,《荆楚法学》2022 年第 6 期,第 67—77 页。
解亘:《法政策学——有关制度设计的学问》,《环球法律评论》2005 年第 2 期,第 191—

201 页。

谢澍:《刑事缺席审判之类型化分析与体系化建构——以〈刑事诉讼法〉再修改为语境》,《法学》2019 年第 12 期,第 99—114 页。

邢会强:《美国惩罚性赔偿制度对完善我国市场监管法的借鉴》,《法学》2013 年第 10 期,第 44—50 页。

熊丙万:《论〈民法典〉的溯及力》,《中国法学》2021 年第 2 期,第 20—41 页。

熊樟林:《行政处罚的目的》,《国家检察官学院学报》2020 年第 5 期,第 32—48 页。

徐家力:《律师与知识产权公益诉讼》,《中国司法》2010 年第 4 期,第 51—54 页。

颜卉:《消费公益诉讼惩罚赔偿金归属研究》,《兰州大学学报》2020 年第 3 期,第 76—83 页。

颜运秋、周晓明:《知识产权滥用的公益诉讼制度之构想》,《知识产权》2007 年第 3 期,第 67—71 页。

阳庚德:《私法惩罚论以侵权法的惩罚与遏制功能为中心》,《中外法学》2009 年第 6 期,第 835—850 页。

阳庚德:《普通法系国家惩罚性赔偿制度研究——以英、美、澳、加四国为对象》,《环球法律评论》2013 年第 4 期,第 139—155 页。

杨建顺:《论行政裁量与司法审查——兼及行政自我拘束原则的理论根据》,《法商研究》2003 年第 1 期,第 63—72 页。

杨立新:《〈消费者权益保护法〉规定惩罚性赔偿责任的成功与不足及完善措施》,《清华法学》2010 年第 3 期,第 7—26 页。

杨雅妮:《刑事附带民事公益诉讼案件范围之界定》,《北京社会科学》2022 年第 9 期,第 74—84 页。

姚佳:《中国消费者法理论的再认识——以消费者运动与私法基础为观察重点》,《政治与法律》2019 年第 4 期,第 131—140 页。

姚剑波:《终局性规则下的利益平衡——关于刑事诉讼一事不再理原则的比较研究》,《比较法研究》2000 年第 4 期,第 368—380 页。

应飞虎:《知假买假行为适用惩罚性赔偿的思考——基于法经济学和法社会学的视角》,《中国法学》2004 年第 6 期,第 114—122 页。

余翔、孙彩虹:《公益诉讼与传统知识的知识产权保护的新思路》,《河北法学》2009 年第 6 期,第 68—72 页。

张锋、孙萧宇:《环境公益诉讼惩罚性赔偿制度适用研究——兼评〈最高人民法院关于审理生态环境侵权纠纷案件适用惩罚性赔偿的解释〉》,《山东法官培训学院学报》2022 年第 2 期,第 19—32 页。

张红:《我国惩罚性赔偿制度的体系》,《北大法律评论》2018 年第 1 辑,第 63—87 页。

张红、王冀峰:《我国惩罚性赔偿制度的一般规则之建构》,《安徽大学学报》(哲学社会科学版)2022 年第 5 期,第 88—96 页。

张嘉军:《消费民事公益诉讼惩罚性赔偿司法适用研究》,《河南财经政法大学学报》2022

年第 6 期,第 121—131 页。
张卫平:《重复诉讼规制研究:兼论“一事不再理”》,《中国法学》2015 年第 2 期,第 43—65 页。
张新宝:《“三鹿问题奶粉事件”引发的民事法律问题——从公共危机事件到产品责任案件》,《法学》2008 年第 1 期,第 15—20 页。
张新宝、李倩:《惩罚性赔偿的立法选择》,《清华法学》2009 年第 4 期,第 5—20 页。
张雪纯:《合议制与独任制优势比较——基于决策理论的分析》,《法制与社会发展》2009 年第 6 期,第 107—115 页。
赵红梅:《美、德新型惩罚性赔偿对我国〈消法〉修订的启示》,《法律科学》2011 年第 5 期,第 183—190 页。
赵鹏:《惩罚性赔偿的行政法反思》,《法学研究》2019 年第 1 期,第 41—55 页。
郑少华、王慧:《环境侵权惩罚性赔偿的司法适用》,《上海大学学报》(社会科学版)2022 年第 3 期,第 1—16 页。
郑晓剑:《比例原则在民法上的展开及适用》,《中国法学》2016 年第 2 期,第 143—165 页。
朱冬:《〈民法典〉第 1185 条(知识产权侵权惩罚性赔偿)评注》,《知识产权》2022 年第 9 期,第 109—126 页。
朱广新:《惩罚性赔偿制度的演进与适用》,《中国社会科学》2014 年第 3 期,第 104—207 页。
朱广新:《美国惩罚性赔偿制度探究》,《比较法研究》2022 年第 3 期,第 152—168 页。

## 二、中文著作

毕玉谦:《证据制度的核心基础理论》,北京大学出版社,2013 年,第 1 版。
毕玉谦主编:《民事诉讼法学》,中国政法大学出版社,2022 年,第 3 版。
常怡主编:《民事诉讼法学》,中国政法大学出版社,2016 年,第 4 版。
程啸:《侵权责任法》,中国法律出版社,2015 年,第 2 版;2021 年,第 3 版。
陈兴良:《刑法的启蒙》,北京大学出版社,2018 年,第 3 版。
陈兴良:《走向教义的刑法学》,北京大学出版社,2018 年,第 1 版。
陈兴良:《走向规范的刑法学》,北京大学出版社,2018 年,第 1 版。
陈永生:《刑事诉讼的宪政基础》,北京大学出版社,2010 年,第 1 版。
戴长林主编:《非法证据排除规定和规程理解与适用》,法律出版社,2019 年,第 1 版。
葛洪义:《法理学导论:探索与对话》,法律出版社,1996 年,第 1 版。
关淑芳:《惩罚性赔偿制度研究》,中国人民公安大学出版社,2008 年,第 1 版。
韩光军:《量刑基准研究》,法律出版社,2010 年,第 1 版。
何海波:《行政诉讼法》,法律出版社,2016 年,第 2 版。
何家弘:《司法证明方法与推定规则》,法律出版社,2018 年,第 1 版。
何志鹏:《权利基本理论:反思与构建》,北京大学出版社,2012 年,第 1 版。

胡建淼:《行政诉讼法学》,法律出版社,2019 年,第 1 版。
黄薇:《中华人民共和国民法典侵权责任编解读》,中国法制出版社,2020 年,第 1 版。
黄娅琴:《惩罚性赔偿研究:国家制定法和民族习惯法双重视角下的考察》,法律出版社,2016 年,第 1 版。
季卫东:《宪法的理念与中国实践》,上海人民出版社,2017 年,第 1 版。
江必新主编:《新民事诉讼法条文理解与适用》,人民法院出版社,2022 年,第 1 版。
江必新、梁凤云:《行政诉讼法理论与实务》(上、下),法律出版社,2016 年,第 3 版。
江必新、夏道虎:《中华人民共和国行政处罚法条文解读与法律适用》,中国法制出版社,2021 年,第 1 版。
姜明安:《行政法》,北京大学出版社,2017 年,第 1 版。
金福海主编:《侵权法的比较与发展》,北京大学出版社,2013 年,第 1 版。
金翼翔:《刑罚原理纲要》,中国政法大学出版社,2019 年,第 1 版。
李捷:《域外专利侵权惩罚性赔偿法律制度研究与借鉴》,中国政法大学出版社,2018 年,第 1 版。
李钧:《古罗马侵权法律制度与现代沿革》,中国政法大学出版社,2015 年,第 1 版。
李永军:《民法总则》,中国法制出版社,2018 年,第 1 版。
李忠夏:《宪法变迁与宪法教义学——迈向功能分化社会的宪法观》,法律出版社,2018 年,第 1 版。
刘长兴:《超越惩罚——环境法律责任的体系重整》,法律出版社,2022 年,第 1 版。
刘海鸥:《大陆法系侵权法历史研究》,法律出版社,2012 年,第 1 版。
刘权:《比例原则》,清华大学出版社,2022 年,第 1 版。
龙腾云:《刑罚进化研究》,法律出版社,2014 年,第 1 版。
罗海敏:《刑事诉讼严格证明探究》,北京大学出版社,2010 年,第 1 版。
马克昌主编:《刑法》,高等教育出版社,2017 年,第 4 版。
梅傲寒:《检察机关提起民事公益诉讼研究》,武汉大学出版社,2022 年,第 1 版。
梅扬:《比例原则的原旨与适用》,中国社会科学出版社,2022 年,第 1 版。
《民法典立法背景与观点全集》编写组编:《民法典立法背景与观点全集》,法律出版社,2020 年,第 1 版。
潘申明:《比较法视野下的民事公益诉讼》,法律出版社,2011 年,第 1 版。
彭勃:《英美法概论——法律文化与法律传统》,北京大学出版社,2011 年,第 1 版。
全国人大常委会法制工作委员会民法室编:《〈中华人民共和国侵权责任法〉条文说明、立法理由及相关规定》,北京大学出版社,2010 年,第 1 版。
全国人大常委会法制工作委员会民法室编:《2012 民事诉讼法修改决定条文释解》,中国法制出版社,2012 年,第 1 版。
全国人大常委会法制工作委员会刑法室编:《〈中华人民共和国刑法〉条文说明、立法理由及相关规定》,北京大学出版社,2009 年,第 1 版。
全国人大常委会法制工作委员会行政法室编著,李援主编:《〈中华人民共和国食品安全法〉解读与适用》,人民出版社,2009年,第1版。
任世丹主编:《公益诉讼案例教程》,知识产权出版社,2022年,第1版。
施君、汤敏编著:《知识产权惩罚性赔偿制度理论与实践研究》,知识产权出版社,2022年,第1版。
宋英辉、汤维建主编:《我国证据制度的理论与实践》,中国人民公安大学出版社,2006年,第1版。
田振洪:《中国传统法律的损害赔偿制度研究》,法律出版社,2014年,第1版。
王军主编:《侵权行为法比较研究》,法律出版社,2006年,第1版。
王利明:《侵权责任法》,中国人民大学出版社,2016年,第1版。
王利明:《侵权责任法研究》,中国人民大学出版社,2016年,第2版。
王利明:《民法总则》,中国人民大学出版社,2017年,第1版。
王利明主编,程啸执行主编:《中国民法典评注·侵权责任编》,人民法院出版社,2021年,第1版。
王泽鉴主编:《英美法导论》,北京大学出版社,2012年,第1版。
王竹:《侵权责任法疑难问题专题研究》,中国人民大学出版社,2018年,第2版。
吴辰等:《惩罚性赔偿:原理、规则与判例》,法律出版社,2022年,第1版。
吴庆宝、俞宏雷主编:《民事裁判自由裁量规范》,人民法院出版社,2012年,第1版。
熊樟林:《行政裁量基准运作原理重述》,北京大学出版社,2020年,第1版。
徐爱国:《西方刑法思想史》,中国民主法制出版社,2016年,第1版。
徐国栋:《优士丁尼〈法学阶梯〉评注》,北京大学出版社,2011年,第1版。
许凯:《惩罚性赔偿的国际私法问题研究》,法律出版社,2018年,第1版。
薛艳华:《中国环境公益诉讼制度构造研究》,中国社会科学出版社,2021年,第1版。
杨立新:《侵权责任法》,法律出版社,2018年,第3版。
杨雅妮:《检察民事公益诉讼制度研究》,社会科学文献出版社,2020年,第1版。
易延友:《刑事诉讼法:规则　原理　应用》,法律出版社,2019年,第5版。
应松年主编:《行政法与行政诉讼法学》,法律出版社,2009年,第2版。
应松年主编:《行政处罚法教程》,法律出版社,2012年,第1版。
袁杏桃:《著作权侵权惩罚性赔偿研究》,知识产权出版社,2019年,第1版。
张嘉军主编:《公益诉讼法》,中国检察出版社,2022年,第1版。
张明楷:《刑法格言的展开》,北京大学出版社,2013年,第3版。
张卫平:《民事诉讼法》,法律出版社,2016年,第4版。
张新宝:《〈中华人民共和国民法总则〉释义》,中国人民大学出版社,2017年,第1版。
张新宝:《侵权责任法》,中国人民大学出版社,2016年,第4版。
赵钢、占善刚、刘学在:《民事诉讼法》,武汉大学出版社,2016年,第3版。
郑春燕:《现代行政中的裁量及其规制》,法律出版社,2015年,第1版。
郑贤君:《基本权利原理》,法律出版社,2010年,第1版。
周佑勇:《行政法基本原则研究》,法律出版社,2019年,第2版。

朱庆育:《民法总论》,北京大学出版社,2013年,第1版。

朱应平:《论平等权的宪法保护》,北京大学出版社,2004年,第1版。

邹海林、朱广新主编:《民法典评注·侵权责任编》,中国法制出版社,2021年,第1版。

最高人民检察院第八检察厅编:《最高人民检察院公益诉讼检察典型案例汇编》(2021年度),中国检察出版社,2022年,第1版。

最高人民检察院第八检察厅编:《〈人民检察院公益诉讼办案规则〉理解与适用》,中国检察出版社,2022年,第1版。

最高人民检察院法律政策研究室:《公益诉讼指导性案例实务指引》,中国检察出版社,2019年,第1版。

最高人民法院环境资源审判庭编著:《最高人民法院 最高人民检察院检察公益诉讼司法解释理解与适用》,人民法院出版社,2021年,第1版。

最高人民法院环境资源审判庭编著:《最高人民法院生态环境侵权禁止令保全措施、惩罚性赔偿司法解释的理解与适用》,法律出版社,2023年,第1版。

最高人民法院民法典贯彻实施工作领导小组主编:《中华人民共和国民法典侵权责任编理解与适用》,人民法院出版社,2020年,第1版。

最高人民法院民事审判第一庭编著:《最高人民法院新民事诉讼证据规定理解与适用》(上、下),人民法院出版社,2020年,第1版。

最高人民法院侵权责任法研究小组编著:《〈中华人民共和国侵权责任法〉条文理解与适用》,人民法院出版社,2016年,第2版。

最高人民法院行政审判庭编著:《最高人民法院行政诉讼法司法解释理解与适用》,人民法院出版社,2018年,第1版。

《最高人民法院指导性案例(2018年1月—2020年12月)》,人民出版社,2021年,第1版。

《最高人民法院指导性案例(2021)》,人民出版社,2022年,第1版。

最高人民法院中国应用法学研究所编:《人民法院案例选》第8辑,人民法院出版社,2021年,第1版。

左卫民、周长军:《刑事诉讼的理念》,北京大学出版社,2014年,第1版。

### 三、中文译作

〔阿塞拜疆〕И. M. 拉基莫夫:《犯罪与刑罚哲学》,王志华、丛凤玲译,黄道秀校,中国政法大学出版社,2016年,第1版。

〔澳〕彼得·凯恩:《侵权法解剖》,汪志刚译,北京大学出版社,2010年,第1版。

〔奥〕恩斯特·A. 克莱默:《法律方法论》,周万里译,法律出版社,2019年,第1版。

〔奥〕弗朗茨·比德林斯基:《私法的体系与原则》,曾见等译,中国人民大学出版社,2023年,第1版。

〔奥〕海尔姆特·库齐奥:《侵权责任法的基本问题·第一卷:德语国家的视角》,朱岩译,北京大学出版社,2017年,第1版。

〔奥〕赫尔穆特·考茨欧、瓦内萨·威尔科克斯主编:《惩罚性赔偿金:普通法与大陆法的视角》,窦海阳译,中国法制出版社,2012 年,第 1 版。

〔拜占庭〕优士丁尼:《学说汇纂·第二卷:司法管辖》,陈晓敏译,中国政法大学出版社,2017 年,第 1 版。

〔比〕R. C. 卡内冈:《英国普通法的诞生》,李红海译,商务印书馆,2017 年,第 1 版。

〔德〕埃尔温·多伊奇、汉斯-于尔根·阿伦斯:《德国侵权法——侵权行为、损害赔偿及痛苦抚慰金》(第 5 版),叶名怡、温大军译,刘志阳校,中国人民大学出版社,2016 年,第 1 版。

〔德〕茨威格特、克茨:《比较法总论》,潘汉典等译,中国法制出版社,2017 年,第 1 版。

〔德〕格哈德·瓦格纳:《损害赔偿法的未来——商业化、惩罚性赔偿、集体性损害》,王程芳译,中国法制出版社,2012 年,第 1 版。

〔德〕汉斯·J. 沃尔夫、奥托·巴霍夫、罗尔夫·施托贝尔:《行政法》(第三卷),高家伟译,商务印书馆,2007 年,第 1 版。

〔德〕汉斯-约哈希姆·慕斯拉克、沃夫冈·豪:《德国民法概论》(第 14 版),刘志阳译,中国人民大学出版社,2016 年,第 1 版。

〔德〕黑格尔:《法哲学原理》,范扬、张企泰译,商务印书馆,1961 年,第 1 版。

〔德〕康德:《法的形而上学原理——权利的科学》,沈叔平译,林荣远校,商务印书馆,1991 年,第 1 版。

〔德〕鲁道夫·斯门德:《宪法与实在宪法》,曾韬译,商务印书馆,2019 年,第 1 版。

〔德〕诺伯特·霍斯特:《何以刑罚——哲学立场的思辨》,王芳凯译,北京大学出版社,2023 年,第 1 版。

〔德〕乌尔斯·金德霍伊泽尔:《刑法总论教科书》(第六版),蔡桂生译,北京大学出版社,2015 年,第 1 版。

〔德〕约阿希姆·吕克特、拉尔夫·萨伊内克主编:《民法方法论——从萨维尼到托依布纳》(第三版),刘志阳、王战涛、田文洁译,刘志阳校,中国法制出版社,2023 年,第 1 版。

〔法〕孟德斯鸠:《论法的精神》(上册),张雁深译,商务印书馆,1962 年,第 1 版。

〔法〕让·里韦罗、让·瓦利纳:《法国行政法》,鲁仁译,商务印书馆,2008 年,第 1 版。

〔古罗马〕塔西佗:《阿古利可拉传·日尔曼尼亚志》,马雍、傅正元译,商务印书馆,1954 年,第 1 版。

〔美〕阿兰·艾德斯、克里斯托弗·N. 梅:《美国宪法个人权利案例与解析》,项焱译,商务印书馆,2014 年,第 1 版。

〔美〕艾伦·法恩思沃斯:《美国法律体系》,李明倩译,上海人民出版社,2018 年,第 1 版。

纳德·施瓦茨:《行政法》,徐炳译,群众出版社,1986 年,第 1 版。

德·施瓦茨:《美国法律史》,王军、洪德、杨辉静译,潘华仿校,法律出版社,1 版。

〔美〕戴维·G. 欧文主编:《侵权法的哲学基础》,张金海等译,北京大学出版社,2005年,第1版。
〔美〕道格拉斯·胡萨克:《刑法哲学》,姜敏译,中国法制出版社,2015年,第1版。
〔美〕E. 博登海默:《法理学——法律哲学与法律方法》,邓正来译,中国政法大学出版社,2017年,第1版。
〔美〕格瑞尔德·J. 波斯特马:《哲学与侵权行为法》,陈敏、云建芳译,北京大学出版社,2005年,第1版。
〔美〕肯尼斯·卡尔普·戴维斯:《裁量正义》,毕洪海译,商务印书馆,2009年,第1版。
〔美〕伦道夫·乔纳凯特:《美国陪审团制度》,屈文生等译,法律出版社,2014年,第1版。
〔美〕罗斯科·庞德:《普通法的精神》,曹相见译,上海三联书店,2016年,第1版。
《美国宪法及其修正案》,朱曾汶译,商务印书馆,2014年,第1版。
〔美〕乔治·P. 弗莱彻、史蒂夫·谢泼德:《美国法律基础解读》,李燕译,法律出版社,2008年,第1版。
〔美〕文森特·R. 约翰逊:《美国侵权法》,赵文秀等译,中国人民大学出版社,2017年,第1版。
〔美〕小詹姆斯·A. 亨德森等:《美国侵权法——实体与程序》(第七版),王竹等译,北京大学出版社,2014年,第1版。
〔美〕约翰·罗尔斯:《作为公平的正义:正义新论》,姚大志译,中国社会科学出版社2009年,第1版。
〔美〕詹姆斯·威尔逊:《美国宪法释论》,李洪雷译,法律出版社,2014年,第1版。
〔日〕高桥则夫:《刑法总论》,李世阳译,中国政法大学出版社,2020年,第1版。
〔日〕吉村良一:《日本侵权行为法》(第4版),张挺译,文云春校,中国人民大学出版社,2013年,第1版。
〔日〕穗积陈重:《复仇与法律》,曾玉婷、魏磊杰译,中国法制出版社,2013年,第1版。
〔日〕田村悦一:《自由裁量及其界限》,李哲范译,王丹红校,中国政法大学出版社,2016年,第1版。
〔日〕田中英夫、竹内昭夫:《私人在法实现中的作用》,李薇译,法律出版社,2006年,第1版。
〔日〕佐伯仁志:《制裁论》,丁胜明译,北京大学出版社,2018年,第1版,
〔日〕佐伯仁志、道垣内弘人:《刑法与民法的对话》,于改之、张小宁等译,北京大学出版社,2012年,第1版。
〔意〕彼德罗·彭梵得:《罗马法教科书》,黄风译,中国政法大学出版社,2018年,第1版。
〔意〕切萨雷·贝卡利亚:《论犯罪与刑罚》,黄风译,北京大学出版社,2008年,第1版。
〔意〕朱塞佩·格罗索:《罗马法史》,黄风译,中国政法大学出版社,2018年,第1版。
《大宪章》,陈国华译,商务印书馆,2016年,第1版。

〔英〕亨利・萨姆奈・梅因:《古代法》,高敏、瞿慧虹译,中国社会科学出版社,2009 年,第 1 版。

〔英〕鲁伯特・克罗斯、J. W. 哈里斯:《英国法中的先例》(第四版),苗文龙译,北京大学出版社,2011 年,第 1 版。

## 四、外文文献

Achter, Viktor, *Geburt der Strafe*, Frankfurt am Main: Vittorio Klostermann, 1951.

Ambos, Kai, *Münchner Kommentar zum StGB*, München: C. H. Beck Verlag, 4. Auflage 2020.

Baumstark, Anton, *Die Germania des Tacitut*, Freiburg: Herder'scher Buchhandlung, 1876.

Beermann, Jack M., "Punitive Damages in the United States", *DAJV Newsletter*, pp. 140–144.

Behrends/Knütei/Kupisch/Seiler, *Coupus Iuris Civilis—Text und Übersetzung, I, Digesten 1–10*, Heidelberg: C. F. Müller Verlag, 1995.

B. Levit, Victor, "Punitive Damages: Yesterday, Today and Tomorrow", *the Insurance Law Journal*, 1980, pp. 257–266.

Blum, Peter, *Wege zu besserer Gesetzgebung—sachverständiger Beratung, Begründung, Folgeabschätzung und Wirkungskontrolle*, München: C. H. Beck Verlag, 2004.

Brand, Peter-Andreas, "Grenzen zivielprozessualer Wahrheit und Gerechtigkeit", *NJW*, 2017, S. 3558–3563.

Brauneder, Wilhelm, *Europäische Privatrechtsgeschichte*, Wien, Köln, Weimar: Böhlau Verlag, 2014.

Coing, Helmut, *Handbuch der Quellen und Literatur der neuerren Europäischen Privatrechtsgeschichte*, I. Band, München: C. H. Beck'sche Verlagsbuchhanglung, 1973.

Daniel, Andreas, *Gemeines Recht: Eine systematische Einordnung der Rechtsfigur und ihrer Funktion sowie die Bestimmung der inhaltlichen Probleme aus der Sicht des 18. Jahrhunderts*, Berlin: Duncker & Humbolt, 2003.

Danzer, Max, *Das Bayerrische Landrecht vom Jahre 1756*, J. Schweitzer Verlag, 1894.

D. Clarke, Peter/J. Duggan, Anne, *Pope Alexander III (1159–81)—The Art of Survival*, England: Ashgate Publishing, 2012.

Ebert, Ina, *Pönale Elemente im deutschen Privatrecht*, Tübingen: Mohr Siebeck, 2004.

Ehrig, Otto, *Der Grundsatz der Naturalrestitution im Bürgerlichen Gesetzbuch und seine Durchbrechung zugunsten des Geldsatzes*, Dissertations-Druckrei Düren, 1933.

ng, Volker/Hillgruber, Christian, *BeckOK Grundgesetz*, München: C. H. Beck, 2023.

Adalbert/Kaufmann, Ekkehard, *Handwörterbuch zur deutschen Rechtsgeschichte*, Berlin: Erich Schmidt Verlag, 1971.

"Das neue Hinterbliebenengeld", *FamRZ* 2017, 1640–1643.

Fried, Johannes (Herausgeber), *Träger und Instrumentarien des Friedens im hohen und späten Mittelalter*, Band XLIII, Sigmaringen: Jan Thorbecke Verlag, 1996.

Friedl, Hans, *Codex Maximilianeus Bavaricus Civilis von X. W. A. Freiherrn v. Kreittmayr*, Dissertation der Friedrich-Alexander-Universität zu Erlangen, 1934.

Gernhuber, Joachim, *Die Landfriedensbewegung in Deutschland bis zum Mainzer Reichslandfrieden von 1235*, Bonn: Röhrscheid, 1952.

Graf, Jürgen, *BeckOK OWiG*, München: C. H. Beck, G, 30. Ed. 1. 4. 2021.

Gudian, G. "Geldstrafrecht und peinliches Strafrecht im späten Mittelalter", in: H. J. Becker/ G. Dilcher/G. Gudian (Hg.), *Rechtsgeschichte als Kulturgeschichte—Festschrift für Adaldert Eler*, Aalen: Scientia-Verlag, 1976.

Haering, Stephan/Rees, Wilhelm/Schmitz, Heribert, *Handbuch des katholischen Kirchenrechts*, Regensburg: Verlag Friedrich Pustet, 3. Vollständig nuebearbeitete Auflage, 2015.

Hähnchen, Susanne, *Rechtsgeschichte—von der Römischen Antike bis zur Neuzeit*, Heidelberg/ München/Landsberg/Frechen/Hamberg: C. F. Müller, 2012.

Hattenhauer, Hans, *Die Bedeutung der Gottes- und Landfrieden für die Gesetzgebung in Deutschland*, Marburg: Dissertation, 1958/60.

Hausmaninger, Herbert, *Das Schadensersatzrecht der lex Auilian*, Wien: Manzsche Verlag- und Universitätsbuchhandlung, 5., durchgesehene und ergänzte Auflage, 1996.

Hausmaninger, Herbert/Selb, Walter, *Römisches Privatrecht*, Wien/Köln/Weimar: Böhlau Verlag, 9., völlig neu bearbeite Auflage, 2001.

Herrmann, Manfred, *Der Schutz der Persönlichkeit in der Rechtslehre des 16.—17. Jahrhunderts—Dargestellt an Hand der Quellen des Humanismus, des aufgeklärten Naturrechts und des Usus modernus*, Stuttgart/Berlin/Köln/Mainz: W. Kohlhammer Verlag, 1968.

Hohenlohe, Konstantin, *Gründe der Schadensersatzpflicht in Recht und Moral*, Regensburg und Rom: Druck und Verlag von Friedrich Pustet, 1914.

Holzhauer, Heinz, „*Geburt der Strafe*“, in: *Acta Universitatis Szegediensis de Attila József Nominatae, Acta Juridica et Politica*, Tomus XLII, Fasciculus 2, Szeged, 1992.

Holzbauer, H., Privatstrafe, in: *HRG*, Band III, Berlin: Erich Schmidt Verlag, 1984.

Honsell, Heinrich, Der Strafgedanke im Zivilrecht—ein juristischer Atavismus, in: *Festschrift für Harm Peter Westermann zum 70. Geburtstag*, hrsg. von Lutz Aderhold, Barbara Grunewald, Dietgard Klingberg und Walter G. Paefgen, Köln: Verlag Dr. Otto Schmidt Köln, 2008.

Honsell, Heinrich, *Römisches Recht*, Berlin/Heidelberg: Springer Verlag, 8. Auflage, 2015.

Immenga, Ulrich/Mestmäcker, Ernst-Joachim (Hrsg.), *Wettbewerbsrecht*, München: C. H. Beck, 6. Aufl. 2020.

Ingram, John Dwight, "Punitive Damages Should Be Abolished", (17) *Capital University Law Review*, 1988, pp. 205-224.

Jarass, Hans D., *Charta der Grundrechte der EU*, München: C. H. Beck, 4. Auflage, 2021.

Jüping, Hinrich/Jerpuschek, *Günter, Grundriss der Strafrechtsgeschichte*, München: C. H. Beck, 6. Auflage, 2011.

Kaser, Max/Knütel, Rolf, *Römisches Privatrecht*, München: C. H. Beck Verlag, 20., überarbeitete und erweiterte Auflage, 2014.

Kaufmann, E., "Schadensersatzrecht", in: *Handwörterbuch zur deutschen Rechtsgeschichte (HRG)*, Band II, Berlin: Erich Schmidt Verlag, 1984.

Klatt, Matthias/Meister, Moritz, " Der Grundsatz der Verhältnismäßigkeit—Ein Strukturelement des globalen Konstitutionalismus", *JuS*, 2014, S. 193-199.

Köbler, Bernhard, *Geschichte des Römischen Rechts*, Aalen: Scientia Verlag, 1979.

Köbler, Gerhard, *Deutsche Rechtsgeschichte*, München: Franz Vahlen, 6. Auflage, 2005.

Laufs, Adolf, *Rechtsentwicklung in Deutschland*, Berlin: De Gruyter, 6. Auflage, 2006.

Lipp, Martin, *Die Bedeutung des Naturrechts für die Ausbildung der Allgemeinen Lehren des deutschen Privatrechts*, Berlin: Duncker & Humblot, 1980.

Lippert, Stefan, *Recht und Gerechtigkeit bei Thomas von Aquin—Eine rationale Rekonstruktion im Kontext der Summa Theologiae*, Marburg: N. G. Elwert Verlag, 2000.

Loewenheim, Ulrich/Meessen, Karl M./Riesenkampff, Alexander (Hrsg,), *Kartellrecht*, München: C. H. Beck, 4. Auflage 2020.

Lübtow, von Ulrich, *Schriften zur Römischen Geschichte, Band 5: Streifzüge durch das Privatrecht*, Rheinfelden/Berlin: Schäuble Verlag, 1993.

Luhmann, Niklas, *Die soziologische Beachtung des Rechts*, Frankfurt am Main: Alfred Metzner, 1986.

Luhmann, Niklas, *Rechtssystem and Rechtsdogmatik*, Stuttgart/Berlin/Mainz: W. Kohlharmmer Verlag, 1974.

Manthe, Ulrich, *Geschichte des römischen Rechts*, München: C. H. Beck Verlag, 4. Auflage, 2011.

Maunz, Theodor/Dürig, Günter/Grzeszick, Bernd, *Grundgesetz Kommentar*, München: C. H. Beck, 2022.

Maunz, Theodor/Schmidt-Bleibtreu, Bruno/Klein, Franz/Bethge, Herber, usw. (hrsg), *BVerfG Kommentar*, München: C. H. Beck, 2022.

'estmäcker, Ernst-Joachim/Schweitzer, Heike, *Europäisches Wettbewerbsrecht*, München: H. Beck, 3. Auflage 2014.

Jürgen/Hölscheidt, *Sven, Charta der Grundrechte der Europäischen Union*, Baden- Nomos, 5. Auflage, 2019.

ng, *Karlsruher Kommentar zum Gesetz über Ordnungswidrigkeiten*, München:

C. H. Beck, 5. Aufl. 2018.

Mugdan, B./Magunna, P., *Die gesammten Materialien zum bürgerlichen Gesetzbuch für das deutsche Reich*, Band II, R. V. Decker, 1899.

Oestmann, Peter, *Wege zur Rechtsgeschichte: Gerichtsbarkeit und Verfahren*, Köln, Weimar und Wien: Böhlau Verlag, 2015.

Piers, M., *Punitive Damages in Private International Law: Lessions for the European Union*, Dissertation, University Gent, 2015.

Prüttung, Hanns/Rottleuthner, Hubert, *Rechtsberatung zwischen Deregulierung und Verbraucherschutz*, München: C. H. Beck Verlag, 2004.

Prutz, Hans, *Die Friedensidee—Ihr Ursprung, anfänglicher Sinn und allmählicher Wandel*, München und Leipzig: Verlag von Dunder & Humblot, 1917.

Rückert/Seinecke, *Methodik des Zivilrechts—von Savigny bis Teubner*, 3. Auflage, Baden-Baden: Nomos, 2017.

Schäfer, Carsten, "Strafe und Prävention im Bürgerlichen Recht", *AcP* 202(2002), S. 397-434.

Schlosser, Hans/Sprangel, Rolf/Willoweit, Dietmar, *Herrschaftliches Strafen seit dem Hochmittelalter*, Köln/Weimar/Wien: Böhlau Verlag, 2002.

Schlueter, Linda L., *Punitive Damages*, Matthew Bender & Company, fifth edition, 2005.

Schmann, Eva, "Geldstrafe", in: *HRG*, Band II, Berlin: Erich Schmidt Verlag, 2012, S. 18-23.

Schmidt, Eberhard, *Einfürung in die Geschichte der deutschen Strafrechtspflege*, Göttingen: Vandenhoeck & Ruprecht, 3. Auflage, 1995.

Schott, Claudieter, *Lex Alamannorm, Text—Übersetzung-Kommentar*, Augsburg: Schwäbische Forschungsgemeinschaft, 1993.

Schuld, Wolfgang, *Alte Gerichtsbarkeit: Vom Gottesurteil bis zum Beginn der mordernen Rechtsprechung*, München: Georg D. W. Callwey Verlag, 1980.

Senn, Marcel, *Rechtsgeschichte—ein kulturhistorischer Grundriss*, Zürich · Basel · Genf: Schulthess 4. Auglage 2007. (zitiert als Senn, Rechtsgeschichte, 4. A. 2007).

Soltész, Marquier, *Hält „doppelt bestraft" wirklich besser? —Der ne bis in idem Europäischen Netzwerk der Kartellbehörden*, EuZW 2006.

Stephan, Meder, *Rechtsgeschichte—Eine Einführung*, Köln/Weimar/Wien: Böhlau Verlag, 5., durchgesehene Auflage, 2014.

Udo, Wolter, *Das Prinzip der Naturrestitution in § 249 BGB*, Berlin: Buncker & Humblot, 1985.

V. Amira, Karl, *Germanisches Recht*, Band II, Berlin: Walter de Gruyter & Co, 1967.

Völkl, Artur, *Die Verfolgung der Körperverletzung im frühen römischen Recht—Studium zum Verhältnis von Tötungsverbrechen und Injuriendelikt*, Wien/Köln/Graz: Hermann Böhlaus Nachf, 1984.

Wadle, Elmar, *Landfrieden, Strafe, Recht, Zwölf Studien zum Mittelalter*, Berlin: Dunker und Humblot, 2001.

Wagner, Gerhard, *Neue Perspektiven im Schadensersatzrecht—Kommerzialisierung*, Strafschadensersatz, Kollektivschaden, München: C. H. Beck Verlag, 2006.

Wagner, Gerhard, "Schadensersatz in Todesfällen—Das neue Hinterbliebenengeld", *NJW* 2017, 2641-2646.

Weinzierl, Karl, *Die Restitutionslehre der Frühscholastik*, München: Max Hueber Verlag, 1936.

Wieacker, F., *Aufstieg und Niedergang der römischen Welt: Geschichte und Kultur Röms im Spiegel der neueren Forschung*, Berlin: Walter de Druyter, 1976.

Wiffmann, Roland, "Die Entwicklung der Klassischen Injurienklage", in: *SZ*, 91 (1974), S. 285ff.

Wilda, Wilhelm Eduard, *Das Strafrecht der Germanen*, Halle: C. A. Schwetschke und Sohn, 1842.

Wurmnest, Wolfgang, *Grundzügen des europäischen Haftungsrechts*, Tübingen: Mohr Siebeck, 2003.

# 后　记

本人在德国攻读博士学位期间研究的方向是惩罚性赔偿制度，主要从中德两国制度中惩罚与赔偿的关系发展与制度比较的角度进行研究，对于当代的惩罚性赔偿制度没有深入细致地研究，颇为遗憾。2020年5月28日，《中华人民共和国民法典》在第十三届全国人民代表大会第三次会议上通过，此时我刚到武汉大学法学院做博士后研究不久，需要为博士后研究确立新的项目方向，于是趁着我国《民法典》颁布实施这一重大时机，毅然选择了以我国《民法典》中的惩罚性赔偿制度作为未来研究的重心。幸运的是，在本内容研究期间还以相关研究成果申获了国家社科基金后期资助项目，项目申请到后又继续研究了三年并顺利提交结项。

感谢为本课题研究提供帮助的武汉大学法学院冉克平老师、梁君瑜老师，厦门大学法学院郑晓剑老师，清华大学吴悦玥老师！感谢对本结项成果作出评审的专家、学者！他们对于本课题的研究提供了不同的思路、方法和其他形式的帮助。此外，感谢商务印书馆的诸位编辑！感谢江苏大学法学硕士研究生李春、钱霜对本书稿的校对！

本课题在研究和出版中受国家社科基金后期资助项目“《民法典》视野下惩罚性赔偿研究”、江苏大学高级专业人才科研启动基金项目“民法典适用中的重大疑难问题研究”的资助，在此表示感谢！

江苏大学法学院　刘志阳

2024年1月3日